河北省社会科学基金项目：治理能力现代化下河北省基
升路径研究（项目编号：HB20MK016）

新时代基层干部领导力提升策略研究

付 华 著

吉林大学出版社

·长春·

图书在版编目（CIP）数据

新时代基层干部领导力提升策略研究 / 付华著 . --
长春：吉林大学出版社，2022.9
ISBN 978-7-5768-0634-2

Ⅰ.①新… Ⅱ.①付… Ⅲ.①基层干部 – 领导能力 –
能力培养 – 研究 – 中国Ⅳ.①D630.3

中国版本图书馆 CIP 数据核字 (2022) 第 178123 号

书　　名　新时代基层干部领导力提升策略研究
　　　　　XINSHIDAI JICENG GANBU LINGDAOLI TISHENG CELÜE YANJIU

作　　者：付华 著
策划编辑：矫正
责任编辑：殷丽爽
责任校对：田茂生
装帧设计：久利图文
出版发行：吉林大学出版社
社　　址：长春市人民大街4059号
邮政编码：130021
发行电话：0431-89580028/29/21
网　　址：http://www.jlup.com.cn
电子邮箱：jldxcbs@sina.com
印　　刷：天津和萱印刷有限公司
开　　本：787mm×1092mm　　　1/16
印　　张：13.75
字　　数：200千字
版　　次：2023年6月　第1版
印　　次：2023年6月　第1次
书　　号：ISBN 978-7-5768-0634-2
定　　价：78.00元

前 言

　　在党的十九大报告当中首度提到，我国特色社会主义目前已步入了新时代，这也是以党与国家事业发展所具备的新视角作为开端，对国家历史方位与发展方向进行科学及准确的掌控。而新时代的到来，不仅意味着承前启后，更意味着继往开来，它是实现中国特色社会主义这一伟大胜利的重要时代，还是实现全面建成并步入小康社会的决胜时期，更是全面建设与发展社会主义现代化强国的重要时代。新时代意味着肩负起新的使命，更加需要加强干部队伍建设，而在干部队伍建设中最重要的就是领导力建设。

　　习近平总书记指出："中国特色社会主义最本质的特征是中国共产党领导，中国特色社会主义制度的最大优势是中国共产党领导，……"[①]中国共产党是我国最高政治领导力量，其领导力的全面发挥必须依靠一支忠诚干净担当的高素质干部队伍，因此加强干部领导力建设是实现中国共产党历史使命的内在要求。当前，乡村振兴战略的展开、城乡结构和布局的转型等工作，都对基层干部领导活动的开展提出了新的要求。从中国共产党的历史来看，依靠基层领导干部，提升基层领导干部的领导力是我们各项事业取得成功的保障。

　　基层是中国共产党的执政之基和力量之源，是衡量当前基层经济、社会、文化发展动态过程的微观窗口。我国的基层治理是一种错综复杂的社会政治过程，既包含政府统治，又兼具村居社会自治；既具有明确的法治制度，也兼容村社民约效力；既有国家不同形式的嵌入，又有民间各种社会组织的参与。近年来，习近平总书记在多个场合谈到基层党员干部的为官之道，

[①] 习近平. 习近平谈治国理政（第三卷）[M]. 北京：外文出版社，2020：94.

指出：“党的基层组织是确保党的路线方针政策和决策部署贯彻落实的基础。要以提升组织力为重点，突出政治功能，把企业、农村、机关、学校、科研院所、街道社区、社会组织等基层党组织建设成为宣传党的主张、贯彻党的决定、领导基层治理、团结动员群众、推动改革发展的坚强战斗堡垒。”[①] 习近平总书记在贵州调研期间也曾谈道：“基层干部是加强基层基础工作的关键。要关心和爱护广大基层干部，为他们创造良好工作和成长条件，保障他们的合理待遇，帮助他们深入改进作风，提高发展经济能力、改革创新能力、依法办事能力、化解矛盾能力、带领群众能力，引导他们扎根基层、爱岗敬业、争创一流。”[②] 基层干部处于基层的镇街、村居一线，是联系党和人民群众“血肉”关系的关键纽带，基层干部领导力在相当程度上决定了基层治理能力，进而决定基层治理成效，成为影响基层经济发展与维护基层社会稳定的关键要素。

2013 年党的十八届三中全会提出了“推进国家治理体系与治理能力的现代化”。这为基层干部能力提出了新要求。习近平总书记指出“干部队伍能力不足”“本领恐慌”问题是比较突出的。在当前“赶超式”“压缩式”的现代化进程中，作为组织和个人的战略资本或战略能力，基层干部领导力在目前及今后一个时期会持续短缺，必须对其进行战略和战术的双向发展。一方面，基层传统组织结构、管理体制、考核机制等多种原因，基层干部存在领导力现代化短板，对治理现代化升级主动适应能力不强，导致治理能力不足的现状堪忧；另一方面，基层工作条件艰苦、任务繁重，晋升难、待遇低，基层优秀人才流失率逐年提高，基层治理失去有效权力规制，基层制度环境约束及治理主体的趋利行为等因素又加剧基层治理的窘况。我国基层干部领导力短板成为掣肘基层组织建设成效的重要原因。基层干部领导力面临适应治理现代化的挑战，其价值观念、专业素质、服务意识、应对突发事件能力等诸多方面存在缺陷，需要突破能力堕距，补齐治理能力现代化短板。因而进一步提高作为基层组织中重要“领头羊”的基层干部的领导力，已经成为紧迫的现实问题。

---

① 习近平. 习近平谈治国理政（第三卷）[M]. 北京：外文出版社，2020：51.

② 习近平在贵州调研时强调：看清形势适应趋势发挥优势 善于运用辩证思维谋划发展 [N]. 光明日报，2015-06-19.

基于此，本书选择新时代基层干部领导力提升作为研究课题，一方面，有助于扩大领导力主体对象的研究范围，丰富领导学科的内容体系；另一方面，也是对我国当下强调各项事业要聚焦基层、关注基层的回应，同时为基层干部领导力提升提供思路和方法。

全书共八章。第一章主要进行基础理论概述，以相关概念界定为切入点，明确新时代基层干部领导力的构成要素和基本要求，梳理中华人民共和国成立以来干部队伍建设的基本历程，深入剖析当前基层干部领导力存在的问题及原因，为全书的研究奠定坚实的理论基础和现实参考依据。第二章至第八章分别阐述如何培养新时代基层干部的政治能力、执行能力、服务能力、科学决策能力、开拓创新能力、应急处突能力和社会治理能力，每一种能力的阐述都从主要内容切入，分析基层干部该项能力存在的问题，并尝试总结出提升该项能力的对策，以促使基层干部提升自身综合素质，补齐治理能力现代化短板，更加切实地为基层群众服务，为基层干部在参与实践工作时提供有益的参考。

基层干部领导力培育与建设问题是一个需要长期研究的大问题，笔者根据当前我国社会发展的新形势、新情况，重点从政治能力、执行能力、服务能力、科学决策能力、开拓创新能力、应急处突能力和社会治理能力七个方面论述了基层干部领导力的培育与建设问题，研究结果对新时代基层干部领导力的提升有着重要的理论意义和现实意义。但也存在一些不足之处：如因个人能力所限，一些问题分析得还不够全面，原因找得还不够准确、对策建议提出的也还不够老到，基于此，本人会持续关注和研究基层干部领导力建设问题，为基层干部领导力提升提出更有力、更行之有效的建议。

笔者坚信，在全新的历史时期，基层干部领导力建设课题的进一步研究将站在一个新的更高的起点上，结合新的社会阶段和新的发展要求，结合党的执政历史发展的轨迹、各项改革不断深化推进的实践和 21 世纪领导科学发展的规律，努力构建具有中国特色的领导力理论体系，并将领导力理论应用于改革实践，有意识地、人为地影响和促进基层干部领导力的提升，努力打造能挑重担、经得起考验的高素质基层干部队伍，从而为实现中华民族伟大复兴提供有力的人才保障和源源不断的智力支持。

目　录

第一章　新时代基层干部领导力建设概述

　　党的十九大提出"中国特色社会主义进入新时代"，为了在新时代的历史条件下进一步完善组织工作建设，因此要建设高素质专业化干部队伍。党政干部队伍建设是关系我国社会主义事业兴衰成败和中华民族前途命运的大事。领导干部的科学文化素养、业务办事能力、思想政治素质等各方面要素都将直接或间接地影响党和国家各项方针政策的贯彻与落实，对于推动新时代中国特色社会主义的建设与发展起到关键作用。新时代基层工作的重要性与复杂性对基层干部的领导力提出了新的更高的要求。因此，本章对新时代基层干部领导力建设进行概述，梳理中华人民共和国成立以来干部队伍建设的历史进程，剖析当前基层干部领导力存在的问题及原因，为后文提出与新时代相适应的新策略、新方法，为党的基层干部领导力培养提供理论支撑和现实依据。

一、相关理论概述

（一）相关概念厘定与内涵阐释

1. 干部

　　"干部"这个词并不是中国原创的，"干部"一词最早出现在法国作家拉伯雷所撰写的一部作品中，有框架和军官等意思。明治维新期间，日本人曾对其进行音译，字面意思是"骨干部分"。后来经过演变和发展，该词被许多国家采用后词义也在不断扩展。《现代汉语词典》对"干部"的解释是："国家机关、军队、人民团体中的公职人员（士兵、勤杂人员除外）。" 20 世纪初，自"干部"一词被引进中国以后，中国知识分子、思想家、革命家也曾频繁使用。1922 年 7 月，中国共产党第二次全国代表大会制定的党章中明确指出，干部是党的事业的骨干，是人民的公仆。从此以后，我国"干部"一词主要限定在中国共产党、国家机关、军队、人民团体、科学、文化等部门的公职人员和企事业单位中担任领导和管理职责的人员。

2. 基层

"基层"指的是组织中最低的一层，"相对于中层与高层的层级，在整个组织的层级中，基层不仅是组织结构的基础，也是中层与高层的支持力量"①。在我国，一般认为县（市、区）及以下的党与行政组织是基层的正式组织，包括县（市、区）和镇街两个层级，而村社则作为基层党政正式组织的有效延伸的群众自治组织形式。根据我国宪法和地方各级人民政府组织法，将基层范围狭义地界定为"包括农村乡（民族乡）、镇和城市街道"②在内的基层行政组织，并延伸到行政村居，即扩展包括了群众性自治组织的村民委员会和居民委员会。

3. 基层干部

基层干部，广泛来讲，既包括纳入国家行政编制为县级以下（包括乡镇、县属各单位，以及垂直管理机构设在县级以下单位）的基层公务员，也包括事业单位编制人员，以及国有企业行使基层公职与提供公共服务的相关人员和村居两委委员等。本书界定为狭义范围，包括镇街有正式编制的一部分的基层公务员，也包括镇街事业编制（除去学校、医院）的一部分人员；还包括村居两委成员、大学生村官及第一书记等。其中有公务员与事业单位编制的镇街干部，处于国家政权正式组织的最底层，是国家在基层的代理人。村居干部在本书中主要涉及村居两委干部（书记、主任、委员），他们没有国家公务员或者事业单位的正式编制身份，通过基层民主换届选举产生，代理行使基层行政权力，为基层群众服务的群体。大学生村官其身份非公务员，担任"村级组织特设岗位"的工作，中央和地方财政共担其生活补助、保障待遇等费用。第一书记是指从各级机关、事业单位及国有企业等选拔优秀党员干部、后备干部等到贫苦与组织软弱与涣散村帮扶，

---

① 甘培强. 和谐社会建设中基层公务员的定位与作用 [J]. 行政与法，2007（01）：36.
② 王乐夫. 新时期农村基层民主政治建设的进程及其政治学分析 [J]. 江海学刊，2002（03）：109.

担任党组织负责人，但又不占用村级党委班子职数，以借助外部资源注入，强化基层党组织凝聚力，推进扶贫与提升村庄治理水平的政策，一般第一书记任期为两年。

由此可见虽然镇街干部、村居干部、大学生村官与第一书记在编制身份、管理层次与所处机构位置等存在差异，但他们都处于基层一线，其目标都是为了直接服务基层民众，解决基层具体问题，达成基层治理的成效，并且他们必须联动才能达成目标，很难仅仅单独依靠发挥个人力量达成基层治理效果；而从其所处的位置是垂直结构系统的最底层可得，基层干部所能够运用的权力是有限的，其所在基层部门职能的复杂性又使得基层干部往往一人身兼数职，呈现出角色身份和业务的多样性和责任的无限性。因具有一些共同特征，在国家的一些文件中也广泛地被统称为基层干部。

4.领导力的内涵

（1）领导力的概念

学界对于领导力的概念目前仍未形成统一的定义，国内外学者对领导力定义的研究持有不同观点。如詹姆斯在《领导力》一书中提出："领导力就是动员大家为了共同目标而努力奋斗的智慧，是一种有决策能力强、有效沟通和协调平衡的能力。"[①]

在新时代背景下，北京大学、国家行政学院刘峰教授提出的"新领导力=决策力×影响力"，更加适应时代需求。他认为"领"主要靠决策力，"导"主要靠影响力，在决策方面提倡"先策后决""多策少决"等基本原则。在影响力方面重视激励与凝聚两个环节，也就是处理好授权和用权的关系。[②]每个定义都与当时的社会背景密切相关，所以关于领导力的定义比较宽泛，无法准确界定，但有一个基本的共识：领导力就是领导者带领追随者实现发展愿景和达成组织目标的能力。

（2）领导力的构成要素

"领导力"是"领导"的一个子系统，是从领导者角度诠释领导学的

---

① 转引自王绍光. 国家治理与基础性国家能力[J]. 华中科技大学学报（社会科学版），2014（03）：8–10.

② 转引自肖永辉、宋佳. 浅析我国基层领导干部能力提升的主要方面[J]. 农村经济与科技，2017（08）：250–251.

理论体系，主要研究领导者的能力与能力结构。① 因此，关于领导力构成要素的研究便成为领导力研究的重要内容。国外学界"领导力构成要素"的研究主要观点集中于以下几个方面：领导特质理论的倡导者认为，领导者个人特质是领导力的根源。领导行为理论认为，领导力实质上根源于领导者在管理过程中所实施的行为，个体经由行为履行管理职能，实现领导效能。领导权变理论主张，有效的领导力构成依赖于情境因素，领导力主要取决于所处环境、领导风格、下属特质这三者的组合。变革型领导及魅力型领导这两种领导理论强调情感和价值，关注下属的需要，尤其是下属的高级需要。领导力的实现是通过对下属的关怀和激励，改变他们的工作价值观、态度和信念，使下属为了组织利益更加投入工作，领导者和下属的特质、行为、认知和情感共同构成相应的影响机制。②

笔者根据前人的定义，并在中国特色社会主义新时代的大背景下，认为新时代基层干部领导力由四个要素所构成，分别是：政治素养、职业品性、关怀支持和工作促进。

①政治素养是基层干部领导力最核心的要素。习近平总书记指出："在领导干部的所有能力中，政治能力是第一位的。"③《中共中央关于加强党的政治建设的意见》中明确要求，在选人用人过程中，必须突出政治标准，一票否决那些在政治方面不合格的干部，并对政治方面不合格的领导者进行调整。只有坚持正确政治方向，才能为中国共产党事业昌盛提供强有力保障，也才能够有效保障我国基层稳定。党的十九大报告提出必须把党的政治建设摆在首位。因此，新时代的基层干部，必须旗帜鲜明地讲政治，切实践行习近平新时代中国特色社会主义思想。基层干部要始终坚持在党的领导下教育、启发、指导下属与群众，增强他们对党及其事业的认同感，充分调动他们在实际工作中的主动性、积极性和创造性。

②职业品性是基层干部领导力的内在要求。党的十九大报告中针对干

① 王朝阳，杨克巍. 军校学员领导力及其构成要素的研究 [J]. 高等教育研究学报，2008（08）：14-17.
② 李明，毛军权. 领导力研究的理论评述 [J]. 上海行政学院学报，2015（11）：91-102.
③ 中共中央党史和文献研究院，中央"不忘初心、牢记使命"主题教育领导小组办公室编. 习近平关于"不忘初心、牢记使命"论述摘编 [M]. 北京：党建读物出版社，中央文献出版社，2019：115.

部队伍建设，首次在"高素质"后面加上了"专业化"，旗帜鲜明地强调了干部的专业能力与专业精神。全面深化改革进程的开展需要干部拥有高度责任感和使命感，提高驾驭实际工作的能力。尤其是随着乡村振兴、精准脱贫战略部署出台，以及经济新常态下转型升级带来挑战，作为改革主力的基层干部在一线工作中带领下属为实现组织目标而展现出的专业素养与品质就显得非常重要。职业品行作为一种重要的间接影响力，是对业务难题的深刻洞察，并在充分调查论证基础上，创造性地提出解决方案。新时代基层干部需要在职业品性上表现出改革思路跟得上、专业知识够精通、攻坚克难有本事、协调各方有方法，从而带领团队完成既定目标，赢得下属的内在认同。

③工作促进是基层干部领导力的关键要素。基层工作既是落地落细的工作，也是服务群众的工作。因而，突出重点、合理安排、统筹兼顾，确保各项工作稳步有序推进，对基层干部尤为重要。基层工作具有诸多特征，如偶然性和烦琐性等。因此，当好基层干部这根"针"，不仅仅是要身先士卒、率先垂范，更要带领团队，打开基层工作的新局面。这就需要基层干部不仅具有扎实的业务能力，还要能激励团队。管理的本质就是激励团队，工作推进的核心也是调动各方的工作积极性，共同参与问题的解决。对于基层干部而言，在对待下属及涉及内部工作分配时要做到公平公正，激发下属的工作热情，通过正面激励和严格要求，充分调动下属的积极性。工作中要给下属指导，讲求原则，按制度办事，不袒护下属，进而促进团队效能的发挥，保证组织目标的达成。在面对群众时，作为深入联系群众、密切服务群众的"纽带"，基层干部要有耐心、细心、恒心。要坚持群众的眼光和群众的立场来看问题，沉下心去研究新情况，向群众学习，向实践学习，不断提升为民服务的本领和能力，开创基层工作的新局面。

④关怀支持是基层干部领导力的重要构成。基层工作要做群众满意的工作，也要做下属拥护和信任的工作，这是基层工作服务性质所决定的。因而，关怀支持对基层干部构建强大的基层战斗堡垒不可或缺。特别是基层工作任务繁重，工作压力普遍较高，基层干部应具备对下属关怀、鼓励与支持的共情能力。调动下属的积极性，是领导者维系团队良好运转的必备要素，更是领导者实现组织高效能目标的内在要求。在工作中要能关怀

支持下属，提要求也要给支持，讲原则也要能共情，凝聚下属及群众的无穷智慧，不断提升基层干部的战斗力，从而更好地为群众服务。

（3）新时代基层干部领导力构成要素的作用机制。新时代基层干部领导力由四个要素构成，但其相互之间又不完全独立。由于党政干部的特殊性，政治素养起统领作用，其他三个要素在政治素养的统领下相互关联，新时代基层干部领导力构成要素作用机制如图1-1所示。

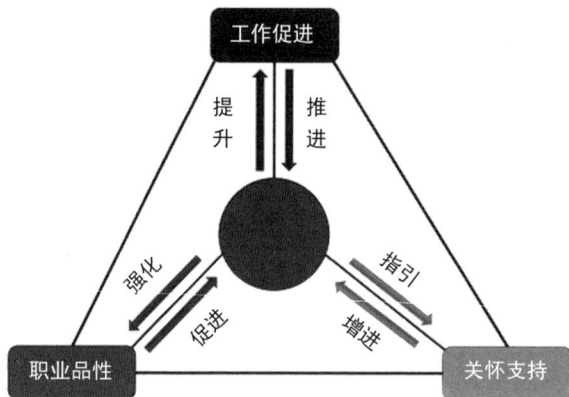

图1-1　基层干部领导力要素间的关系

政治素养对职业品性具有正向强化作用。中国共产党着重从思想上建党，是我们党的优良传统，是保持党的先进性的关键所在。党在建设的实践中不断实现自我净化、自我完善、自我革新、自我提高，不断提升党的领导力。新时代基层干部领导力要素中的职业品性，展示的是基层干部履职素质和工作能力。"欲明人者先自明，欲正人者先正己。"这也是我们党对新时代党的领导干部提出的基本要求。政治素养对关心支持具有正向的指引作用。中国共产党是有着明确价值目标的组织，团结带领人民群众走向更加辉煌的未来是中国共产党的价值目标。新时代基层干部要心系群众，关心群众，要有一心为民的公仆情怀。领导力要素中的关怀支持维度，在基层干部身上表现为关心体贴下属。通过扑下身、沉下心，从群众中壮大自己的领导力。政治素养对工作促进具有正向的助力作用。新时代基层干部领导力构成要素中的工作促进维度，主要是动员下属积极工作。在基层干部引领下属和群众完成目标过程中，党的使命和纲领确保正确的工作方向，是催发下属更加努力、发挥干事本领持久强大的精神动力。下属在工作中取得成就之后，反过来也会强化他们对党的领导的认同，更加坚定其理想信念，进而促进领导者政治素养的提升。

（二）新时代基层干部领导力的基本要求

习近平总书记指出："我们要适应党和国家工作的新进展，努力增强各方面本领，包括学习本领、政治领导本领、改革创新本领、科学发展本领、依法执政本领、群众工作本领、狠抓落实本领、驾驭风险本领，都必须着力强化。"[①] 领导情景理论认为，不同的领导环境对领导力有不同的要求，如何在新时代背景下做好基层干部应尽的职责，适应这一动态变化，首先就是要明确应该具备怎样的领导力，并根据时代需求发展完善自身领导力。

第一，政治思想牵引力。这是构成基层干部领导力的核心，具体体现为基层干部的政治领导力。坚定的理想信念是一切工作的生命线，没有强而有力的理想信念，发展就容易走向歪路，只有充分发挥基层干部的政治思想牵引力，贴近群众，倾听群众心声，善于发现问题，正向引导，及时化解矛盾，大力宣传党的路线、方针、政策，做好思想政治工作，统一基层群众的思想认识，凝聚民心，维护基层稳定，充分发挥他们工作的积极性、主动性、创造性，才能实现党和国家的发展规划蓝图。通过"拇指牵牛"的吸引力，把人民群众引领到建设社会主义新农村上来，使领导目标顺利实现。

第二，躬先表率感召力。这是构成基层干部领导力的关键。新时代农村工作是党和国家的心之所系，更是基层干部的重要职责。要承担起建设社会主义新农村的重任，基层干部发挥好自身的榜样作用是十分必要的。需要有一心为公的道德修养、求真务实的工作态度、踏实肯干的工作作风和智勇双全的人格魅力。以自己的实际行动为他人做表率，如同时代的春风、前进的号角，能够产生强大的吸引力、凝聚力和感召力，妥善用好人民赋予的权力，能够赢得基层群众的支持和信赖，激发基层群众的奋斗热情，

---

① 中共中央党史和文献研究院，中央"不忘初心、牢记使命"主题教育领导小组办公室编. 习近平关于"不忘初心、牢记使命"论述摘编 [M]. 北京：党建读物出版社，中央文献出版社，2019：217.

感召群众朝着共同富裕的道路前进。

第三，多维凝聚向心力。这是构成基层干部领导力的本质。基层干部要想更好地发挥领导效能，就必须具备广泛的群众基础，多维度团结一切可以团结的力量。基层干部的领导环境复杂多样。要想促进各项事业协调稳定发展，就必须做好多方面的协调工作，巧用领导方法把部门下属和群众凝聚起来，使其形成向心力，朝共同目标奋斗，从而收获追随者自觉自愿地支持和拥护。而具备多维凝聚向心力的基层干部就像赛龙舟有了敲鼓手，用"鼓声"来协调众人划桨的节奏和频率，目的是使龙舟飞速前进。一个领导组织如果没有向心力，各自吹号、各自响锣，就会如同一盘散沙，其领导目标就不可能实现。基层干部也只有具备了多维凝聚力才能切实了解基础群众的困难和需要，从而维护好发展好最广大人民群众的根本利益。

第四，决策执行契合力。这是构成基层干部领导力的基础。基层干部作为党和群众沟通的桥梁。国家的政策，需要基层干部在其实际工作中落实，由他们引领群众去实现。同时，人民群众参与政治活动的权利需要通过他们行使，人民群众的诉求也要通过他们向党和政府反映。基层干部位于上下链条的契合点上，那么在领导决策过程中，怎样使基层群众更易于接受党和政府的相关政策并且自觉支持地方领导干部落实工作，这就需要基层干部找准解决问题的关节点。新时代党和政府也非常重视党员领导干部的决策执行工作，要求"干部要坚持立党为公、执政为民，虚心向群众学习，真心对群众负责，热心为群众服务，诚心接受群众监督。要拜人民为师、向人民学习，放下架子、扑下身子，接地气、通下情，深入开展调查研究，解剖麻雀，发现典型，真正把群众面临的问题发现出来，把群众的意见反映上来，把群众创造的经验总结出来。干部要怀着强烈的爱民、忧民、为民、惠民之心，心里要始终装着父老乡亲，想问题、作决策、办事情都要想一想是不是站在人民的立场上，是不是有助于解决群众的难题，是不是有利于增进人民福祉，不断增强人民群众获得感、幸福感、安全感"①。乡镇干部要起好桥梁和纽带作用，这不仅是一种契合领导力，更是一种领导艺术。

第五，科学发展创新力。这是构成乡镇干部领导力的灵魂。"抓创新

---

① 习近平. 习近平谈治国理政（第三卷）[M]. 北京：外文出版社，2020：520.

就是抓发展，谋创新就是谋未来。"① 基层干部在执行上级的决策时，必须因地制宜地采用现代化科学技术手段，制定出切实可靠的实施方法，使政策具体化，让政策能够在最短时间内为群众所理解。新时代在面对新的困难和考验时，基层干部是否具备运用创新思维克服领导工作中阻力的能力由此展现，而领导者的创新能力不是与生俱来的，需要通过后天学习、训练、实践才能逐步拥有创新能力。这就需要基层干部灵活地把党和国家的路线方针政策同本地的客观情况结合起来，勇于探索、勤于创新，才能让科学发展创新力结出硕果。

根据前文对基层干部领导力构成要素和基本要求的归纳，结合基层干部工作实际，本书将重点探讨基层干部的七种能力的培养与建设，即政治能力、执行能力、服务能力、科学决策能力、开拓创新能力、应急处突能力和社会治理能力。

二、中华人民共和国成立以来干部队伍建设的基本历程

中华人民共和国成立以来，中国共产党七十多年干部队伍发展的历程，是十分光辉和丰富的。它既有顺利的一面，又有遭受挫折的一面。在曲折发展的过程中，为党的干部队伍建设积累了丰富的经验，也留下深刻的教训，认真总结这些经验教训，对于加强和改进党的干部队伍建设具有十分重要的意义。

（一）社会主义改造时期党的干部队伍建设

1949 年 10 月 1 日，中华人民共和国成立，标志着中国共产党成为领导全中国人民的执掌全国政权的党。到 1956 年社会主义改造基本完成，我们国家进入社会主义初级阶段。这个时期，党在探索执政条件下的干部队伍建设过程中，积累了丰富的经验。

中华人民共和国成立初期，中国共产党面临着建立和巩固人民民主专政的国家政权、恢复和发展国民经济、着手进行社会主义改造和建设的艰巨任务。新情况和新任务给党员、干部提出更高的要求。同时，党的干部

---

① 中共中央文献研究室编. 习近平关于科技创新论述摘编 [M]. 北京：中央文献出版社，2016：70.

队伍建设在思想、作风和组织上都有很多问题需要解决。为了防止党员干部腐化，保持党的纯洁性，提高党的干部的政治思想水平，1950年5月，中共中央发出《关于在全党全军开展整风运动的指示》和《关于发展和巩固党的组织的指示》等文件，决定在全党进行一次着重整顿党的干部的整风学习。经过整风，党员干部的思想、政策水平有显著的提高，增强了群众观点，进一步密切了党群关系，加强了同党外民主人士的合作，骄傲自满、官僚主义和命令主义作风也有了比较大的克服，个别党员干部的腐化行为得到了批判，严重者受到了纪律处分。经过整风，党员干部情绪饱满，在工作上出现了新的气象。但是，在整风运动的过程中，也暴露出部分党员干部仍然存在着比较严重和比较普遍的问题。为此党中央决定1951年开始结合"三反""五反"运动进行整党。通过整党，清除了四十一万名不合格党员出党，提高了党员干部的思想政治觉悟，纯洁了党员队伍，改进了党的作风，密切党群关系，为党领导人民恢复国民经济和进行大规模社会主义改造提供了可靠的组织保证。1956年底，个体农业、手工业、资本主义工商业的社会主义改造基本完成，中国社会发生了根本性的变化。在党面临历史转折的前夕，1956年9月，中国共产党召开第八次全国代表大会，总结了中华人民共和国成立以来的历史经验，正确分析了当时我国社会的主要矛盾，提出加强执政党和党的干部队伍建设的新论断，为执政党建设做出了历史性贡献。党的八大强调理论联系实际，坚持实事求是的思想路线，要求全党同志特别是党的各级干部要加强学习，掌握马克思列宁主义的立场、观点和方法去观察和解决问题，要对我国社会主义建设中存在的实际问题进行深入的调查研究。党的八大针对中国共产党执政后党员和干部容易脱离群众的倾向，强调必须发扬我们党密切联系群众的优良传统，坚持党的群众路线，坚决反对形形色色的官僚主义，加强党的作风建设。党的八大为新时期社会主义建设事业中加强干部队伍建设指明了正确的方向，总结了执政党组织建设的经验，初步形成了党的组织建设的理论。

总的来说，中华人民共和国成立初期，干部队伍建设状况是比较好的，继续保持了革命年代的艰苦奋斗作风和同人民群众的密切联系。党对党员干部的教育和把腐败分子清除出党的斗争抓得比较紧。一个坚强团结的党的干部队伍，一个为党所确定的正确目标而一致行动、努力奋斗的党的干部队伍，是中华人民共和国成立初期我们各项工作取得顺利进展的重要的保证。同时应该指出的是，在这个历史时期，在党的干部队伍建设中也出现了某些"左"的倾向，尽管当时已有察觉，但看得并不严重，更没有采取有力措施予以纠正，以致后来酿成了大的"左倾"错误。

（二）曲折发展时期党的干部队伍建设

社会主义改造基本完成以后，我国开始进入全面建设社会主义的时期，直到"文化大革命"前夕。这十年中，党领导全国人民进行了大规模的社会主义建设，尽管经历了曲折的发展过程，但是仍然取得了伟大的成就。党的干部队伍建设在这十年中，从总体上看，党的干部工作仍然保证了社会主义建设的进行，并在曲折中取得了重要经验。这期间涌现大批干部和英雄人物。如被人民誉为"党的好干部"的县委书记焦裕禄，被工人们称为"铁人"的大庆工人、共产党员王进喜，还有解放军战士雷锋等，成为全国人民学习的榜样。党号召广大干部群众向他们学习，焕发出巨大的建设社会主义的精神力量。

（三）伟大转折时期党的干部队伍建设

1978年12月召开的中国共产党十一届三中全会，是中华人民共和国成立以来具有深远意义的伟大转折点，是改革开放和建设有中国特色社会主义伟大事业的新的开端。它开启了我国社会主义建设的历史新时期，给中国带来了翻天覆地的历史性巨变，十一届三中全会为我党重新确立了马克思主义的思想路线、政治路线和组织路线。此后，党的干部队伍建设也紧紧围绕着确保和促进全党工作中心的转移和社会主义现代化建设事业的进行做了大量卓有成效的工作。

这一时期，党中央认真研究和解决在伟大历史转折时期党的组织工作中出现的新情况、新问题，制定了干部队伍的"四化"方针，改革干部制度，调整、配备各级领导班子，建立老干部离退休制度并重视对中青年干部的培养，对干部进行大规模的培训，加强党员教育，建立党的正常组织生活制度，整党整风，加强和改善党的领导，从组织上保证了十一届三中全会以来党的路线、方针、政策的贯彻执行。

第一，恢复、新建各级党校，大规模培训干部。"江青反革命集团"被粉碎后，党中央提出迅速恢复各级党校。到党的十二大前后，全国恢复和新建党校、专业干校八千八百多所，包括其他各种形式的干部教育。参加一个月以上训练的干部达三百七十二万多人次，其中轮训县以上领导干部一半以上。中央党校在十二大召开前，一共轮训、培训了党的高、中级领导干部、理论干部一万七千八百三十八名。这些学员是一批"种子"，他们撒到全国各地，在各条战线上开花结果，对全党工作的拨乱反正，对营造全国安定团结、生动活泼的政治局面，对社会主义物质文明、精神文明建设的开展起到了积极的作用。

第二，干部队伍建设必须坚定不移地按照"革命化、年轻化、知识化、专业化"的方针来进行。邓小平同志提出的干部队伍建设的"四化"方针，是对原有干部队伍建设的德才兼备、又红又专方针和原则在新的历史条件下的集结成和发展。邓小平认为，新时期干部队伍建设的"四化"方针，绝不是一个暂时性的、权益性的方针，而是一个符合新时期干部队伍建设客观要求的、适应社会主义现代化建设实际需要的、必须长期坚持的战略方针。他在《中国共产党第十二次全国代表大会开幕词》中曾经提出，实现干部队伍建设的"四化"，是"今后一个长时期，至少是到本世纪末的近二十年内"①我们要完成的四件工作之一。

第三，干部队伍建设必须把领导班子建设作为关键环节。邓小平同志指出："领导班子问题，是关系到党的路线能不能贯彻执行的问题。如果这个问题解决得不好，不要说带领群众前进，就是开步走都困难。"②因此，他非常关注领导班子的革命化和年轻化建设。大力加强新时期领导班子的革命化建设，加强各级领导班子的思想理论建设和廉政作风建设，严把"三道关"：把好对领导干部的选拔任用关；把好领导干部的政治教育关；把好领导干部的监督检察关。大胆选拔优秀的年轻干部进班子，实现领导班子的年轻化，要坚持干部"四化"标准，在革命化的前提下把四条标准兼顾起来；要注意社会公论，注意采取从上看和从下看相结合的办法；要拓宽选人视野，调整选人方向，把眼光放在现代化建设第一线，放在经济建设的主战场；要充分发挥老干部的"传、帮、带、让"作用；要破除论资排辈、死守台阶、求全责备等陈旧过时的用人观念，敢于打破常规选人才。同时，

---

① 邓小平. 邓小平文选（第三卷）[M]. 北京：人民出版社，1993：3.

② 邓小平. 邓小平文选（第二卷）[M]. 北京：人民出版社，1993：9.

还提出要提高领导班子业务能力建设，大力充实精通业务的干部。

第四，干部建设必须建立一套科学合理的干部制度。建立多种形式的干部选拔制度、任期制度、退休制度；建立固定的干部交流制度、培训制度；精简机构。同时，邓小平同志还提出了新老干部交替合作制、后备干部制等一些意见和设想，有力地推进了原有干部制度的改革和新干部制度的建立，从而为新时期的干部队伍建设提供了日益健全、完善的制度保障。

（五）改革开放和现代化建设新阶段党的干部队伍建设

如何建设一支高素质的领导干部队伍，如何保证社会主义国家的政权不变质，这是我们党始终高度关注的一个重大问题。以江泽民为核心的党中央领导集体在邓小平同志为核心的党中央领导集体经验的基础上继往开来，在干部管理、教育、培养、选拔方面采取了许多重要的举措。纵观其13年的情况，江泽民同志建设高素质干部队伍的思想，主要体现在以下四方面。

一是要加强干部队伍的理论武装，这是提高执政能力的需要。江泽民同志强调要把思想建设放在首位，而加强思想建设核心的内容就是用马克思列宁主义、毛泽东思想、邓小平理论和"三个代表"重要思想来武装广大党员干部。从三方面努力解决这个问题：建立党员干部特别是领导干部的学习考核和激励机制；加大公开选拔领导干部的力度；加大公务员、企事业单位等招聘的考试力度。

二是要按照"四化"要求选择党的各级干部。江泽民同志指出，按照"革命化、年轻化、知识化、专业化"的方针，建设一支能够担当重任、经得起风浪考验的高素质干部队伍，把那些德才兼备、成绩突出和群众公认的人及时选拔到各级领导岗位上来。经过多年的努力，在这方面已经取得一定成绩。

三是要加强对干部的自律和监督。江泽民同志强调，自律就是要在加强个人自我修养上下功夫，在各方面以身作则，树立好的榜样。在监督方面要做好三点：明确要求，就是要遵守"四大纪律八项要求"；突出重点，就是要严肃处理五类现象（违反规定收送现金、有价证券和支付凭证的，按照组织程序一律先免职，再根据规定处理；"跑官要官"的，要批评教育，不能提拔重用，在重要岗位上的要予以调整，已得到提拔的要坚决撤下来；

放任、纵容配偶、子女及其配偶和身边工作人员利用领导干部职权和职务影响经商办企业或从事中介活动谋取非法利益的，要辞去现任职务或者有组织责令辞职，并按照规定给予纪律处分；利用婚丧嫁娶等事宜收钱敛财的，要严肃查处；参加赌博的，应予以免职，在根据规定处理，到国（境）外赌博的，要从严惩处；借鉴国外政党好的管理经验，建立党员干部诚信档案、加强党员干部八小时以外的管理等。

四是要深化干部人事制度改革。深化干部人事制度改革是建设高素质干部队伍的必然要求和重要途径。江泽民同志指出，要适应经济体制改革和其他方面改革的要求，加快干部人事制度改革步伐；要通过深化改革，逐步创造一个公开、平等、竞争、择优的用人环境，建立一套干部能上能下、能进能退、充满活力的管理机制；要形成一套法制完备、纪律严明的监督体系，努力实现干部工作的科学化、民主化、制度化。改革的重点放在领导干部的选拔方式由"委任制"向"选任制"逐步转变。

党的十六大以来，以胡锦涛同志为总书记的党中央以加强党的执政能力建设和先进性建设为重点，认真贯彻干部队伍"四化"方针，在全面推进领导班子和干部队伍建设方面，采取了一系列重大措施，领导班子和干部队伍建设取得了显著成效，为全面推进我国的改革开放和现代化建设事业提供了强有力的组织保证。

第一，站在增强党的执政能力，巩固党的执政地位的高度，以实施人才强国战略的视野，做好干部的选拔和培养工作。加强党的执政能力建设，是中国共产党执掌全国政权后始终面临和不断探索解决的一个重大课题，也是党的十六大提出的一项战略任务。而如何建设一支善于治国理政的高素质干部队伍，则将极大地影响党的执政能力建设。2003年12月19日至20日，党中央专门召开了全国人才工作会议。这在中国共产党和中华人民共和国成立后的历史上还是第一次。胡锦涛同志在开幕会上讲话指出：增强党的执政能力，巩固党的执政地位，最根本的是要不断培养造就出一大批高素质的善于治党治国治军的领导人才和其他各方面人才。基于这样的认识，党在促进和谐社会建设的过程中，对高素质干部队伍建设方面提出了许多新思想。加强对中高级领导干部、优秀企业家和各领域高级专家等高层次人才的思想政治培养，使他们不仅成为业务上的尖子和带头人，而且成为政治坚定、情操高尚、团结协作、拼搏奉献的楷模。

第二，进一步加强对各级党员干部的思想政治教育。党的十六大以来，党中央坚持用发展着的马克思主义教育各级党员干部，深入开展学习"三个代表"重要思想、党的先进性教育、科学发展观、构建社会主义和谐社会和社会主义荣辱观教育，组织开展以践行"八个方面"良好风气为主要内容的"领导班子作风建设年"等主题教育，使各级领导班子和领导干部思想政治建设得到新的加强，执政能力和领导水平明显提高，涌现出一大批坚持立党为公、执政为民的优秀领导干部。

第三，选拔使用干部始终体现科学发展观。按照科学发展观的要求选拔使用干部，把落实科学发展观的实际成效作为考核干部实绩的根本标准，进一步树立了正确的用人导向。按照加强党的执政能力建设的要求，积极推进领导班子配备改革，在精简领导班子职数、适当扩大党政交叉任职等方面取得了实质性进展。

第四，培养选拔年轻干部取得新进展，后备干部队伍建设进一步加强。党的十六大以来，中央党校一年制中青班培训近千人，各省区市委党校中青班培训1.5万多人。同时，通过选派年轻干部协助处理重大突发事件、参与专项重大活动、参与信访督察和依托重点建设工程等方式，党中央加强了年轻干部的培养锻炼。各地按照"一手抓配备，一手抓后备"的思路，把一大批德才素质好、发展潜力大的优秀年轻干部充实进后备干部队伍，干部队伍素质不断提高，结构不断改善。

第五，干部人事制度改革稳步推进。党的十六大以来，党中央高度重视干部人事制度改革，做出了一系列重大部署。各地区各部门各单位积极探索，大胆实践。干部人事制度改革在整体推进中不断深化，初步形成了相互配套、有机衔接、较为完善的干部人事制度体系。

第六，干部交流工作逐步走上制度化、经常化轨道。随着《党政领导干部交流工作规定》出台，干部交流的主要对象和重点领域进一步明确，重点部门、关键岗位领导干部的交流形成制度。各级党政"一把手"，纪检机关、组织部门、人民法院、人民检察院和公安部门的主要领导干部实行异地交流。近年来，加强了省、市、县和中央国家机关、省级党政机关之间领导干部之间的相互交流，还从中央国家机关和东部发达地区选派大批干部援藏、援疆，到西部和东北挂职、任职。完善干部任职回避制度，扩展了亲属回避和地域回避的范围。

（六）党的十八大以来干部队伍建设

1.习近平总书记的"好干部"标准

2012 年中国共产党召开了党的十八次全国代表大会，在会议上，党中央明确提出了建设高素质执政骨干队伍的战略任务和战略目标。习近平总书记深谙干部队伍建设在国家治理中重要意义，在不断的实践过程中，汲取前人经验教训提出了一系列独具时代特色的干部队伍建设的思想，成为新时期增强党组织肌体力量的重要理论保障。习近平总书记在全国组织工作会议上提出"好干部"标准，即"信念坚定、为民服务、勤政务实、敢于担当、清正廉洁"①，这二十字"好干部"标准也明确了新时代干部队伍建设的新坐标和新方向，既与我们党的优良传统一脉相承，又与时俱进地实现了创新性突破，具有鲜明导向性和现实针对性。

（1）建设一支信念坚定的干部队伍

第一，政治过硬是干部的为政之魂。在干部队伍建设过程中，政治标准是衡量和检验干部的首要标准。习近平总书记多次强调，干部要想成为民族脊梁，在任何时候、任何方面都要做到政治过硬，要在牢牢把握政治过硬这一要求的基础上严守政治纪律和政治规矩，必须始终用政治标准这个卡尺来对自身的理论之氧、精神之钙、思想纯洁度进行全方位、多角度的测量，必须在政治信仰、政治原则、政治方向、政治道路上始终坚定地、绝对地同党中央保持高度一致，要把政治过硬这一首要政治品质融入血脉、植入灵魂，切实转化为干事创业的思想自觉和行动自觉。这样，才能在抵制政治诱惑"围猎"时守住初心，才能站稳政治立场，掌稳政治方向之舵，才能汇聚起拒腐防变的磅礴力量。

第二，理想信念是干部的精神之钙。理想信念是干部安身立命的根基，是保持政治生命纯洁性和先进性的"灵魂"。干部队伍的理想信念表现在要坚持不懈地做共产主义事业的坚定信仰者，以及为实现中华民族伟大复兴中国梦的初心守护者。习近平总书记形象地说："理想信念就是共产党

---

① 习近平. 习近平谈治国理政（第一卷）[M]. 北京：外文出版社，2018：412.

人精神上的'钙',没有理想信念,理想信念不坚定,精神上就会'缺钙',就会得'软骨病'。"①理想信念坚定的干部,要始终坚持把"铁一般信仰"作为坚定政治立场、明确政治方向、保持政治定力的"导航仪"。要始终坚持把"铁一般信念"作为坚守信仰、实现理想的坚强动力之源。总之,建设一支信念坚定的干部队伍,就要求干部在坚守信仰、坚定信念方面始终做好表率,走在前列,就要把"铁"这种精神和品质牢牢印在干部的信仰、信念之上,这样才能补足干部的"思想之铁",铸就干部队伍的"钢筋铁骨"。

第三,忠诚担当是干部的立身之本。忠诚担当是干部所具备的责任意识和党性意识。习近平总书记指出:"对党绝对忠诚要害在'绝对'两个字,就是唯一的、彻底的、无条件的、不掺任何杂质的、没有任何水分的忠诚。"②做到对党绝对忠诚既是干部队伍必须具备的政治品质和党性原则,也是新时期干部队伍建设的根本政治标准和要求。对党忠诚担当的干部,能够始终忠于共产主义远大理想、忠于党的伟大事业及忠于党的组织,能够始终把增强"四个意识"作为检验自身工作的重要标尺,把坚定"四个自信"作为衡量自身政治定力的重要标准,把坚决做到"两个维护"汇聚成对党忠诚的强大精神力量;对党忠诚担当的干部,以"老实"作为忠诚的前提,以"纯粹"和"绝对"作为追求忠诚担当的最高境界,始终以党章为遵循,严格按照党章的要求重点加强个人在懂规矩、守纪律、知荣辱等方面的品德修养。

（2）建设一支为民服务的干部队伍

第一,心中有民,做忠诚的执政人。"心中有党、心中有民、心中有责、心中有戒"是习近平总书记对焦裕禄为民意识和为官品质的精准概括。心中有民,做好忠诚的执政人,党的各级领导干部就要坚定中国共产党的根本政治立场,要把焦裕禄"心中有民"精神作为忠诚执政的重要遵循,放下过去高高在上的官架子,切实构筑起一座与人民群众保持密切联系和贴心服务的桥梁。心中有民,做好忠诚的执政人,党的各级领导干部就要守好为官公德,找准人民公仆的定位,在把人民群众的安危冷暖置于心中

---

① 习近平. 习近平谈治国理政（第一卷）[M]. 北京:外文出版社,2018:15.

② 中共中央纪律检查委员会,中共中央文献研究室编. 习近平关于严明党的纪律和规矩论述摘编[M]. 北京:中国方正出版社,中央文献出版社,2016:24.

最高位置的基础上，切实做到躬身为民，对人民群众的所思所盼要有一个全面而深入地了解。特别是针对人民群众反映比较多的问题要及时地进行研究并想办法、有计划地加以解决，这样才能在贯彻落实群众路线的过程中真正实现"身入"群众向"心入"群众的彻底转变。

第二，谋利为民，做幸福的开路人。为民谋利是共产党人终生追求的价值取向。为民谋利的好干部不论职务高低，都应该把为人民谋利益、谋幸福的自觉性和坚定性融入干事创业的全过程。谋利为民的干部，要把"群众利益无小事"的观念彻底入心入脑。在与人民群众保持同舟共济、同甘共苦的过程中，始终把最广大人民的根本利益放在心中首要位置，广大干部要在为民谋利中体现先进性，努力锻造谋利为民的头脑，练就符合时代要求的过硬本领，为做好幸福的开路人奠定坚实基础，要把攻坚克难的锐气和破解难题的信心切实运用到涉及群众利益的实际问题上。尤其要在社会利益格局深刻调整的过程中，兼顾人民群众的利益诉求，妥善处理和协调有关人民群众的利益问题，让人民共享全面深化改革的新成果，不断满足人民群众的新期待，在全面建成小康社会的关键阶段不断提升人民群众的幸福指数。

第三，情系于民，做群众的贴心人。干部与人民群众之间有一种天然的情感，干部队伍的根基夯实、血脉延续、力量凝聚都来源于人民。一切为了群众、一切相信群众、一切依靠群众，是我们党的根本立场和核心价值。对此，牢记宗旨、服务人民、情系于民，是检验党员干部是否脱离群众的"试金石"，也是干群关系是否密切的关键。"情为民所系"强调的就是干部对人民群众的感情问题。情系于民，做群众的贴心人，就是树立起正确的群众观，摆正自己的位置，克服高高在上的官僚主义作风，始终与人民群众心连心、同呼吸、共命运，与人民群众保持深厚的感情，发自内心的热爱人民群众，把人民群众当做自己的父母、兄弟姐妹一般。邓小平同志曾深情地说："我是中国人民的儿子。我深情地爱着我的祖国和人民。"[1]这种为民情怀是当前干部队伍所追求的最高情感境界。

---

① 中共中央文献研究室编. 邓小平思想年编（一九七五——一九九七）[M]. 北京：中央文献出版社，2011：349.

（3）建设一支勤政务实的干部队伍

第一，做勤政敬业的表率。勤政敬业是干部为官从政最起码的职业道德，反映了一个干部的思想境界、党性修养、价值观念，也展现了干部干事创业的工作作风和从业精神。广大干部要不断增强勤政敬业的自觉性和坚定性，当好勤政敬业的典范，切实肩负起"为官一任、造福一方"的重任。勤政敬业，就是干部忠于职守，敬业奉献，不当"懒官"，能够正确把握勤政的科学内涵，在各自工作岗位上能够用最高的奉献精神来维护党的形象，以及推进党的事业不断前进。勤政敬业的干部队伍必勤学，勤学能够在时代和社会发展的浪潮中不断更新陈旧的知识，克服"本领恐慌"，强化自身的执政能力，使自己的知识领域不断拓展和更新。勤政敬业的干部必须善于执政，善于执政就是善于从工作中积累经验，注重工作实效，敢于改革创新，有所作为，在满足中国特色社会主义事业发展的同时努力提高为人民服务的质量和水平。

第二，做求真务实的表率。求真务实是干部所具有的一种政治品格和红色基因，把求真务实作为干部队伍建设的标准是党和人民事业兴旺发达的关键。求真务实这一原则的坚持使干部队伍充满了朝气和活力。求真务实干部队伍的建设必须坚持真和实的原则，一方面，表现在广大干部能够解放思想，实事求是，在把握事物本质和富于创造性的基础上不断探索深化重点领域和关键环节攻坚克难的规律，以求真的作风破除阻碍推进治理能力现代化的诸多弊端，以实现党的事业高质量飞跃式发展。另一方面，表现在广大干部脚踏实地耕耘，务党和人民利益之实，真正做到深入人民群众之中增长政治智慧、锤炼政治品性，而不是把通民意、顺民心、惠民生、增民力仅仅停留在口头上、会议上和文件上。这样，求真务实这一优良作风才能在干部队伍建设中真正得以弘扬和发挥标准性效用。

第三，做真抓实干的表率。"空谈误国，实干兴邦"。真抓实干是干部做事的过硬品质。真抓实干，首在作风的转变，重在执行力的落实，根在实绩的体现。面向现在和未来，决胜脱贫攻坚、打赢现阶段的抗疫阻击战，以及实现中华民族伟大复兴的美好蓝图都离不开真抓实干。习近平总书记强调，真抓才能攻坚克难，实干才能让中华民族伟大复兴的中国梦梦想成真。自古以来，真抓实干的干部在干事方面都有一股干劲和拼劲。一方面，真抓实干的干部表现在有着坚定的事业信仰，严格按照制度履行职责、行使权力、开展工作。党的干部在工作中一旦确定目标，能够沉下心来干工作，真抓实干钻业务。能够以锲而不舍的毅力、以踏石留印、抓铁有痕的劲头努力完成时代赋予的新使命。另一方面，真抓实干要有精益求精的标准，杜绝"形象工程"和"面子工程"，努力用匠心精神创造出经得起实践、人民、历史的实绩。

（4）建设一支敢于担当的干部队伍

第一，心中有责是干部的责任担当。心中有责，就是要把对民族、对党、对人民的责任担当扛在肩上，把担当作为成就事业的要领。习近平总书记强调："干部就要有担当，有多大担当才能干多大事业，尽多大责任才会有多大成就。"①党员干部从事的事业是党和人民的事业，所以党员干部要用担当的宽肩膀撑起党和人民赋予的历史使命，要摒弃只想当官掌权而不想干事、不想担责、不想出力的思想，要把"功成不必在我"的精神运用到尽心尽责干事的过程中，真正成为带领人民群众筑梦想、奔幸福的主心骨。建设心中有责、敢于担当的干部队伍，要促使党员干部牢记自己肩负的使命，要让党员干部在全面深化改革的攻坚阶段切实担负起自己的责任，自觉投身中国特色社会主义的伟大实践之中，坚持学在深处、谋在新处、干在实处，真正做到想作为、敢作为、真作为，切实做到为人民谋幸福、为国家谋复兴。

第二，"五个敢于"是干部的原则担当。中国的发展已经站在新时代的历史起点上，前进道路上充满了困难与阻力。习近平总书记对此明确要求："敢于担当，党的干部必须坚持原则、认真负责，面对大是大非敢于亮剑，面对矛盾敢于迎难而上，面对危机敢于挺身而出，面对失误敢于承担责任，面对歪风邪气敢于坚决斗争。"②"面对大是大非敢于亮剑"表现在干部在重大的政治问题、原则问题和现实问题面前坚持正确的立场和保持鲜明的态度，"亮剑"的关键在于与"好人主义"划清界限。"面对矛盾敢于迎难而上"表现在能够掌握处理风险和挑战等矛盾的科学方法。要依靠群众化解矛盾，要用民主的方式解决矛盾，要善于运用政策调节化解矛盾。领导干部只有在矛盾面前敢抓敢管、敢于碰硬，才能做出无愧于时代的业绩。

---

① 习近平. 做焦裕禄式的县委书记 [M]. 北京：中央文献出版社，2015：8.

② 习近平. 习近平谈治国理政 [M]. 北京：外文出版社，2014：413.

面对危机敢于挺身而出，表现在面对重大风险和挑战的关键时刻不退缩、不畏惧，能够勇敢地发挥好精神旗帜的引领作用和中流砥柱的支撑作用。面对失误敢于承担责任，就是以坦荡的胸怀直面失误，敢于正视错误，这是对干部胸襟的真正检验。面对歪风邪气敢于斗争，就是在面对一切危害党和国家形象及人民利益的歪风邪气面前依然勇敢地保持战斗状态，用敢于批评和较真碰硬的一身正气来压倒一切歪风邪气。

第三，增强政治领导本领和改革创新本领是干部的能力担当。敢于担当就必须要有成事的本领。全面增强执政本领是新时代对全体党员干部提出的新要求。全面增强干部执政的能力担当、保持党的领导先进性的关键因素是不断增强政治领导本领和改革创新本领。随着中国特色社会主义进入新时代，我国发展面临的机遇和挑战已经不容忽视，领导干部政治领导本领的增强，体现在必须把"五大思维"作为核心，在政治方向引领、政治原则坚持、政治局面掌控、政治风险防范抵御等方面都具有超凡的执政能力和治理本领。增强改革创新本领，就是领导干部要敢于用新时代的思想观念去破除体制机制的诸多弊端，积极探索适合自身发展需要的新道路，不断提升驾驭全局、化解重大风险和挑战的素质与能力。各级领导干部要用胆识和气魄涉险滩、闯激流，用高超的本领汇聚起支持改革、参与改革的强大力量，在坚持统筹全国一盘棋的基础上积极寻求改革良方，把改革工作重点更多放到实际问题的解决上、可持续谋长远的发展上。

（5）建设一支清正廉洁的干部队伍

第一，领导干部要严以用权。"严以用权"是新形势下习近平总书记针对干部队伍中的不良现象，对干部的政治品格作出的最基本最简洁的规范，也是广大党员干部为官从政的基本准则，更是实现中华民族伟大复兴中国梦的题中之义。

严以用权，就是要坚持用权为民。领导干部手中的一切权力都是人民赋予的，只能用来为党夯实执政基础、为国家谋取复兴、为人民创造美好生活，这样才能真正赢得百姓的信赖与支持。严以用权，就是要坚持依法用权。党纪国法作为权力的边界是不能逾越的。领导干部在任何时候都不能搞特权，不能用手中的权力谋取私利。严以用权，就是要坚持秉公用权。秉公用权是为官态度，更是为官标尺，秉公用权源于信仰力量，源于道德情操，更源于公心正义。另外需要指出的是，领导干部的严以用权必须让权力真正运行在"聚光灯"和"放大镜"下，才能真正使权力有了"紧箍咒"的约束，权力这把"双刃剑"才能在干部手中切实发挥出为人民谋福利的效用。

第二，领导干部要严以律己。严以律己是修身、用权的具体体现，同时也是"三实"的重要保证。严以律己在"三严三实"中具有重要的桥梁纽带作用，是中华民族的优良传统和共产党人的优秀政治基因。新时期加强干部队伍建设必须把严以律己作为规范干部廉洁行为的一条重要标准。党员干部能否严以律己，对于为政清廉政治生态的形成至关重要。领导干部的严以律己，在工作和生活中不是一种口号和伪饰，而是在保持政治忠诚、组织服从、纪律严守、坦荡为官方面所展现出的一种政治本色。具体表现为"心中有戒律，手中握戒尺"，善于和勤于做好自省"功课"，不断增强严守党的政治纪律和政治规矩的思想自觉和行动自觉，努力把"铁"这种特性和品质牢牢融于所应遵循的纪律和规矩之上，以促使自律精神不断强化，自我约束能力不断提高。领导干部只有真正做到严以律己，才能抵御住腐败侵蚀，经受住名利的诱惑和考验，从而固守老实为人、干净为官的从政本色。

第三，领导干部要严以修身。严以修身，不仅是中国古代优秀传统文化中所倡导的一种社会责任，更是当代党员干部安身立命、为官从政的终身必修课。新形势下严以修身又被赋予了新的时代内容与精神。严以修身就是党员干部把干净作为立身之本。干净，就是要求领导干部严私德。严格规范自己的政治操守和履职行为，时刻保持人民公仆本色的纯正。能够在各种金钱、美色等庸俗化的诱惑面前做到一尘不染，在增强自我约束、坚守道德阵地、塑造高尚品质的基础上不断增强拒腐防变的免疫力。干净，就是要求领导干部以正心为要。"正心"的关键是通过"修心"这一过程不断构筑起心灵的"防护堤"，要通过"补钙铸魂"常态化来筑牢思想道德防线，始终通过对马克思主义理论知识的学习，从中不断汲取"政治营养"来促使内心的政治升华与纯洁。

2.党的十八大以来基层党员干部队伍建设的成就

观照现实，党的十八大以来，在干部队伍建设思想指引下，基层党员干部队伍的建设结合社会发展的现实与时俱进。围绕着事业发展这个中心工作，坚持"事业为上、人岗相适、人事相宜"的原则选任人才，通过培训不断提升基层党员干部的专业能力和专业精神，不断完善监督制度让整个队伍能够形成积极向上的良好竞争氛围。

（1）选拔标准更符合新时代要求

2019 年 3 月，《党政领导干部选拔任用工作条例》（以下简称《条例》）对党员干部的选拔标准做出了更加细致、符合新时代要求的调整。选拔标准明确了"事业为上、人岗相适、人事相宜"的原则。一方面，这突出说明了，新时代党员干部的选拔要更加从实际工作的需要出发，选择专业能力、工作经验等更加适合岗位的干部，让干部可以发挥特长，更专业、高效地完成工作。另一方面，这样的选拔标准也更加符合群众的期待与需求。新的社会矛盾明确提出，人民群众的物质文化需求日益增长，这就要求基层党员干部要比过去更加专业，才能让工作真正满足群众的需求。

《条例》中明确"必须把政治标准放在首位"。相较于过去，《条例》结合了当前社会更加开放的现实情况，强调了政治标准的重要性。要选拔真正认同党的基本理论、基本路线和基本方略的人，只有这样才能让干部将全心全意为人民服务落到实处，才能保证基层党员干部能够理解党的方针政策，上下一条线，让政策真正为民服务，提升基层治理效率。

《条例》中特别提出要"树立注重基层和实践的导向"。进入新时代，基层群众生活水平、综合素质在不断提高，接受的信息也越来越多，这会给基层党员干部的工作带来更大的挑战，同时也更加检验着基层党员干部的实际工作能力。因此，在基层实践工作中表现突出的干部，基本可以全方位证明自己的工作能力和态度。《条例》的这一变化恰好符合了当下的这一实际情况，通过选拔在基层实践中表现突出的人才，可以更好地保证选拔出的干部具有敢于负责、勇于担当、善于作为的品质。

（2）基层党员干部选任渠道更多

党的十九大报告中提到要"坚持五湖四海，任人唯贤"。在基层党员干部的选任过程中也在不断扩大选任视野和渠道，让更多有才能、有担当的人可以在适当的岗位上发挥作用、实现价值。

一方面，部分高校教师、学生深入基层工作中，在带领基层脱贫致富上发挥了更多的专业作用。比如山东农业大学农学院结合自身特长，每年选派3~5名青年骨干教师，到基层农业推广部门、乡镇政府、农业专业合作社等挂职锻炼。这一举措让高校教师获得成长的同时，也将更先进的农业种植知识带到基层，提高了基层党员干部队伍的专业能力。

另一方面，村两委的一些优秀干部也通过一定的考核加入基层党员干部队伍中来，有利于基层党员干部更加深入群众。近年来，陕西、甘肃等多个省市都针对优秀村（社区）干部进行了定向招考，将其录用为乡镇机关公务员。通过这样的招考，降低了考试竞争力，给了解基层实际情况的这些村（社区）干部更大的发展空间，有利于基层党员干部队伍更加接近群众，了解群众的所思所想。

（3）党内主题教育活动丰富开展

党的十八大以来，更加重视对党员干部的培养，尤其是思想教育和专业精神方面的教育活动以各种各样的形式发挥着作用。

从开展频率上看，党内主题教育更加频繁，更能及时针对不同阶段的问题开展对应的主题教育。2013—2014年，针对党内一些人存在形式主义、官僚主义、享乐主义和奢靡之风的情况，及时开展了党的群众路线教育实践活动；党的十九大以来，针对很多人忘记了党的出发点的情况，开展了"不忘初心、牢记使命"主题教育。这些活动由上到下、层层展开，让基层党员干部及时发现自身问题，重新找回自己的"初心"和使命。

从活动形式上来看，更加创新，也更能运用一些"接地气"的方式进行教育，让教育活动深入地融入每一位基层党员干部的心中。比如学习软件"学习强国"的推广应用，让每一位基层领导干部都能在日常生活中运用一些零碎的时间学习，提高思想认识及整体的素质修养，更好地为群众服务。"三严三实"专题教育中，将经常性的学习教育融入领导干部的工作中去，改变了过去分批次、划阶段、设环节的教育形式。"两学一做"教育活动中，总体上要求实现全覆盖、常态化、重实效的教育，将学习教育拓展向了广大党员而不是只有"关键少数"，教育方式上也提出要实现常态化、制度化，并且特别强调要进行教育方式的创新。在总结"不忘初心、牢记使命"主题教育的开展经验和成效之后，党的十九届四中全会提出要建立"不忘初心、牢记使命"制度。

从活动实效上来看，当前的主题教育不只关注理论的学习，更加注重实践上的落实及践行，相较于过去实效上有了较大的提升。比如十八大以来党的群众路线教育活动，解决了超标配备公车和办公用房、滥建楼堂馆所、群众办事难、落实惠民政策缩水走样、拖欠群众钱款、奢华浪费建设、领导干部天价培训等问题，狠刹"舌尖上的浪费""车轮上的腐败""舞台上的奢华""会所中的歪风"[①]。由此可以看出，通过主题教育，基层党员领导干部公款吃喝等违反"四风"问题得到了很好的解决，取得了一定的实效。

综上，党内的主题教育有了一些成效，不再是单纯地开会、学习，而是能在多个时段、通过多种形式、深入实践地开展，更能将知识内化进基层党员干部的心中。

（4）对基层党员干部的监督制度逐步完善

"要加强对权力运行的制约和监督，让人民监督权力，让权力在阳光下运行，把权力关进制度的笼子。"[②]党的十九大报告中这一论述，让更多监督基层党员干部的制度和法律相继建立，发挥着制约和监督作用。党的基层组织日常监督和党员民主监督有了更加具体的依据。2016年11月《关于新形势下党内政治生活的若干准则》正式发布实行，这一准则为党的基层组织日常监督和党员民主监督提供了具体的参考和依据。在准则中对于基层的一些工作有了具体的要求，其中就包括应对重大突发事件时，"领导干部必须深入一线、靠前指挥，及时协调解决突出问题，及时回应社会关切"。在新冠肺炎疫情防控中，"深入一线、靠前指挥"就成为监督基层党员干部的一个准则，有些干部因为能够深入群众服务而被提拔，有的干部也因为不能坚守岗位被免职等的处理。党委（党组）全面监督不断向基层推进巡察监督。一些地区巡察工作不断向中央巡视制度对标，向上级实践看齐，利用巡察解决基层的一些实践问题，取得了一定的效果。比如云南省文山壮族苗族自治州，自2017年以来对巡视巡察制度进行了下沉式探索实践，通过"巡乡带村、驻村巡察"等多种综合方式，取得了显著效果。

① 温红彦. 守护永不褪色的生命线 [N]. 人民日报，2014-10-08.

② 习近平. 决胜全面建成小康社会 夺取新时代中国特色社会主义伟大胜利——在中国共产党第十九次全国代表大会上的报告 [N]. 人民日报，2017-10-28.

"目前，全州已巡察村（社区）党组织 285 个，发现问题 3708 个，立行立改 3082 个，立案查处和问责处理 18 人。"①

三、当前基层干部领导力存在的问题及原因

（一）当前基层干部领导力存在的问题

1.政治思想牵引力不足

政治思想牵引力不足首先表现在理想信念牵引力不足，具体包括如下内容。

（1）一些基层干部理想信念不坚定，政治定力不足

在笔者的调研访谈过程中，当问及"共产党人的信仰是什么？"时，部分基层干部给出的答案是"信仰孔孟，儒家思想""共产主义太遥远了、太渺茫了""信谁？上级啊！跟着上级走就没错"……，更有甚者给出了"没有统一标准"这样的答案。从这些回答不难看出，基层干部对于马克思主义没有坚定信仰，对共产主义不能执着追求，对共产党不信任，对中国特色社会主义不坚信。信仰的模糊淡化使得基层干部缺乏应有的政治定力。部分基层干部认为"天高皇帝远"，乡村就要讲"人情"，有些工作可以通过"饭桌、土特产、烟酒"来推动，全然没有认识到这些做派与合格共产党人是格格不入的，是违背共产党人的信仰的。部分基层干部在与农民群众打交道时，为了彰显威风，官架大，故意拉开与群众的距离，全然不理会"为人民服务"是共产党人的天职。部分基层干部还存在鬼神论的思想——不信马克思主义信鬼神、不问苍生问鬼神。凡事寄希望于求神拜佛，大搞封建迷信活动。2019 年原湖南省攸县黄丰桥镇镇长罗立平带领 14 名乡镇干部为当地的煤矿安全生产赴庙祈福，②基层干部不立足于抓安全生产，而是寄希望于鬼神等这些虚幻的东西，信仰动摇可见一斑。更有甚者逢年过节把求神拜佛当作必做功课为保"乌纱帽"，祈求飞黄腾达、官运亨通，不闻百姓疾苦，大兴风水建筑，甚至哪天出门都要占卜一卦。

---

① 用好巡视监督，治理"微腐败"[EB]. (2019-09-04). http：//opinion.people.com.cn/n1/2019/0904/c1003-31334841.html.

② 党员干部岂能迷信"风水""大师"[EB]. (2019-07-22). http：//baijiahao.baidu.com/s？id=1639708625994442829&wfr=spider&for=pc

（2）有些基层干部搞"两面派"，做"两面人"

嘴上说着拥护党中央，廉政为民，表演公道正派，实际上私下里尸位素餐、表里不一。台上一副面孔，台下又是一副面孔，把党和国家的法律法规和政治纪律放至一旁，甚至是逆风而行。使得中央禁令形同虚设，上级部署形同空文。为自己谋取私利，给国家、集体、个人和广大农民群众造成严重后果。2019 年 4 月，江西省原德安县丰林镇党委书记李汉民在担任德安县河东乡乡长、党委书记、德安县丰林镇党委书记期间，人前表演大谈清廉，人后收钱，表面上一心为民，满口仁义道德，实际上私下里与私企老板称兄道弟，疯狂敛财，指使他人在承建河东乡、丰林镇相关工程项目中虚增工程量、为丰林镇政府采购物资过程中虚增数量和价格、以各种名义虚报费用，共侵吞公款合计人民币约 71.6 万元。利用职务上的便利，向他人索贿共计 834 859 元。[①]李汉民的行为是典型的搞"两面派"，做"两面人"，严重损害了党和国家的利益。

（3）一些乡镇干部缺乏责任担当，缺少斗争精神

一些基层干部对党和人民的事业不负责、不能很好地维护党的形象，不敢同违反政治纪律、危害政治安全、挑战政治底线的错误言论和不良风气斗争，甚至有些乡镇干部碍于人情世故，不敢"亮剑"，与一些利益团伙纠缠不清，充当黑恶势力的"保护伞"。在大是大非面前做"绅士"不做"勇士"，丢失了党员干部的先进性和纯洁性，在党性锻炼和实践历练的战役中败下阵来。2020 年 6 月重庆市沙区青木镇原党委书记陈平在明知以陈明阳为首的涉黑组织非法占用土地、开设"啤酒机"赌场的犯罪行为后，但未能责令有关部门进行查处，甚至向派出所原所长吴红金说情打招呼，要其对陈阳明"特殊关照"，从中收取好处费。[②]此种做法就是典型的缺乏责任担当，缺少同黑暗势力作斗争的无畏精神，不仅损害了中国共产党的形象，也愧对于人民群众的信任。

政治思想牵引力不足还表现在思想引领力不足，具体包括如下内容。

---

① 贪污受贿近 800 万江西一乡镇干部获刑 12 年半 [EB].(2019-04-24).https：//www.chinacourt.org/article/detail/2019/04/id/3851094.shtml.

② 重庆陈明阳涉黑案昨开庭三官员充当保护伞受审 [EB].(2011-02-23).http：//news.sohu.com/20110223/n279477801.shtml.

（1）替代式思想引领

主要表现为一些基层干部以自己主观性的思想来替代上级科学的思想和指令。在替代式思想的引领下，有些基层干部会把与自己切身利益相符的政策观点加以利用和实施，对于那些与自身利益不相符合的政策，就会加以曲解甚至做出与上级指令相违背的行为。基层干部出现替代式思想严重时会直接导致中央政策在地方落实的失效，严重损害人民群众的利益。

（2）残缺式思想引领

主要表现为忽略正确思想对农民群众生产生活的促进作用。在做思想政治工作时对此进行片面化解读，对于政策提到的、与其利益相符的部分，就会加以执行，其他部分则遭到"省略"，还有基层干部在做思想政治工作时与其他工作不配套，或者不及时，致使时效性不够强，使得群众对于相关政策目标的实际内容与意思掌握得不够清楚与全面，错失政策最佳实施时间。

（3）象征式思想引领

主要表现为只注重做表面文章，仅对表面形象进行包装，但对深层次的问题并未予以充分重视与解决；同时，一些基层干部视野不够开阔，对战略不够重视，将重点放在了任期之中是否可以实现的各类短期目标之上，以此提升自我政绩水平或者提升地方所具备的知名度水平，并将此作为终极目标。思想政治工作演化为一面随意挥舞的旗帜，思想引领也未落到实处。

（4）附加式思想引领

主要表现为常附加不少原政策目标并未提及的相关内容，将原本不能执行之事变成可行的事情，以此对目标的达成产生了重要影响。而"狐假虎威"便是该类附加式观念的典型体现，其表面以上级政策与各项方针作为重要旗号，背后却自立一套标准，从而我行我素，自行其是。有的基层干部在做思想政治工作过程中，不认真学习政策，不深入思考怎样根据本地的实际情况贯彻落实，而是对上级政策与各类方针原封不动地进行照搬照套。此时，基层干部变成了政策执行的一个"收发室"，从思想引领沦落为政策的一个"传声筒"。

2.表率感召凝聚力不足

一些基层干部缺乏应有的积极向上表率作用，缺乏应有的凝聚力去团结一切可以团结的力量，群众基础薄弱。

（1）弄虚作假

有些基层干部玩"数字游戏"，对数据造假，对产值或各项指标虚报。2017 年，贵州省从江县秀塘乡原党委书记潘明学、原副乡长田饶在扶贫工作中弄虚作假、搞数字脱贫问题。为实现年初脱贫目标计划，擅自将下敖村虚增了 127 户 524 人，使全村基数变为 249 户 1020 人，贫困发生率下降为 2.5%，并将该数据报送至从江县扶贫办。从江县脱贫攻坚指挥部督促检查组在调查中发现了该问题，并及时反馈县扶贫部门予以纠正。2018 年二人均被给予党内警告处分。[①]这种弄虚作假的行为是形式主义在作祟，基层干部为了升迁，大搞"花架子"，过于急功近利，搞各类"面子工程"，注重短期利益，对政绩加大宣传，对于失误就尽可能隐瞒，喜欢说各种空话，通过骗取相关利益群体的信任与荣誉，以此为自身获取更多政治资本。

（2）命令主义

部分基层干部在为人民群众服务的过程中，并未从人民群众的实际诉求层面出发，没有科学的分析政策，更做不到科学的落实政策，致使人民群众对党和政府的政策缺乏全面的了解。具体到工作上，部分基层干部无法做到"超脱"，而采取直接处理矛盾的方法，把自己看作"裁判员"强硬执行，2017 年 2 月新华网就曝光了一起乡镇干部权力野蛮事件，据报道，通过调查取证，云南省某镇计划生育服务所在计生对象没有在《知情同意书》上签字的情况下就为其实施了结扎手术，此行为不仅违反了我国《人口与计划生育法》，而且违反了云南省《人口与计划生育条例》，侵犯了育龄夫妻避孕节育措施的自主选择权，属违法行为，并已对相关人员启动问责。[②]这就是对矛盾过于轻率地表态，无法掌握事物本质的规律，无法从根源解决与处理问题的典型表现。此外，还有部分基层干部在对事实的前因后果未厘清以前，进行主观式的臆断，未能对矛盾具备的性质进行准确区分；无法对矛盾所造成的原因是由于利益冲突所致抑或观念分歧所致；

---

① 黔东南通报 5 起扶贫领域弄虚作假典型问题 [EB.](2019-07-19)http：//baijahao.baidu.com/s？ id=163946155878346128&wfr=spider&for=pc.qdnzjw.gov.cn/[2020-3-21].

② 云南镇雄向被强制结扎男子道歉并处理相关人员 [EB.](2017-02-28).http：//www.xinhuanet.com//local/2017-02/28/c_1120546213.htm.

是由于误会所致抑或情感层面的纠葛所致；无法对此进行对症下药，使得矛盾不断激化与加深，产生了适得其反的效果。还有的乡镇干部对群众冲突与矛盾进行调解时，仅偏听一面之词，无法对矛盾双方及其他相关人员提供的意见进行全盘吸收与听取，从而出现武断式的仲裁现象。基层干部凭借手中掌握的权力，过于注重指令性，仅以简单的命令与指令来压制他人，而非根据实际状况来讲道理和摆事实。

（3）新尾巴主义

毛泽东同志提出的"尾巴主义"，指的是干部的思想觉悟跟不上群众的步伐。当前，随着时代的发展，具体实践的变化，"尾巴主义"也展现出新的形式。"新尾巴主义"指的是一些干部秉承着庸俗哲学，不敢担当、不愿作为和留一手的现象。此种心理最直接的表现是，工作上不争先，有意隐藏锋芒，致使出现为官不为的现象。干部不应做饱食终日、无所用心的懒官，但是，在基层干部中却不乏这种"懒官"。例如，一些乡镇的发展势头很好，只需要维持当前的发展势头，脱贫攻坚就能提前获得成功，但是一些乡镇干部践行尾巴主义的行事作风，故意放慢发展速度，不争当龙头，反而宁愿做凤尾，这就是典型的"新尾巴主义"。

（4）官僚主义

有些基层干部自视高高在上，与群众疏离甚至没有深入到实践环节之中去。他们从不进行调研与考察，对待问题提供解决措施往往以主观判断为准，以"拍脑袋式"的决策来做事，逃避政治责任。还有的基层干部经由人民公仆转头变成了人民的主人，借助自身享有的职务特权搞特殊化。例如，海宁市政务服务与数据资源管理办公室党组成员、副主任胡福生不遵守疫情防控期间工作规定，出现官僚主义"耍官威"的事件。胡福生疫情期间遇到志愿者查看通行证，与志愿者发生争执，并发表"我是市里制定政策者"的不当言论，造成不良的社会影响。在乡镇干部中，官僚主义更为严重，乡镇地区普遍地处偏僻，人民群众思想保守，维权意识淡薄，是滋生官僚主义的普遍场所。2018年山西省长治市沁县畜牧兽医中心主任李儒宏在负责该县牧草基地建设项目时，大摆官僚主义，敷衍应付，不实地走访调研，在审核验收时没有严格把关，导致11家项目申报单位违规操作占用国家财政补助资金 29.8 万元。[①]

3.政策执行契合力不足

一些基层干部政治站位不高，缺乏大局意识，对上级政策和工作部署不是积极地结合地方实际，自觉地高质量地贯彻执行，而是采取各种办法来应付。

（1）推诿扯皮

部分基层干部在执行党的政策方针时态度不积极，常常以我国行政管理体制中存在的问题和矛盾为由，在执行新的决策时，互相推诿、互相扯皮，企图逃避责任，使得新时代的一些惠民政策难以惠及基层群众。表面上是新政策的落地实施，实际上偷天换日、欺上瞒下、漠视群众利益、浪费行政资源，耽误了工作。

（2）机械拖拉

部分基层干部对待上级的工作部署，投机取巧、应付了事，使得政策的权威性大打折扣，功能性被削弱。更有一些干部如同"算盘"，上级拨一下动一下，对上级的督促不屑一顾。工作缺少动力，一拖再拖、能推就推，使得很多小矛盾最终被激化形成大问题。部分干部机械执行会议精神，不能充分发挥主观能动性，怕动脑筋、怕吃苦、怕担责任，教条主义，唯书唯上。

（3）截留变通

有些基层干部在上面的政策下达基层后，对政策进行截留。对本地区有利的政策内容就传达贯彻执行，而对本地区无用无利的政策内容，就不贯彻不执行，甚至不对本地区的群众进行传达。有的基层干部更是合意的就执行，不合意的就不执行，搞"上有政策，下有对策"那一套。要么用本地区自行制定的"小政策"取代上级政策，要么是以上级政策不完善或者不适合本地区的"特殊情况"为借口，对上级政策阳奉阴违，采取各种手段进行抵制，拒不执行。也有些基层干部"歪嘴和尚念经"对上级政策的精神实质还没有弄懂吃透就盲目实施，导致政策"走形""变样"。

---

① 山西通报 5 起扶贫领域形式主义官僚主义问题 [N]. 新京报，2019-03-05.

4.科学发展创新力不足

科学发展创新力不足首先体现为发展领导力不足，具体包括如下四点。

（1）不肯发展

因循守旧是一些基层干部在主观层面上不愿大力发展与拼搏努力的重要表现。基层干部经常以一种"不求有功，但求无过"的态度对待工作，过于固守成规，总是用老眼光和经验主义对待和处理问题，形成了按部就班的工作模式。对于上级所发出的科学指令，不假思索地照抄照搬，形如一台没有感情的"复印机"。还有的基层干部无法顺应新时代的发展要求和变化，仅以看守家业的眼光看待问题，尤其是在具体的政策执行环节上。对于基层干部而言，科学的落实上级政策，关系党和国家的利益，更关系着民生福祉。2018年广州市增城区新塘镇乡镇干部刘海强就因循守旧问题受到了党内警告处分。2001年至2017年间，刘海强攻坚克难精神不足，未积极争取改善经营环境，没有及时处理经营不善问题，在连续取得租金收入的情况下未及时清偿借款，仍然沿袭以往的做法高息支付利息累计达524.544万元，严重损害集体利益，造成不良影响。[①]足以见得基层干部不肯发展，因循守旧的思想会严重损害地方经济的发展。

（2）回避发展

对于部分基层干部来说，他们做事永远思前虑后，犹豫不决，对待科学化的发展观念总是畏手畏脚，只想守住自己的摊子，也不愿进行大胆尝试与创新，他们本身的创新勇气不足，从而通过各种教条化的经验来办事。部分基层干部在创新一次之后没有取得成功，便再也不愿多做尝试，开始变得谨小慎微，导致思维层面产生惰性，缺乏创新活力，缺乏冒险精神。

（3）不坚持新发展理念

部分基层干部对于改革的心态较为浮躁，对当地发展情况的了解不足，也没有制订任何发展规划，便急于求成，盲目地投入人力、物力，大搞"面子工程"和形象工程。还有些乡镇干部对其他地区的成功经验照抄照搬，认为其使用的模式属于"灵丹妙药"，全然不考虑本地的发展情况，直接套用其他地区的成功经验与模式，甚至在某些时候，为了对相关模式进行

[①] 损害集体利益广州通报4起形式主义等典型问题[N].中国日报，2018-11-23.

套用,采取削足适履的方式,最终让本地出现消化不良的反应与不良后果,而混乱无序地建设与发展,也让生态遭到了极为严重的破坏。例如,有的基层干部为了发展经济,摒弃"绿色"发展理念,不顾生态环境,违背客观规律,最终不仅破坏了环境而且不利于本地区长久发展。此种只顾眼前,不顾长远,搞"杀鸡取卵""竭泽而渔"式的发展还表现为,在民生问题上并未因地制宜,不考虑本地的发展水平和实际情况盲目地扩张。一些乡镇地区,为了城镇化发展的需要,使农民被迫城镇化。一些基层干部在农民城镇化的问题上不能坚持新发展理念,认为城镇化就是简单的市民化,没有意识到协调发展才是缩小城乡差距的根本。在错误的发展理念指导下,最终只会制约城镇化的发展,让人民群众感受不到政府的温暖。

(4)空喊发展

对于部分基层干部而言,其自以为获得一定成绩便目空一切,便满足于此,觉得现有业绩足以支撑其发展,而后无需再进一步发展。这类过分"吃老本"的固有观念及方法,会让其发展最终停滞不前,无法取得进步。也有一些基层干部不具备发展的眼光,创新能力不足,同时还阻碍其他有创新能力的人来发展经济,认为敢于开拓创新与积极进取的创新者是为了贪图名利,并对取得的创新成果"鸡蛋里挑骨头",恶意阻挠、"泼冷水"。而对提高自身的创新能力不重视,"空有唱功,但无做功",决心很大,但解决问题的办法却很少,试图以美好蓝图取代各项实践举措,以口号来取代对实践环节各项问题的解决与处理。还有一些基层干部善于"任人唯顺",对"听话"与服从其指令的人就会进行重用,甚至出现重用庸才,也不愿重用英才的情形。

科学发展创新力不足其次体现为创新领导力不足,具体包括如下三点。

(1)创新意识不强

对于少部分基层干部来说,其思想层面的解放水平不够,主动进行创新的意识不足,处于发展停滞不前的状态,也不愿耗费精力加强创新水平;仅安于当前的现状,认为小富则安,不愿奋发与创新;此种保守的思想,在遇到新情况、新问题时,也许会丧失本地区发展的契机,不利于本地区长久发展。科技是国家强盛之基,创新是民族进步之魂。反观一些基层干部认为基层地区不是国家创新发展的重点,对科技创新秉承着"事不关己'

高高挂起"的态度,这是严重缺乏创新意识的表现。创新不单单指科技领域的创新,换句话说,创新更是一种意识形态,具体到乡镇工作上来看多指变革传统工作方式。随着网络技术的发展,基层干部应该秉持创新意识,加强对网络技术的运用,让网络加持服务方式的转变,提高工作的透明度和工作效率。2017年以来,江苏省纪委贯彻中央部署和省委要求,聚焦扶贫领域不正之风和腐败问题,以"制度化+信息化+公开化"为路径,探索出以"阳光扶贫"保障精准脱贫新模式。监管系统已覆盖全省所有市县乡村,初步实现贫困户"不落队"、资金"不流失"、干部"不能腐"。[①]此种做法就是提高创新意识,善于运用网络技术开创精准脱贫新模式的典范。反观一些基层地区干部,不仅不具备创新意识,而且习惯使用老办法、老模式来处事,照抄照搬上级的精神,所有这一切陈旧观念和思维方式,都不利于基层干部创新领导力的提升。

(2)创新工作理念薄弱

个别基层干部在工作中患得患失,畏缩不前,遇到困难时,习惯用老方法、老眼光、老途径解决;不敢创新,"怕出问题,怕担责任";困难面前,存在畏难的心态与情绪,使得其毫无办法;而针对复杂化的问题与面临复杂化的困境之际,创新能力较弱,所谓守摊有余,不追求更多功绩,却只希望不受到处分;对权威过于盲目追从,始终守规矩和听招呼来办事,做任何事都要追求依据,等着上面做决定,看着外面形势来考量,如果文件没提到就绝对不敢多说,如果外地没有做过的就绝对不敢先做。而且,相当一部分基层干部自身文化水平较低,平时忙于具体事务,不注意学习,领导观念陈旧,行政手段不敢用,法律手段不会用,经济手段不能用,教育手段不管用,工作处于尴尬境地,难以担当时代重任。少数乡镇干部生活奢靡,热衷于吃喝玩乐,将工作抛诸脑后。

(3)创新工作作风不实

从笔者的调研访谈来看,有绝大多数的基层干部工作没有主见性,喜欢人云亦云和随大流,过分依赖他人获得的成功经验;无法对上级政策与方针和本地的发展情况进行有效结合,而是对此照搬照套;总是以老眼光

---

① 推进制度化、信息化、公开化 江苏: 建 "阳光扶贫" 监管系统保障精准扶贫 [EB]. (2018-01-29)
http: //www.ccdi.gov.cn/yaowen/201801/t20180123_162372.html.

来看待问题与办理事情，仅通过简单粗暴的直线思维对待实践问题，仅满足于一类答案来解决问题，无法主动思考，无法多样化地解决与设计方案，并从中筛选最优方案来解决问题；针对复杂化的问题之际，总是在"是与非、能与否"等中间做简单性的决策，整个思维理念不够开阔，视野狭窄。且乡镇经济实力不强，工作环境较差，加之不少人角色转换不到位，工作中总是应付，仅仅是按部就班地完成上级交给的任务，在带领群众脱贫致富、组织群众建设新农村的工作中缺乏主动性、积极性，没有做到为群众办实事、解难题。

（二）当前基层干部领导力存在问题的原因

1.部分乡镇干部素质难以适应新时代要求

（1）理论素养不高

政治的坚定来自理论上的清醒，理论的成熟是政治坚定的基础。基层干部要想抓实事，必须有驾驭全局的本领。不从大局出发考虑问题，就容易犯方向性的错误。对党的路线、方针、政策，如果不能从政治的高度正确的理解和把握，那么在贯彻执行的过程中就容易出现偏差。科学判断形势是乡镇干部的基本功和必修课。时代的进步和形势的发展，必然要求基层干部要正确地判断面临的形势，因势利导，科学地判断形势，才便于对工作方向进行实时把握与了解，从而有效解读上级领导的实际发展意图，让自身工作一直处于主动的状态之中。有的乡镇干部观察和判断形势的意识淡薄，往往虚实不辨，常常是盲目跟风，刻意模仿，不能对问题进行理性分析和判断。部分基层干部常年忙于各种日常性的事务当中，并未对马克思主义的相关原理与思想进行系统化学习，丝毫不会透过科学化的方法论及世界观来看待问题、解决与处理问题。许多基层干部对于形势问题的观点与看法，因其自身的理论体系不足，因而对此进行判断之际，往往凸显一定的盲目性与片面性缺陷。

有的基层干部轻视理论的作用，存在以干代学的现象。上面怎么说，下面就怎么干，认为学不学理论关系不大，因而忽视对理论知识的学习，导致理论素养缺乏。当工作和学习发生矛盾时，往往认为自己干的是具体工作，只要按照上级的指示要求在业务上不出问题，学不学理论无关紧要。有的认为自己经验丰富，没必要学，对理论学习兴趣不高，并强调事务性工作多、压力大，缺乏持之以恒学习理论的精神。在组织学习时更是走形式，装样子，遇到矛盾和问题，往往方向不明，是非不清，总认为农村工作难搞，很少思考工作难题的突破点在哪里，找不到化解工作"难题"的对策思路。有的人由于思想观念不适应，不时出现"看问题走眼、处理问题走板"的状况。

（2）道德素质不高

古语有言："德若水之源，才若水之波"。德在不同的历史时期有不同的内涵，在不同的阶级中也有不同的标准，但主要内涵都包括政治品德、思想品德、社会公德、职业道德、伦理道德等。对于基层干部来说在政治思想品德方面，要有为党、为国家、为人民建功立业的志向和艰苦奋斗的精神；在社会公德方面，要严于律己，遵纪守法，谦虚谨慎，团结同志，做群众的表率；在职业道德方面，要具备强烈的事业心和责任感，爱岗敬业，保持饱满的工作热情；在伦理道德方面，要大公无私、宽容宽厚妥善处理好个人与社会、人与人之间关系，正确运用自己手中的权力。但是存在一些基层干部对自身道德品质的要求不高，在实际工作中将这些优秀道德基因束之高阁，认为对自己的工作起不到实际作用，甚至认为只有"圣人"才需要做到这些。

（3）文化知识素质不高

文化知识素质包括哲学、经济、政治、社会、法律、管理、心理、历史、风土民情等多个方面的人文知识，不断更新发展的科技知识、从事领导工作的科学知识，以及与乡镇干部所担负工作相关的业务知识等。通过调查和走访发现基层干部整体偏老龄化并且年龄断层现象严重。30岁以下的青年干部偏少，大多数干部都为40~50岁的"中年人"，或者50岁以上的"老年人"。大多数基层干部的学历含金量不高，多为后取学历，中专、大专的居多，硕士学位以上的几乎没有。有超过60名干部中工作都是凭着感觉按照经验来做，没有一定的理论基础，碰到专业问题无人能够答疑解惑。一些乡镇干部的文化知识素养并不高，对于专业性工作如同门外汉，经常凭借经验主义完成工作，或者随便将工作"外包"。

（4）心理和身体素质不强

随着社会的进步、生活节奏的加快，健康的心理和良好身体素质愈发重要。但是，部分基层干部不具备优良的品格、饱满的情绪、坚强的意志，难以做到顺境时不骄傲，逆境时不灰心；难以做到对能力比自己强的不嫉妒，对能力不如自己的不轻视；难以做到对生活比自己好的不攀比，对生活不如自己的不讥笑。在访谈过程中不难发现，还有部分基层干部在工作压力不断加大、工作节奏不断加快的情况下没有养成体育锻炼的良好习惯，在不同程度上都患有疾病，例如"三高""风湿""颈肩"疾病等。

2.基层政府权责分配不对等

在基层管理体制中最根本的问题在于权责分配不对等，责多权少。上级所分配的工作任务会下达到不同的基层干部手中，然而这些干部自身缺乏和职能相互适配的权力，使得其产生了"看得见、管不着""管得着、看不见"和"权责不清、监管不力、执法缺位、关系不顺"的矛盾。同时，基层政府本身的职能遭到过度弱化，而其工作也处于被动式的地位之中。对于大多数行政管理事务而言，其仅具备审核权，但是并未拥有决定权。例如，税务、市场监管及土地等各类执法机构进行垂直分权后，基层干部的职责重心便倾向于配合该类部门的各项工作，使得其工作过于被动化，致使基层干部领导力不足。

一直以来，在"金字塔"形的行政体制下，基层干部长期处于对上负责，被动应付的局面。《地方各级人民代表大会和地方各级人民政府组织法》对乡镇政府所赋予的七大职能当中，"办理上级人民政府交办的其他事项"在基层干部工作中占有较大比重。上级领导在错误政绩观的带领之下，注重短期化的利益效果。因此，其并未针对基层地区经济的实际发展水平做长远化的规划，继而凸显一定的急功近利心态，不屑于做基础性的工作，发展规划缺乏连续稳定性，导致基层干部不能踏实干事。对信访稳定、计划生育、安全生产、财政税收，以及引导外资等各类难点问题，通常以"一票否决"、交办书或者责任状的方式强制执行。基于这一行政背景与现状，使得基层干部常年处在高压的工作状态与模式之中，极易出现走极端的心理，从而出现胡乱作为或丝毫不作为的情形。

3.干部绩效考核机制缺乏针对性

现行的大多数乡镇绩效考核机制所采用的仍然是传统化的人事考核机制，即根据"德、能、勤、绩、廉"等相关评价标准，以此考核相应的乡镇干部的工作绩效水平，而这些考核要求并未将绩效和工作职责之间紧密结合，出现了"一锅煮"的情形，针对个体人员的绩效及领导班子的总体绩效水平的考核，并未设立科学化的考核体系。此外，参与考核的相关人员的来源面较窄，这类考评人员一般都是来自基层党政机关中的内部人员，他们通常抱着"老好人"的观念，即便是表现不算好的人员，同样会给对方一个良好的评价结果，使得绩效考核无法对实践问题进行客观反映。同时，绩效考评所获得的结果未能得到有效应用，通常仅流于形式，主要用来对绩效福利进行发放，而未能和各类考核内容之间密切挂钩。

4.选才用人制度不完善

基层干部的选拔任用程序不规范，在换届选举中存在违反选举程序的情况。在调查和走访时发现，在推选基层干部时，大多数人都从宗族观念、乡土观念、当地文化习俗观念出发选"自己人"，并不关注被推选之人是否具备相应的能力和责任感，而被选上来的干部也同样跳不出这种观念的影响，致使领导力较弱。此外，基层干部在交流、沟通，以及晋升时的相关渠道不多，部分干部会在基层任职几十年，而这对于该类干部的作风建设，以及日常工作而言会产生较为严重化的影响。从基层干部所处的内部工作环境、报酬和晋升等方面来说，确实是比较难吸引和留住人才。

基层干部是国家机关中最为重要的工作者，其工作的起点较低，同时能够晋升的途径极为有限，非常狭窄。一方面，干部的选任政策并未对基层一线干部进行倾斜，这使得其上升通道变得更为狭窄，此外，各种"空降兵"的增多，让基层干部所拥有的晋升资源变得更少。另一方面，从基层干部本身的政治发展前途而言，工作做得好还是坏、是否可以获得提拔，全靠上级说了算。该类不良因素对基层干部产生了较大影响，让其极易出现消极情绪，基层干部往往认为自身前途已然到头，这种心理加上晋升通道不够通畅，使得其成长与个人发展受挫，而晋升也变成了他们的执念，导致基层干部队伍不稳定，人才流失。

第二章　新时代基层干部政治能力提升策略

　　党的十八大以来，基层领导干部治理能力建设取得显著成效，但基层干部治理能力是一组相互关联的能力体系，其建设又是一个理论和实践相结合的能动过程，所以其建设之路可谓任重道远。而在干部干好工作所需的各种能力中，政治能力是第一位的。正如习近平总书记在 2020 秋季学期中央党校(国家行政学院)中青年干部培训班开班式上的讲话中指出的："有了过硬的政治能力，才能做到自觉在思想上政治上行动上同党中央保持高度一致，在任何时候任何情况下都能'不畏浮云遮望眼''乱云飞渡仍从容'。"①提高政治能力作为习近平总书记立足于党和国家事业发展全局的战略高度所提出的重大命题，是对新时代发展所提出的新要求。这既是对深化党的政治建设的积极回应，同时也是巩固党的执政地位、提升党的长期执政能力的重要举措。基层干部作为我国基层工作的中坚力量，提升其自身的政治能力是新时代发展的应有之意。

　　本章以党员干部的政治能力的内涵作为切入点，阐释基层干部政治能力的基本内涵及"政治三力"的关系；并指明新时代基层干部政治能力提升的现实意义。在此基础上探寻基层干部政治能力提升的多元化路径，使基层干部不断提高"政治三力"，切实加强乡镇党员领导干部政治理论学习和政治历练，时刻保持清醒的政治头脑和正确的政治方向，提高把握大势大局的能力，严守党的政治纪律和政治规矩，敢于担当、敢于创新、敢于负责，练就与所在岗位相匹配的政治能力，担负起新时代党和人民寄予的重托。

---

① 习近平在中央党校（国家行政学院）中青年干部培训班开班式上发表重要讲话强调：年轻干部要提高解决实际问题能力 想干事能干事干成事 [N]. 人民日报，2020-10-11.

一、基层干部政治能力的基本内涵

（一）党员干部及基层干部的政治能力

1.党员干部的政治能力

党员干部的政治能力是党性素养与政治本领的统一。党员干部是开展党和国家工作的重要主体力量，在党的建设和社会发展大局中具有特殊的重要性，肩负着重要使命。面对党的建设高标准、高质量要求，党员干部政治能力就成为理解党建政治逻辑的重要标志。党员干部的政治能力主要是指党员干部把握政治大势、保持政治定力、驾驭政治大局、防范政治风险的能力，更加注重党员干部在具体政治实践中所呈现的政治本领与政治技能。结合党员干部的政治责任和开展政治实践所必需的政治素质来看，党员干部的政治能力主要是由其内涵所规定的多种能力要素构成的，各项能力要素都始终贯穿党员干部增强党性锻炼和提升政治本领的政治要求，也就是说，区分党员干部政治能力的统一标准是由其在党的建设实践中所必需的政治本领和政治技能决定的。

政治能力是对党员干部政治素养和政治本领的核心概括，能够准确反映党员干部的政治历练程度和政治经验水平，更能够如实反映党员干部的政治信仰和政治担当。在新时代党的政治建设的政治规范中，提升党员干部的政治能力就是要加强党性锻炼，提高政治觉悟和政治能力、增强政治担当、永葆共产党人政治本色。[①] 党员干部的政治能力不是天生的，而是通过自身不断学习、不断磨炼的过程中得以提升的，其中党性是支撑党员干部政治能力提升最重要的政治品格。党性是党的政治属性的集中体现，是党员干部立身、立业、立言、立德的根基所在，党员干部加强党性锻炼是提升自身政治能力的内在基础和内生动力，也就是说，党员干部政治能力的强弱正是其党性修养的外在表现。正如习近平总书记所说："党的高级干部要注重提高政治能力，牢固树立政治理想，正确把握政治方向，坚定站稳政治立场，严格遵守政治纪律，加强政治历练，积累政治经验，自觉把讲政治贯穿于党性锻炼全过程，使自己的政治能力与担任的领导职责相

---

① 刘红凛. 新时代党的建设总要求的五大新意与理论分析 [J]. 理论探讨，2018（03）：124-123.

匹配。"① 在推动党的建设各项事业发展的进程中，党员干部使命艰巨、责任重大，对自身政治能力的提升提出了更高要求，要深刻认识自己在加强党的政治建设中的特殊重要性和肩负的重大责任，强化政治担当。在推进党的建设伟大工程的战略征途中，提升党员干部的政治能力要系统谋划、统筹推进，从政治定力、政治方向、政治立场、政治责任等方面入手着力探索能力提升的有效路径。

中国共产党的组织本位和性质宗旨决定了党员干部必须始终保持政治忠诚，这是党员干部党性修养的内在要求。以此来看，党员干部的政治能力在很大程度上是对其行为规范的政治要求，根本上是体现其政治立场的能力。对党忠诚、为党分忧、为党尽职、为民造福是共产党人的根本政治担当，爱党、忧党、兴党、护党是党员干部最基本的政治使命。在对党员干部政治能力的内涵描述上，更多的是体现党员干部政治行为的立场性能力，如保持政治定力、驾驭政治局面、把握政治方向、永葆政治本色等，都无一不是对党员干部坚定政治立场的能力体现。共产党人的政治立场就是要坚持并强化党的宗旨意识，实现和维护最广大人民的根本利益，这是党员干部政治能力的核心。提升党员干部的立场性政治能力，是保持党员干部政治先进性的先决条件，也是强化党员干部党性锻炼的必然要求，也就是说，党员干部坚定政治立场，反映的是党员干部在具体实践中的党性立场和人民立场，是党性与人民性的高度统一。可见，党员干部立场性的政治能力，一方面源自党所代表的人民意志，另一方面来自党的自身建设所达到的政治效果，而提升党员干部的政治能力，是建立在党性与人民性高度统一基础上的政治能力建设规划，这就表明了党员干部政治能力建设必须包含夯实党的政治根基的立场性内容。

作为党的建设的重要政治主体，党员干部的政治能力首先表现在其意识层面的政治导向，直接表现为能否从政治上观察、分析、解决问题的能力。这种导向性政治能力的提升在根本上取决于党员干部的政治意识是否牢固，是否能够自觉地在思想上、政治上、行动上维护党的政治领导，是否能真

---

① 习近平在省部级主要领导干部学习贯彻十八届六中全会精神专题研讨班开班式上发表重要讲话强调：以解决突出问题为突破口和主抓手 推动党的十八届六中全会精神落到实处 [N]. 人民日报，2017-02-14.

正坚持政治意识和大局意识来解决党内存在的实际问题。习近平总书记强调：党的领导干部一定要树立世界眼光、战略思维，"把方向、抓大事、谋全局"①，始终把全局作为观察和处理问题的出发点和落脚点，以全局利益为最高价值追求，以世界眼光去认识政治形势。从政治意识层面理解党员干部的政治能力，主要体现了党员干部自身所坚守的政治信仰和政治理想，这些观念性的要素要求党员干部在意识层面要牢固树立政治导向，既要对党员干部自身的政治行为设定政治标准，也要明确党员干部在具体实践中的政治责任。简单来看，党员干部防范风险能力、政治把握能力、政治鉴别能力、政治免疫能力等能力要素都具有鲜明的导向性，这些能力要素都旨在引导党员干部用正确的政治要求规范行动、统一思想、指导实践，在养成良好政治素养的基础上真正去担当政治责任、践行政治使命。可见，党员干部导向性的政治能力通过对其政治认知层面进行本质改造，注重在实践中培养他们从政治上观察形势、解决问题的习惯与能力，进而锤炼党员干部的政治忠诚和政治自信，这就说明党员干部政治能力建设必须包含树牢党员干部政治意识的导向性内容。

一方面新时代党的建设的深度转型体现了党情国情世情的急剧变化，另一方面也对党员干部的职责履行提出了更高的要求。是否具有担当精神，是否能够忠诚履责、尽心尽责、勇于担责，是检验每一个领导干部身上是否真正体现了共产党人先进性和纯洁性的重要方面。②敢担当、有作为，是党和人民对新时代党员干部的基本要求和殷切期盼。培育党员干部敢于担当的政治能力是推进新时代党和国家事业持续发展的重要动力，也是衡量党员干部的政治本领与岗位职责是否相适的重要标准。党领导中国特色社会主义建设事业的时代诉求迫切需要党员干部要有高度的政治敏锐性和政治判断力，党的领导干部要多维度提升自身的政治能力，确保自身的本领能够与新时代党和国家事业发展要求相适应，切实承担起执政兴国的政治责任。政治站位是体现党员干部能够敢于担当、善于担当的关键，是党员干部干事创业的"定盘星"，党员干部只有始终做到与党同心同德，在大是大非面前旗帜鲜明，在风浪考验面前无所畏惧，在各种诱惑面前坚守底线，

---

① 习近平. 之江新语：要有世界眼光和战略思维[M]. 杭州：浙江人民出版社，2013：20.

② 钟宪章. 旗帜鲜明讲政治[M]. 北京：红旗出版社，2017.

才能保证切实担当起应该承担的政治责任，才能在谋划推动工作时注重突出政治方向，处理解决问题时注重考量政治效应，确保各项工作都能实现政治效果和发展效益相统一。

2. 基层干部政治能力

基层干部是党和国家各项重大任务和工作的直接执行者和有力推动者，基层干部的能力直接关系党和国家路线方针政策的执行程度。身居最基层工作的党员领导干部，由于基层工作环境的特殊性和复杂性，造就并形成了基层干部独有的特征，即贴近基层群众、处理事务繁杂、急难险重居多。在基于政治能力深刻内涵的基础上，融入习近平新时代中国特色社会主义思想，并结合乡基层干部的独特特征，本书将乡基层干部政治能力定义为：服务于基层的乡镇党员领导干部，应当具备一种用马克思主义理论和习近平新时代中国特色社会主义思想武装头脑，树立共产主义远大理想和中国特色社会主义共同理想，坚定以人民为中心的政治立场，严守党的政治纪律和政治规矩，防范风险、明辨是非，担当作为、勤政务实，更好地适应新时代改革和发展的新要求，为决胜全面建成小康社会，实现中华民族伟大复兴贡献力量的能力。

（二）基层干部政治能力的基本内涵

党的十八大以来，习近平总书记从党和国家事业发展全局的战略高度，围绕党员领导干部政治能力发表了一系列重要论述，形成了系统的关于党员领导干部政治能力提升的重要思想。因此，为了更好地研究政治能力问题，也为党员领导干部政治能力提升提供理论指南和指明方向，有必要对关于政治能力重要思想所蕴含的基本内涵进行深刻把握。其基本内涵可从以下几个方面来把握。

1. 政治判断力

政治能力从价值判断层面来看，主要体现在政治判断力。政治判断力是政治能力形成的基本前提。政治判断力是党员领导干部应该具备的一种把握形势变化、洞察大局大势、察觉政治问题，在发现政治苗头和不良倾向时能做出及时、精准政治判断的能力。习近平总书记将政治判断力列为政治能力基本内涵的首位，是科学把握政治能力形成的起始与根基，没有准确的政治判断力做基础支撑，就无法精准识别现象与本质，就无法清楚地明辨行为是非，那么也就无法为政治领悟力和政治执行力的接力进行创造良好的前提条件。以国家政治安全为大、以人民为重、以坚持和发展中国特色社会主义为本是党员领导干部政治判断的根本标尺。党员领导干部提高政治判断力就是要牢牢把握正确的政治方向，高举中国特色社会主义思想伟大旗帜，坚持党中央的权威和集中统一领导，坚持党的基本理论、路线和方针政策，始终保持强大的政治定力和战略定力，善于思考根本性、全局性、长远性问题，善于从倾向性、苗头性问题中发现政治端倪，只有这样，才能在重大问题和关键环节上头脑清醒，才能在重大政治原则和大是大非面前毫不含糊、毫不动摇。民心是最大的政治，人民立场是党的根本立场，政治判断力要回归以人民为重的根本标尺上，要把人民拥护不拥护、赞成不赞成、高兴不高兴、答应不答应作为判断一切工作得失的根本标准。

2.政治领悟力

政治能力从认识机制层面来看，主要体现在政治领悟力、政治意识、政治素养等，这是政治能力的理性基础。政治领悟力是党员领导干部在科学运用政治判断的基础上，对路线方针、思想理论等进行深层、深度、深入认识领悟、思考谋划，并最终形成解决问题对策的能力。政治领悟力作为政治能力的理性基础，是因为政治领悟力既是对政治判断对与错的再次检验、评估，也是为后续的政治执行提供根本指引。这么一来，作为政治能力理性基础的政治领悟力在政治判断力与政治执行力之间起到了承上启下，上下贯通的中枢作用。

党员领导干部提高政治领悟力，一是要牢固树立"四个自信"，政治上坚定清醒、思想上同心同向、行动上不偏不松，既能深入学习党中央指示精神，又能灵活把握，融会贯通的将上级指示推动工作，对国之大者做到心中有数；二是要学深悟透习近平新时代中国特色社会主义思想，掌握核心要义和创新观点，掌握政治意义、历史意义、理论意义、实践意义，领会其理论品格、政治立场、价值追求及蕴含的领导艺术、思想方法、工作方法；三是要坚持学用结合、立学立改，领导干部政治领悟力强不强，在很大程度上取决于能否将理论用于指导实践，领悟不是生搬硬套，而是在吃透上级决策指示意图，根据各地区各部门实际，实现党中央精神到地方实际工作的有效转化。

3.政治执行力

政治能力从实践指向方面来看，主要体现在政治执行力、政治担当，这是政治能力的落脚点。政治执行力是党员领导干部在准确判断大局大势、学深悟透指示精神的基础上，科学推动上级决策部署落地见效的能力。政治执行力作为政治能力内涵的最终归宿，是对政治判断力和政治领悟力正确与否的最终检验。有行动的担当是最好地讲政治，政治能力最终要见诸行动。党员领导干部在工作中会不会执行，能不能执行，是考验其政治能力的"试金石"。

党员领导干部提高政治执行力，一是要发挥党员的示范引领作用，党的各项方针政策能否正确传导、践行到位，党的各项指令能否保持"不变形、不走样"，很大程度上取决于党员领导干部的示范引领作用，党员领导干部以身作则，以上率下，处理问题才能势如破竹，改进工作才能立竿见影；二是要切实践行党的理想信念和宗旨，担责于身、履责于行，敢于正视问题、科学分析问题并善于解决问题，不断增强狠抓落实本领，积极推动政治策略落地见效，努力作出无愧于时代、无愧于人民、无愧于历史的业绩。

总之，习近平总书记在中央民主生活会上提出的政治判断力、政治领悟力、政治执行力，涵盖了党员领导干部履行政治职能所必备的根本能力，三者构成了政治能力的完整链条、完整逻辑，相互联系、互相影响、彼此支持。政治判断力是政治能力形成的基本前提，政治领悟力是政治能力发展的理性基础，政治执行力则是政治能力提升的根本归宿，这是科学系统的有机整体，为党员领导干部政治能力提升构建了科学支撑。同时，为强化基层干部特别是基层领导干部治理能力建设明确了新的方向和具体抓手，为进一步夯实党建引领基层治理现代化的我国基层治理基本模式，将我国制度优势转化为基层治理效能奠定了坚实的基础。

（三）"政治三力"的关系

2020年12月24日—25日，在中共中央政治局召开的民主生活会上，习近平总书记首次提出政治判断力、政治领悟力、政治执行力，他强调："我们党要始终做到不忘初心、牢记使命，把党和人民事业长长久久推进下去，必须增强政治意识，善于从政治上看问题，善于把握政治大局，不断提高政治判断力、政治领悟力、政治执行力。"① 政治判断力、政治领悟力、政治执行力这三者共同构成了"讲政治"的整体。其中政治判断力是政治能力的前置能力，强调领导干部在政治实践中对政治现实的一般观点和态度，以及由此表现出怎样的行为方式，是其他两项能力的行为前提和主要依据。简单地讲，政治判断力表现的是领导干部通过选择和抉择的形式领悟政治深意、体会政治动向进而形成自我政治价值观，并付诸在政治实践上现实的政治立场和政治能力的直接展现。政治领悟力是在政治判断力的基础上理解、体悟政治的能力，是衡量领导干部对政治领悟程度深浅的标准。政治执行力是领导干部贯彻政治战略意图，完成政治目标的具体操作能力。

"政治三力"是一个层层推进、相互统一的整体，不能将"政治三力"孤立、割裂开来，要看到它们之间的互动性。政治判断力是前提，它的前提性作用体现在领导干部讲政治是从准确判断到深刻领悟再到有效执行的，政治判断力主要是解决是非问题，是非的判断是首要的。正确的政治是非观是领导干部安身立命的基石，引导领导干部的行为，影响领导干部在大是大非前作出选择。要想把握政治主动首要就是提高政治判断力。政治领悟力是关键，解决深浅问题。它处于政治判断力和政治领悟力的中间环节，起着承上启下的作用，是考验领导干部政治领悟体会程度强弱的重要因素。政治执行力处于"政治三力"的最终阶段，政治判断力、政治领悟力最终落脚在政治执行力上，并通过执行效果来检验。它是检验领导干部政治判断力是否敏锐和准确，以及考验领导干部政治领悟力是否深刻和透彻的试金石。

二、新时代基层干部政治能力提升的现实意义

党的工作最坚实的力量支撑在基层，最突出的矛盾和问题也在基层，所以基层是一切工作的落脚点。那么，基层干部作为基层工作的最终执行者和落实者，其政治能力水平是基层工作能否顺利开展至关重要的一环。可以说，提升基层干部的政治能力对于提高基层干部领导水平和执政能力、

① 中共中央政治局召开民主生活会强调：加强政治建设提高政治能力坚守人民情怀 不断提高政治判断力政治领悟力政治执行力 [N]. 人民日报，2020-12-26.

全面从严治党向基层延伸、密切党群干群关系、巩固脱贫攻坚成果同乡村振兴有效衔接具有十分重要的现实意义。

（一）"政治三力"是基层领导干部治理能力的首位能力

从领导干部选拔任用标准角度看，包括基层领导干部在内的标准是历史的、具体的，时代背景不同，我们党所处的历史方位和肩负的历史使命不同，领导干部选拔任用的标准也随之发生变化。如毛泽东同志的"又红又专"、邓小平同志的"革命化、年轻化、知识化、专业化"，都是当时选拔干部的标准。党的十八大以来，从"信念坚定、为民服务、勤政务实、敢于担当、清正廉洁"，到铁一般信仰、铁一般信念、铁一般纪律、铁一般担当的"四铁"干部，又到高素质专业化干部，再到政治能力、调查研究能力、科学决策能力、改革攻坚能力、应急处突能力、群众工作能力、抓落实能力等七种能力，都是发展中的具体的"好干部"标准。可见，干部选拔标准的基本规律是：德才兼备、政治标准第一，即把政治标准放在第一位。政治标准是硬杠杠。这一条不过关，其他都不过关。如果政治不合格，能耐再大也不能用。"政治能力就是把握方向、把握大势、把握全局的能力，就是保持政治定力、驾驭政治局面、防范政治风险的能力。"[①]在此基础上，"政治三力"的提出科学确定了干部选拔任用标准中的政治标准，为基层领导干部政治标准的制定、应用指明了正确的方向和路径。

从党建引领基层治理角度看，党组织通过政治建设、思想建设、组织建设、作风建设、纪律建设和制度建设，实现政治立党、思想建党、组织强党、作风正党、纪律严党和制度治党，并分别提升政治能力、思想能力、组织能力、作风能力、纪律能力和制度能力，进而合成为党建引领能力，实现对基层治理的引领，所以，党的十九大报告指出党的建设是"以党的政治建设为统领"，而政治引领就是党建引领基层治理的统领性引领，政治能力则具有根本性、统领性。这就要求必须将政治建设与基层治理统一为一个整体，杜绝政治建设与基层治理的对立，《中共中央关于加强党的政治建设的意见》指出："坚决防止和纠正把政治与业务割裂开来、对立起来的错误认识和做法，确保政治和业务融为一体、高度统一。"反过来讲，忽视政治、

---

① 洪向华主编. 干部要提高七种能力 [M]. 北京：人民出版社，2020：20.

淡化政治、不讲政治，不仅会导致基层党组织的软弱涣散和党员理想信念沦丧、政治立场不坚定、政治原则不强，更会导致基层治理丧失政治特质，扭曲党建引领基层治理，这是必须予以避免或克服的。所以，"政治三力"的提出，科学确定了党的政治建设的具体内涵，为党的政治建设科学化并以此引领基层治理，确立了正确的目标和内容。

从基层领导干部治理能力角度看，基层干部治理能力是随着治理能力的提出而于最近才被关注的概念，虽然尚缺乏统一的定义，实证研究也处于起始阶段，但有一点是明确的，即应充分体现党建引领基层治理的基本模式，以及构建"人人有责、人人尽责、人人享有的社会治理共同体"与"党组织领导的自治、法治、德治相结合的城乡基层治理体系"的基本要求。实证研究表明，基层干部治理能力可由引导与执行力、知识与技能拓展力、公共服务能力、整合资源能力、管理创新能力、信息分享提升力六个维度构成，其中"引导与执行力"包括政治导向、政治鉴别、诚信公正、敬业务实、依法行政、执行能力等，可以作为基层干部治理能力的测量、评价和教育培训的工具。毫无疑问，对基层领导干部来说，应特别强调政治引导与执行能力。"政治三力"的提出，科学确定了干部政治能力三大构成要素的内在逻辑，为基层领导干部治理能力中的政治能力的评价、培养构建了正确的指标和操作定义。

（二）提高基层干部领导水平和执政能力的必然选择

"不断提高党的执政能力和领导水平是适应形势发展、开拓伟大事业、满足人民期待的必然要求。"[1] 因此，不断提高党的执政能力和领导水平，始终是执政党建设必须解决好的一个重大课题。党的十八大以来，以习近平同志为核心的党中央正因为全面增强执政本领且不断提高党的执政能力和领导水平，所以面对日益复杂的外部环境，面对我国经济发展进入新常态等一系列深刻变化，审时度势、迎难而上、开拓进取，解决了长期以来想解决而没有解决的难题，取得了全方位、开创性的成就。随着中国特色社会主义进入机遇与挑战并存的新时代，赋予中国共产党以新的历史使命。坚持和发展中国特色社会主义，积极应对新时代的挑战，关键在党，关键

---

[1] 教育部思想政治工作司组织编写. 新思想引领新时代——十九大精神高校思政和党务干部读本 [M]. 北京：人民出版社，2018：198.

在人，重心在基层，党员领导干部是党和国家事业的中坚力量，而基层干部是党和国家各项方针政策在基层的直接推动者，其领导能力和执政能力的高低直接关系各项政策的执行程度和效率。因此，不断提升基层干部的政治能力这一能力也成为提高领导水平和执政能力的必然选择和题中之意。

（三）全面从严治党向基层延伸的内在要求

提高基层干部政治能力是马克思主义政党属性的题中应有之义，是推进全面从严治党的必然要求。建设强有力的基层党组织，巩固党的执政地位，需要有一支政治能力过硬、纪律严明的党员领导干部队伍。党的十八大以来，以习近平同志为核心的党中央把全面从严治党摆在更加突出的位置，着力推进全面从严治党向基层延伸，层层落实管党治党的政治责任，将更加严格的标准深入贯彻落实到基层党组织，充分发挥基层党组织的战斗堡垒作用，促进了基层党建工作规范化和制度化，党内的生活气象焕然一新。进入新时代，面临更加复杂的执政环境，必须做到全面从严治党常抓不懈。这就需要充分发挥基层党组织的领导核心作用和战斗堡垒作用，以增强基层干部的党性意识，保持政治定力，坚决摆脱"四大危险"，在重大政治原则和大是大非问题上毫不动摇，从而不断推进基层党建全面过硬，夯实党的执政根基。

（四）密切党群干群关系的必然要求

民为邦本，本固邦宁。坚持什么样的立场是关系着政党前途和命运的大问题。作为马克思主义政党，就是坚持以人民为中心的根本立场，密切党群干群关系是我们党始终立于不败之地的根基。"江山就是人民，人民就是江山。"可以说，党的根基在人民、血脉在人民、力量在人民。新时代，密切党群干群关系就是要求基层干部始终把自己深深根植于人民之中，心中常思百姓疾苦，脑中常谋富民之策，切实为人民群众办好事、做实事、解难事。中国共产党风雨兼程的一百年里，坚持人民立场是我们战胜一切艰难险阻、抵御内忧外患并取得胜利的根本保证。因此，基层干部能否坚持以人民为中心这一政治能力根本要求，不仅是关系着党群干群亲疏的题中之意，而且也是关系社会和谐稳定、国家繁荣富强的关键所在。

（五）巩固脱贫攻坚成果同乡村振兴有效衔接的现实需要

党的十九届五中全会将巩固脱贫攻坚成果，全面推进乡村振兴列为

"十四五"阶段的重要目标，要求做好巩固脱贫攻坚成果与乡村振兴的有效衔接。习近平总书记强调脱贫摘帽不是终点，在强力巩固脱贫攻坚的成果后，要全面实施乡村振兴战略，大力推进农业农村现代化，实现"三农"工作的历史性转移。这些工作的开展，这些目标的实现，难度之大、任务之艰巨，是对基层干部政治能力的极大考验。基层干部是处在改革发展、维护稳定、服务群众的第一线，其工作是基础性的，是党和政府密切联系群众最直接的桥梁。但基层工作环境的复杂性，也使得基层工作较为艰巨。这就要求基层干部清楚地认识到关系全局的历史性变化，牢牢立足社会主义初级阶段的基本国情，切实提高自身的政治能力，提高政治站位、增强大局观念、丰富知识素养、强化责任担当，让自身的政治能力与担任的岗位职责相匹配，切实通过发展社会生产，不断提高人民的物质文化生活水平，不断巩固和拓展脱贫攻坚成果，并以此为基础稳步推进与乡村振兴工作的有效衔接，加快推进乡村振兴战略落地成效，让改革发展成果更多更公平惠及全体人民。

三、提升基层干部政治能力的路径思考

今天的中国，已经站在新的历史起点上。面对新机遇、新问题、新挑战，习近平总书记提出了党员领导干部提升政治能力的紧要课题，这实际上体现的是一种目标导向。然而政治能力不是抽象的，而是具体的，不是从来就有，也不是一成不变的，提升政治能力是一个需要终身努力的课题，需要党员领导干部在不断地理论学习与实践磨炼中提升，在组织的培养下逐步成熟。

（一）把稳思想舵，激发内生动力

1.加强理论淬炼，筑牢基层干部理论根基

（1）提升马克思主义基本理论素养

理论修养是干部综合素质的基础，习近平总书记强调："理论修养是干部综合素质的核心，理论上的成熟是政治上成熟的基础，政治上的坚定

源于理论上的清醒。"①具备过硬的政治理论素养是广大基层干部的"看家本领"，是做好一切准备工作的"定海神针"。马克思主义理论作为我们共产党人的真经，学习和掌握其理论核心，直接影响甚至决定着一个基层干部的政治敏锐程度、思维视野广度和思想境界高度。基层干部要把系统掌握马克思主义基本理论当做看家本领，多读原著、勤学原文、深悟原理，不断提高自身马克思主义理论水平和政治理论素养。尤其要系统学习马克思主义哲学，以辩证唯物主义和历史唯物主义为核心的马克思主义哲学，为我们认识世界和改造世界提供科学的世界观和方法论；学习掌握物质决定意识原理，让基层干部能坚持从客观实际出发制定政策、推动工作；学习掌握事物矛盾运动的基本原理，让基层干部坚持问题为导向，积极面对和化解工作中遇到的难题；学习掌握唯物辩证法的根本方法，让乡镇党员领导干部增强自身的辩证思维、创新思维、系统思维等能力，从而不断提高驾驭复杂局面、处理复杂问题的本领。

（2）学深、悟透习近平新时代中国特色社会主义思想

习近平新时代中国特色社会主义思想是马克思主义中国化最新理论成果，是当代中国最鲜活的马克思主义。理论中所蕴含的丰富世界观与方法论是全党增强执政本领、破解工作难题的理论来源和工作指南。当代中国，各级党员领导干部要把深入贯彻习近平新时代中国特色社会主义思想作为首要的政治任务，既系统学又专题学，把握其治国理政的基本理念、思想和方略，深刻领会这一思想的政治立场、价值追求及蕴含的领导艺术，从系列讲话中开拓视野、启发思路。具体可以从以下几方面展开：一是要反复研读、深入领会党的十九大报告，其中蕴含着习近平新时代中国特色社会主义思想的科学内涵和精神实质，这是深刻领悟习近平新时代中国特色社会主义思想的重要保证；二是要系统研读《习近平谈治国理政》第一、二、三卷，其集中反映了习近平新时代中国特色社会主义思想的发展脉络和主要内容，是基层干部武装头脑的生动教材；三是反复精读习近平系列专题论述摘编，系统、全面地学习领悟习近平新时代中国特色社会主义思想在各个领域的指示精神，进一步了解党的基本理念和基本主张，坚定维护党

---

① 中共中央党史和文献研究院，中央"不忘初心、牢记使命"主题教育领导小组办公室编. 习近平关于"不忘初心、牢记使命"论述摘编[M]. 北京：中央文献出版社，2019：45.

的政治立场和政治路线；四是认真阅读习近平系列工作文集，认真体会总书记的从政实践和心路历程，并以实际行动始终坚守从政初心与为民情怀。

（3）钻研党史国史，汲取政治营养

党的十八大以来，习近平总书记多次号召党员领导干部多学习历史，从历史中汲取精神营养，强调："历史是最好的教科书""学习党史、国史，是坚持和发展中国特色社会主义、把党和国家各项事业继续推向前进的必修课"①。在2021年召开的党史学习教育动员大会上，习近平总书记更是提出了"在全党开展党史学习教育，是党中央立足党的百年历史新起点、统筹中华民族伟大复兴战略全局和世界百年未有之大变局、为动员全党全国满怀信心投身全面建设社会主义现代化国家而作出的重大决策。"②基层干部钻研党史国史，一是为了准确把握当前党和国家所处的历史方位，中华民族历经从站起来、富起来再到强起来的伟大飞跃，新时代的我们比历史上任何时候都接近中华民族伟大复兴的光明前景，这愈发坚定了坚持中国特色社会主义方向和中国共产党的领导的信心。二是为了准确把握新时代基层党员领导干部所肩负的使命，中国共产党人的初心和使命就是为人民谋幸福，为中华民族谋复兴。因此，基层干部提高政治能力，要深刻学习中国共产党历史，专研相关史料，重现历史的真实面貌，用事实批驳歪曲历史、否认历史的错误言论，了解历史的发展规律，深刻领会中国共产党的中流砥柱作用；也要深入学习中国历史，五千年辉煌灿烂的华夏文明有许多值得党员领导干部学习和借鉴的治国理政经验，学习中国历史尤其要注重学习中国近现代史，深入了解党和国家的发展历程，通过历史汲取智慧、砥砺品格、总结反思、鼓舞斗志。

2.坚定政治意志，打牢基层干部作风基石

（1）要不断增强"四个定力"，增强拒腐防变的免疫力

一是要增强政治定力。我们党历来就敢于和善于讲政治，对党员领导干部的第一位要求就是政治坚定，而政治定力作为总开关，强调的是党员领导干部个人干净、敢于担当，做到对党忠诚。基层干部增强政治定力必

---

① 人民日报海外版记者部. 安天下——十八大以来治国理政新方略[M]. 北京：人民出版社，研究生出版社，2017：9.

② 习近平. 在党史学习教育动员大会上的讲话[M]. 北京：人民出版社，2021：1.

须始终保持对马克思主义的坚定信仰、对共产主义和中国特色社会主义的坚定信念，站在党和人民的立场上想问题、做决策、办事情，在大是大非面前立场坚定，经得起考验。二是要增强纪律定力。习近平总书记强调："在所有党的纪律和规矩中，第一位的是政治纪律和政治规矩。"① 所以，提高政治能力必须对党的政治纪律和政治规矩怀有敬畏之心。因此，作为基层干部，要时刻紧绷纪律规矩这根弦，自觉用党章党规约束自己的言行，私底下不放纵、无人时不越轨、细微处不逾矩，守住纪律底线，真正做到在法律和制度范围内行使职权，坚决树立党员领导干部的威信和尊严。三是增强道德定力。党员领导干部的道德水平是影响其个人发展的重要因素。"德才兼备，以德为先"一直是任用选拔干部的重要原则，正如习近平总书记强调，加强道德修养是党员领导干部的人生必修课。因此，基层干部要严格约束自己的操守和行为，着力培养和强化自我约束、自我控制的意识和能力，坚持从小事小节上加强修养，从一点一滴中完善自己，展现党员领导干部优良的个人魅力和个人品行。四是要增强抵腐定力。随着国家对基层建设的投入加大，大量资源"下沉"为某些心术不正的基层干部提供了"可觅之材"。

从党的十八大以来查处和巡视发现的案例来看，有些贪官，虽然职位不高，但贪腐数额惊人。正如习近平总书记说的那样：各种诱惑、算计都冲着你来，各种讨好、捧杀都对着你去，往往会成为"围猎"的对象。因此，基层干部作为党和国家权力在基层的实际执行者，必须要耐得住寂寞、守得住清贫，常思贪婪之害，常怀廉洁之心，不给腐败思想以可乘之机，扎实用好手中的权力为百姓谋福祉。

（2）不断锤炼政治敏锐性和政治鉴别力

政治敏锐性和政治鉴别力，是党员干部讲政治，坚定政治立场、把准政治方向，正确对待大是大非问题的核心能力之一，习近平总书记曾在多次会议上强调"各级领导干部增强政治敏锐性和政治鉴别力"。当前，少数基层干部滋生了非政治化和思想庸俗化的倾向，缺乏政治敏锐性和政治鉴别力，不利于干部队伍的发展。因此，基层干部要在牢牢把握"四个定力"

---

① 习近平. 习近平谈治国理政（第二卷）[M]. 北京：外文出版社，2017：155.

的基础上切实增强政治敏锐性和政治鉴别力，自觉从政治高度来认识和把握自己从事的工作。基层干部要善于运用马克思主义的政治眼光和对党和人民负责的精神，从基本理论、基本方略着眼，从政治上判断形势、分析问题，在重大原则问题上划清是非界限，以敏锐的洞察力观察和鉴别在政治、经济、文化、社会等各领域发生的现象。也就是说"要能够透过现象看本质"，不被表象所迷惑，抓住事物的根本，表明自己坚定的政治态度。基层干部还要善于从各种苗头中甄别有用信息，预设和查找可能引发风险的各种隐患，将风险隐患扼杀于萌芽之中，"做到眼睛亮、见事早、行动快"[①]，在职责范围内正确地加以处理，也要开展有效的常态防控，保持防范各种政治风险的思想敏锐和高度警觉性，把职责范围内的政治风险把控好，不断从应对和防范各种政治风险过程中汲取经验，提高驾驭风险的本领。

3.树牢政治理想，补足基层干部"精神之钙"

理想信念是党员领导干部安身立命的根本。以习近平同志为核心的党中央在十八大以来始终把坚定理想信念作为开展党内政治生活的首要任务，并强调："理想信念就是共产党人精神上的'钙'，理想信念坚定，骨头就硬；没有理想信念，或理想信念不坚定，精神上就会'缺钙'，就会得'软骨病'。"[②]牢固树立政治理想，坚定理想信念是政治能力的灵魂所在，但理想信念并非与生俱来，它的产生、保持直到坚定是一个动态过程。乡镇党员领导干部作为乡镇的领导核心，其理想信念的坚定与否直接关系党的方针政策能否在基层一线贯彻落实，直接影响着中国特色社会主义事业的大局。因此，提升基层干部政治能力，必须牢固树立远大的政治理想，坚定理想信念，把对马克思主义的信仰、对社会主义和共产主义的信念作为毕生的追求，保持中国共产党人的奋斗精神，始终与人民群众一道，自觉为巩固脱贫攻坚成果、全面建成小康社会的"第一百个奋斗目标"而苦干实干，更为乘势而上开启"第二个百年"奋斗目标而笃定前行，永葆共产党人的政治本色。

---

① 习近平. 习近平谈治国理政（第三卷）[M]. 北京：外文出版社，2020：97.

② 习近平. 习近平谈治国理政（第一卷）[M]. 北京：外文出版社，2018：414.

（二）投入真"战场"，打造硬核本领

1.加强示范引领，发挥基层干部先锋模范作用

党员干部是一面旗帜，是党和国家事业的带头人。党员领导干部作为党在各个层级的领导核心和执政骨干，只有以身作则，示范引领带头做，解决问题才能势如破竹，改进工作才能立竿见影。

充分发挥基层干部先锋模范作用，要努力做到"三个带头"。第一，带头从严要求自己。行动是无声的命令，身教是执行的榜样。基层干部要密切联系思想和工作实际，从自身抓起，带头反省剖析自己在思想、工作、作风上存在的突出问题，敢于正视和解决这些问题的决心和勇气，充分展示求真务实的优良作风和对党、对人民极端负责的精神。第二，带头转变工作作风。工作作风上的问题绝对不是小事。党的十八大以来，全党上下纠正"四风"取得重大成效，享乐主义和奢靡之风基本刹住，但形式主义、官僚主义一定程度上仍存在。因此，作风建设永远在路上，抓作风建设，关键在于党员领导干部。基层干部作为作风建设的组织者、管理者和推动者，必须带头遵守、执行中央八项规定，坚决反对"四风"，筑牢抵制歪风邪气的思想根基。第三，带头遵法学法守法用法。基层干部带头遵法，就是要尊崇法律、敬畏法律，牢固树立宪法法律至上、法律面前人人平等的观念，强化自身的法治意识和法治素养；基层干部带头学法，就是要带头了解法律、掌握法律，认真学习包括宪法在内的行政、经济等方面的法律法规，清楚法律规定的职责权限，手握法律戒尺，知晓为官做事尺度；基层干部带头守法，就是要带头捍卫法治，遵纪守法，身为党和国家政策法律的具体执行者，基层干部无论职务高低、资历深浅，都没有超越宪法法律的特权，都要自觉依照宪法法律行使权力、履行职责和义务。

2.加强政治历练，强化基层干部责任担当意识

党的十九大报告指出："全面增强执政本领。领导十三亿多人的社会主义大国，我们党既要政治过硬，也要本领高强。"[①]新时代对基层干部能力和素养提出了更高的要求，作为基层干部既要政治过硬，也要本领高强，真抓实干，雷厉风行，进一步明晰目标任务，进一步细化工作措施，进一

① 习近平. 决胜全面建成小康社会 夺取新时代中国特色社会主义伟大胜利——在中国共产党第十九次全国代表大会上的报告 [N]. 人民日报，2017-10-28.

步强化责任担当，认清自身在中国特色社会主义建设发展大局中的职责定位，以更加昂扬的精神和更加积极的工作态度投入工作和学习中去。然而，党员领导干部的政治能力不是与生俱来，绝非轻而易举，更不会随着党员领导干部的职务升迁而自然提高。政治能力的提升是一个不断锤炼的过程，最终落在政治执行力上，如果无法在政治执行力上持续发力，政治能力的提升也将成为一句空话。正如习近平总书记强调的"干部成长无捷径可走，经风雨、见世面才能壮筋骨、长才干"[①]。因此，基层干部讲政治，不仅要有鲜明的政治立场，还要加强政治历练、躬身实践、强化政治执行力，将目标任务做实做细，切实练就与自身领导职责相匹配的政治能力。

（1）不断锤炼真抓实干的能力

形式主义是一种贪图虚名、不求实效的工作作风，是一种本末倒置的工作方式。坚决抵制形式主义，发挥真抓实干的工作作风是每个基层干部务必具备的。拼搏进取、真抓实干是一种积极向上的态度，更是一名基层干部成就事业的基础。习近平总书记强调："真抓才能攻坚克难，实干才能梦想成真。"[②]所以真抓实干是一种工作风格，一种精神品格，更是共产党人应该具备的本色。目前，有些基层干部就恰恰缺乏这样的功夫和定力，心思太杂、想法太多、心思过重，虽然口头上说真抓实干，但实际上无法沉下心去真抓实干，更说不上苦干实干了。中国特色社会主义进入新时代，在狠抓落实的实践中需要更多真抓实干的党员领导干部。对于基层干部来说，要带头发扬真抓实干的精神，志存高远、埋头苦干、专心致志做事情，一心一意谋发展，自觉抵制侵蚀和诱惑。乡镇党员领导干部还要始终保持着对岗位的热爱，对工作的执着，真真正正沉下去、扑下身子到基层工作上；始终保持旺盛的斗志，做到想事业、谋事业、钻事业、干事业，向着目标执着前行。

（2）不断锤炼精准发力的能力

习近平总书记多次强调想问题、办事情要抓重点、抓关键，重要领域能起到牵一发而动全身的关键作用，是改革发展的重中之重。基层干部锤炼精准发力的能力，就是要把重大决策、重要部署、关键环节时刻放在心上，

---

① 习近平. 习近平谈治国理政（第三卷）[M]. 北京：外文出版社，2020：522.

② 习近平. 习近平谈治国理政（第一卷）[M]. 北京：外文出版社，2014：48.

将力量和资源都集中运用到关键点上，精准发力、精准突破，以最小的消耗来获得最大的成效。实现"两个一百年"的奋斗目标，最艰巨的任务在基层，最深厚的基础在基层，最大的潜力也在基层。党的十八大以来，党中央把脱贫攻坚摆在治国理政的突出位置，经过8年的努力奋斗，我们如期完成了新时代脱贫攻坚任务，彻底改变了贫困地区的面貌，改善了生产生活条件，提高了群众的生活质量，极大增强了人民群众的获得感和幸福感。习近平总书记在中央农村工作会议上强调，脱贫攻坚取得胜利后，要全面推进乡村振兴，这是"三农"工作重心的历史性转移。习近平总书记提出的这一重大部署，实际上点名了下一步基层工作的重点。作为基层干部，要全面领会这一精神，精准发力，紧紧围绕发展乡村产业、农村精神文明建设、生态文明建设、农村改革、乡村建设、城乡融合发展、乡村治理七大方面，全面推进乡村振兴落地见效，做好乡村振兴这篇大文章。

（3）不断锤炼久久为功的能力

久久为功，意为要持之以恒，锲而不舍，驰而不息。久久为功是习近平总书记治国理政的重要方法，也是党员领导干部干事创业的重要法宝。"干事创业要有'功成不必在我'的胸襟，要有久久为功、利在长远的耐心和耐力。"① 久久为功方可善作善成。中华人民共和国成立后，党带领人民办成了许多大事难事，铸就了许多伟大精神。我们从站起来、富起来到强起来的每一次飞跃，都是苦干实干的奋斗史。奋进新时代，我们比任何时候都要更接近中华民族伟大复兴的目标，但许多工作都不可能一蹴而就。广大基层干部锤炼久久为功的能力，具体可从以下几方面展开：一是需要心无旁骛的定力。改革发展进入攻坚阶段，面对的阻力和困难只会越来越大、越来越多，基层干部更要耐得住性子，稳住心神，要有勇于担当、迎难而上的魄力，把复杂的事情办好，把难办的事情办成，真正把工作一项一项地落实到位。二是需要锲而不舍的恒心。"行百里者半九十"，任何一项工作的落实都没有捷径可走，也必然都是经常的、细致的、艰苦的，所以基层干部必须具备坚强的毅力和忍耐力，以踏石留印、抓铁有痕的精神，扑下身子，一抓到底，一步一个脚印，稳扎稳打向前走，不干出成效不罢

① 人民日报评论部. 习近平讲故事 [M]. 北京：人民出版社，2017：58.

休。三是需要舍身忘我的担当。伟大的事业不可能一蹴而就，有些工作今天抓了有一定成效，明天可能会出现反复甚至倒退。所以一项工作的落实可能要历经曲折，不可能毕其功于一役，这就需要基层干部舍身忘我的担当精神，即便事业的成功未必在我手中，但仍能下真功夫、硬功夫、细功夫，干好自己这一任，跑好自己这一棒，以"功成不必在我"的精神境界和"功成必定有我"的历史担当进行长期的奋斗。

（4）不断锤炼落到实处的能力

为政之要，贵在落实；落实之本，重在执行。锤炼党员领导干部落到实处的能力，就是要增强执行力。执行力是干事创业的根本能力，是事业成功的关键环节，工作和制度的生命力也在于执行，也就是说"没有广大党员干部的积极性和执行力，再好的政策措施也会落空"①。基层干部增强执行力，一方面，是思想认识问题，要明确大政方针和任务要求，正确领会上级决策部署、指示要求的基础上迅速行动，减少执行中出现的偏差和失误。真正做到党和人民需要时，召之即来，来之能干，干之能成，执行力需要"马上就办"的态度，但不是蛮干，只知执行而不知思考，就没有清醒地执行，也就不可能达到预期的目标。另一方面，是结合实际问题，过硬的执行力本质是上级指示与当地具体实际的有机结合，是一种创造性的抓工作落实。顶层设计往往是就全局而言，具有全局性和客观性，这就需要乡镇党员领导干部结合当地的具体情况，"吃透"上级的要求，弄清意图，把控好方向，确保政令不偏。当然还要弄清各自的具体实际，掌握单位人员的优势和不足，这样才能确保各负其责，各尽其能，把工作真正落到实处。

3.坚定人民立场，提升基层干部为民服务能力

（1）坚定以人民为中心的根本政治立场

"人民"是习近平总书记说起治国理政话语中的关键词，以人民为中心的发展思想是习近平新时代中国特色社会主义思想的重要内容，在党的十九大报告中，"人民"高频出现，高举"人民"的旗帜，坚持以"人民"为中心，彰显"人民"底色等，都凸显人民至上的理念。

---

① 中共中央宣传部编. 习近平总书记系列重要讲话读本（2016年版）[M]. 北京：学习出版社，人民出版社，2016：124.

坚定以人民为中心的根本政治立场要在践行党的群众路线中完成和坚守。习近平总书记指出，要做群众的先生，先做群众的学生。群众路线是党的根本工作路线，检验着党的执政信念和执政水平。因此，党员领导干部要坚持思想上尊重群众，工作上依靠群众，密切与人民群众的感情，虚心向人民群众学习，真心实意拜人民群众为师。在为人民服务中提高思想境界、强化宗旨意识、涵养百姓情怀。

坚定以人民为中心的根本政治立场要自觉勤政于民。"把实现好、维护好、发展好最广大人民根本利益作为推进改革的出发点和落脚点，让发展成果更多更公平惠及全体人民。"[1] 当前，我国社会主要矛盾的变化，对于党和国家的工作提出了许多新要求。人民对美好生活的向往就是我们党员领导干部的奋斗目标。在全面建成小康社会阶段，基层干部要认真贯彻脱贫攻坚新部署、新要求，以老少边穷深度贫困村为重点，突出搞好定点扶贫和结对帮扶，持续抓好易地扶贫搬迁后续扶持，提升脱贫攻坚质量。同时，巩固脱贫攻坚成果，接续推进脱贫攻坚与乡村振兴的有效衔接，着重增强内生发展动力，确保脱贫攻坚后的持续发展，切实用安民为民的实际行动为民造福兴利。

（2）始终保持党同人民群众的血肉关系

在中国特色社会主义新时代，不断厚植党执政的群众基础，离开人民群众的真心拥护与真正支持，党的执政能力和执政地位就会成为无源之水、无本之木，党和国家的事业也不会顺利进行。能否始终保持党同人民群众的血肉联系，是对党的执政能力和执政地位的最根本考验，也是对基层干部政治能力的考验。

基层干部要增强深入群众，保持同人民群众血肉联系的能力。首先，要修好身。作为基层的公仆，基层干部要立志做大事，而不是立志做大官。所以基层干部要始终保持人民公仆的本色，站在党和国家工作大局和为人民服务的立场上，坚定崇高的理想信念，追求高尚的道德情操，摒弃一切不正确的政绩观、权力观。其次，是用好权。乡镇党员领导干部要清醒认

---

① 中共中央党史和文献研究院，中央"不忘初心、牢记使命"主题教育领导小组办公室编. 习近平关于"不忘初心、牢记使命"论述摘编 [M]. 北京：党建读物出版社，中央文献出版社，2019：130.

识到人民群众是历史的创造者，权力是党和人民赋予的，正确树立"权为民所赋，权为民所用"的权力观，将人民的利益作为出发点和落脚点，正确行使手中的权力，积极作为、有效作为，做到不越位、不错位。最后，是谋实事。"权为民所用"从来都是具体的、严肃的，不是空洞的口号，也不能泛泛而谈，乡基层干部讲政治最终要体现在实际行动上，人民对美好生活的向往，就是我们党员领导干部的奋斗目标，肩负一方发展重任，就要切实造福一方，为一方人民谋实事。所以基层干部要秉承高度的历史使命和责任感，把责任扛在肩上，扎实勤奋、直面矛盾，啃下基层的"硬骨头"，切实做出经得起实践、人民、历史检验的实绩来。

（3）创新党在群众工作中的方式方法

党的十九大报告指出，要增强群众工作本领，创新群众工作体制机制和方式方法，发挥联系群众的桥梁、纽带作用，组织动员广大人民群众坚定不移跟党走。进入中国特色社会主义新时代，人民的利益要求是多层次、多方面的，基层干部要顺应人民对美好生活的向往，把人民对美好生活的向往作为奋斗目标，创新新时代党的群众工作方式方法，练好内功、提升本领、善作善成。

一是要提升沟通、组织、服务群众的能力。沟通是做好群众工作的桥梁，基层干部要切实提高沟通群众的能力，学会用群众的语言与群众沟通，讲群众能够认同的话，说群众能够接受的理。当然基层干部还要沉下身子，放下架子，以真诚的态度与群众平等对话，心贴心交流，做好进得了门、谈得上话、交得上心。提高组织群众的能力，组织群众是做好群众工作的基础，这就要求基层干部尊重群众，把人民群众的意愿、要求和利益作为想问题、作决策、办事情的出发点和归宿。同时，要发挥情感效应感召群众，以人格力量带动群众，充分挖掘群众中所蕴藏着的智慧和力量，真正做到在危难险重的任务中能把群众组织起来共渡难关，在谋划发展道路上能够把群众调动起来建设美好家园。提升服务群众的能力则需要基层干部通过"结对帮扶""党员承诺办件事"等方式，变群众"上访"为干部"换位沉底"，变群众"上门"为干部"进门"，多到田间地头问策，少在办公大楼转悠，把实事做到家门口，把服务做到心坎上，提高群众的幸福感和获得感。

二是要充分发扬民主，给予群众监督的权力。人民群众是创造历史的真正动力，是党立于不败之地的坚固根基。基层干部要以人民群众关心的热点和难点问题作为工作的重点，深入基层、深入群众，做到知民情、解民忧、纾民怨、暖民心。真正做到把群众需要作为第一选择，把群众满意作为第一标准，从而制定为民之策、推行为民之举。基层干部服务内容实不实，成效结果好不好，由人民来评判，主动接受人民检验，真正赋予人民应有的权利，真正使一切工作体现人民的意志。

（三）烧热"大熔炉"，强化党组织力量

党员领导干部肩负着推进党和国家事业发展的历史重任，而要切实实现这一最高理想和最高奋斗目标，就需要党员领导干部具备相应的政治能力。强调党员领导干部的政治能力的提升不是孤立地讲个体能力，而是从充分发挥党组织政治功能的整体意义出发，因为党员领导干部的政治能力提升是个人和组织相互作用的结果，党的组织建设跟不上，组织力量得不到有效发挥，无法给予党员领导干部很好的引导和培养作用，对党员领导干部的成长影响巨大。党的十八大以来，以习近平同志为核心的党中央将全面从严治党纳入战略布局，把严肃党内政治生活、净化党内政治生态摆在更加突出的位置，加强组织建设，必须把营造风清气正的政治生态作为基础性、经常性的工作。

1.严肃规范基层党组织党内政治生活，激发党组织活力

"严肃认真的党内政治生活，是保持党的先进性纯洁性、提高党的执政能力的重要保证。"[1]中国共产党从诞生之日起就高度重视党内政治生活，严肃的党内政治生活，既是解决党内自身问题的重要途径，也是党员领导干部加强政治历练、提升政治能力、锻造过硬政治素质的熔炉。

党的十九大报告明确提出进一步加强党内政治生活的政治性、时代性、原则性、战斗性。增强党内政治生活的政治性，要求乡镇党员领导干部自觉维护中央权威，始终在思想上政治上行动上同党中央保持高度一致，维护党的团结统一，强化自身的政治教育和政治引领，净化政治灵魂，增强政治免疫力，坚决防止和克服忽视政治、淡化政治、不讲政治的倾向。增强党内政治生活的时代性，对于基层党组织又提出了更高的要求，针对当

---

① 何毅亭. 学习马克思主义中国化最新成果 [M]. 北京：人民出版社，2017：200.

前信息和党员队伍新变化，基层党组织要积极运用互联网、大数据等新兴技术，创新基层党组织活动内容方式，充分运用"智慧党建"，坚决防止党内政治生活缺创新、缺活力、生搬硬套的倾向，使党内政治生活充满活力。增强党内政治生活的原则性，基层党组织要认真提高"三会一课"质量，严格落实谈心谈话、民主评议和主题党日活动等制度，使党内政治生活庄重、严肃、规范，杜绝党内政治生活的随意化、形式化、平淡化。增强党内政治生活的战斗性，就是要坚持以整风精神开展批评和自我批评，开展批评和自我批评是"政治体检"，是加强党的组织，增强党的战斗力的武器。"要用好批评和自我批评这个武器，让批评和自我批评成为每个党员、干部的必修课。"[1]要充分运用这个"重要法宝"，敢于指出和帮助改进其他同志的缺点错误，自身也要虚心接受、主动改正存在的不足，坚决防止和克服党内政治生活一团和气、"隔靴搔痒"的倾向。

2.加强基层党组织党内政治文化建设，营造良好政治生态

党内政治文化是政治生活的灵魂，是政党强本固基的丰厚土壤，是凝心聚力的精神纽带，是砥砺前行的力量源泉。"我们的党内政治文化，是以马克思主义为指导、以中华优秀传统文化为基础、以革命文化为源头、以社会主义先进文化为主体、充分体现中国共产党党性的文化。"[2]所以充分发展社会主义特有的文化优势加强党内政治文化建设，是中国共产党的政治优势，是我们党实现自我净化、自我完善、自我提高的基本路径，更是保持党的先进性和纯洁性的重要基础，对于提升基层干部的政治能力发挥着重要作用。弘扬社会主义先进文化，有针对性地引导乡镇党员领导干部带头做社会主义核心价值观的坚定信仰者、积极传播者、模范践行者。发扬革命文化，注重红色基因传承，充分利用区位优势，深入挖掘其蕴含的团结奋斗、忠诚果敢的革命精神，培养基层干部的政治情感，以更高政治热忱投入党和国家的事业当中。加强中华民族优秀传统文化的创新性发展，深入挖掘其在思想观念、人文精神等蕴含的政治理念和经验，培养基层干部的政治气节和政治风骨。

---

① 中共中央党校组织编写. 以习近平同志为核心的党中央治国理政新理念新思想新战略 [M]. 北京：人民出版社，2017：222.

② 何毅亭. 学习马克思主义中国化最新成果 [M]. 北京：人民出版社，2017.

3.推进基层党组织党内民主建设，充分发挥党员主体作用

《关于新形势下党内政治生活的若干准则》明确提出："党内民主是党的生命，是党内政治生活积极健康的重要基础。"发扬党内民主，是为了体现全体党员在党内政治生活中的主体地位，是为了保障党员公平的享有知情权、决策参与权等权利，是为了营造风清气正的良好政治生态。推进基层党组织党内民主建设可以从以下几方面展开：一是充分保障党员的主体地位和民主权利。尊重党员主体地位，保障党员权利，重点是抓好党员知情权、参与权、选举权、监督权的落实，保障全体党员平等享有党章规定的党员权利、履行党章规定的党员义务。① 各基层党委要进一步完善党务公开制度，扩大党务事务的公示范围，切实提高党员领导干部和组织行为的透明度，保障党员的知情权和参与权。同时，进一步拓展党员参与党内政治生活和行使民主权利的途径，激发党员的积极性、主动性。二是提高党内决策的科学化民主化。在重大问题和重大决策上，基层党委坚持由集体讨论决定，征求党员意见，允许不同思维的交锋，营造民主讨论的良好氛围，党委书记作为"班长"，要发挥好"一把手"的领导艺术，要有容人之气度、纳谏之雅量，充分发挥党委成员的作用，给予党员充分行使权利，最大程度地集中集体的智慧和力量，确保决策的民主化和科学化。

（四）划出硬杠杠，优化选人用人机制

为政之要，莫先于用人。着力打造一支党和人民需要的优秀干部队伍，需要科学的选人用人机制作保证。所以在选人用人的问题上，要紧密结合干部工作实际，进一步完善选人用人机制，形成系统完备、简便易行的制度机制，切实发挥制度对干部的激励和惩治作用，推进干部能上能下，保证能者上、庸者下，形成良好的用人导向和制度环境。

1.优化考核机制，激发基层干部潜能

干部考核评价体系是评估和反映干部能力高低的有效手段，是多渠道、多层次识别党员领导干部、提升党员领导干部政治能力的指挥棒、风向标。干部考核评价体系运行良好与否直接影响着党员领导干部政治能力提升的走向和成效。习近平总书记在十九大报告中明确提出"完善干部考核评价

---

① 何毅亭. 学习马克思主义中国化最新成果[M]. 北京：人民出版社，2017.

机制""建设高素质专业化干部队伍"的执政目标。在2018年7月召开的全国组织工作会议上，习近平总书记更是强调了"建立日常考核、分类考核、近距离考核的知事识人体系"的重要性，以确保组织部门选出来的干部达到"组织放心、群众满意、干部服气"的根本目标。

贯彻落实好习近平总书记提出的"完善干部考核评价机制"，作为干部人事考核主管的组织部。首先，要科学合理地设置考核指标，确立有针对性和具体性的条目和权重，突出关键核心指标，如结合当前我国主要矛盾的变化，紧紧围绕人民群众所关注的热点难点问题设计相应的考核指标，切实让民众共享改革发展成果，同时聚焦党中央关于重大任务的落实，设置重点工作任务硬性考核指标，实行"一票否决"制度，以严格的问责倒逼责任落实，确保重点任务高质量完成。其次，优化通常以年终一次性集中考核的方式，做到考核的日常化和常态化，科学、合理地将年度考核和平时考核、专项考核有机结合，注重平时考核，全面、动态地掌握干部处事能力和履职担当，并针对重点专项工作开展专项考核，着力将年度重点专项任务完成情况考准考实，最终一并形成高质量综合考评结果。最后，要把考核评价与奖惩激励有机结合起来，根据考核评价结果，坚持奖惩并举，对敢于负责、勇于担当、实绩突出的乡镇党员领导干部采取相应措施予以激励支持，树立正面典型，有针对性地加强培养、重用，真正让想干事的有机会，肯干事的有舞台，干成事的有地位，而对于工作落实不到位、不担当、不作为的基层干部要进行相应的组织处理，加大追究力度，让这些干部真正感受到紧迫感和危机感，从而营造担当作为干事创业的氛围，增强考核评价工作激励先进、鞭策落后的引领作用。

2. 优化选拔机制，选拔优秀基层干部

领导干部的选拔任用历来是干部工作的首要问题，这是直接关系党和国家事业发展的关键性、根本性问题。以什么样的标准选人，选什么样的人，"我们党对领导干部的要求，首先是政治上的要求，政治标准是衡量领导干部的首要标准。"[1] 新修订的《干部任用条例》更是明确规定"选拔任用党政领导干部，必须把政治标准放在首位"。突出政治标准，坚持以德为先、

---

① 曾峻，等. 坚持和加强党的全面领导 [M]. 北京：人民出版社，2019：165.

任人唯贤、人事相宜的干部选拔任用机制是贯彻落实新时代党的组织路线的内在需要，也是新时代加强领导干部队伍政治能力建设的基本要求。因此，优化领导干部的选拔任用机制，一方面，要突出政治标准选人用人，要把政治标准放在首位，综合运用个人述职、民主测评、个别谈话、民意调查、年度考核、日常考核等方式，着重考查基层干部的政治忠诚、政治担当、政治能力等方面的表现，重点关注长期在条件艰苦、情况复杂地方工作的干部，切实选拔出信念坚定、为民服务、勤政务实、清正廉洁的好干部，真正做到能者上、庸者下。另一方面，要进一步规范领导干部选用环节和流程，始终坚持人事相宜、优化结构的基本要求，理顺干部培养与岗位调整间的关系，建立起规范的岗位评估体系和干部队伍测评标准，使选任目标具体化，让干部出现在适当的岗位，真正保证了好干部能够用尽其才，关键岗位能够用当其时。

3. 优化容错纠错机制，激励干部担当作为

容错纠错机制是锐意进取干部的"定心丸"，也是改革创新者的"保护伞"，正如习近平总书记在党的十九大报告中强调："建立激励机制和容错纠错机制，旗帜鲜明为那些敢于担当、踏实做事、不谋私利的干部撑腰鼓劲。"① 《关于进一步激励广大干部新时代新担当新作为的意见》的颁布，再次强调要建立健全容错纠错机制，关乎干部个人的是非功过、成败得失，意在激发干部队伍干事创业的激情活力，宽容干部在改革创新中的失误。因此，组织部门要进一步完善干部容错纠错机制的相关制度规范，大胆地把容错纠错的理念转化为对领导干部严管厚爱的现实规范，要为"想干事的人撑腰、敢担当的人鼓劲"。鼓励基层干部对复杂疑难问题要大胆地试，为其提供一定的"试错"空间，最大程度地调动广大基层干部的积极性、主动性、创造性，有效解决领导干部队伍中的"为官不为"现象，真正确立起"干部为事业担当、组织为干部担当"的良好导向。但是，要明确容错并非纵容、包庇错误，更不是对极少数不良干部的肆无忌惮、违法乱纪行为的"法外开恩"。具体可以从以下两个方面激励基层干部担当作为：一是要根据习近平所提出的"三个区分开来"进一步完善错的标准，

---

① 习近平. 决胜全面建成小康社会 夺取新时代中国特色社会主义伟大胜利——在中国共产党第十九次全国代表大会上的报告 [N]. 人民日报，2017-10-28.

明确指出哪些错误和失误可以纳入容错范畴，哪些错误和失误则必须接受处罚，这就为"可容"与"不容"进行了科学划界，容错制度"对事不对人"，回归"事件"本身，充分保护在基层工作中做出突出贡献的干部，避免"多干活多问责"的不良现象的产生；二是要坚持容错和纠错并行的原则，容错机制的建立不是鼓励干部"犯错"，而是为了鼓励干部敢于创新、敢于突破，发现苗头性的问题早发现早纠正，坚持有错必纠、有错必改的原则，帮助干部吸取教训、总结经验并改进提高。

第三章　新时代基层干部执行能力提升策略

在我国进入实现全面小康的关键时期，国家发展的顶层设计已经基本完善，执行力问题成了发展转型的关键变量，而政府干部的执行力问题成了一个不可回避的热点话题，习近平总书记在不同的场合都指出狠抓落实、提升干部执行能力是实现治理现代化的重要保障，干部执行力与政策的有效实施有着不可切割的相关性。作为基层干部，是国家政策落地于基层地区的最直接执行人，面对着基层地区薄弱的发展基础、更加多样化的利益诉求、更加突出的改革困难等一系列棘手的治理难题，如何深刻理解国家大政方针，因地制宜地执行国家政策成了基层干部不得不解决的头等大事。

本章从基层干部执行力现状着手，分析基层干部执行力存在的问题和影响因素，探讨提升基层干部执行力的路径，为提高基层干部执行力提出了合理化建议。

一、基层干部执行力现状分析

习近平总书记强调，各级领导干部要崇尚实干，把狠抓落实作为一项政治任务，始终保持抓细、抓实的实干热情。一分部署，九分落实；抓好落实，关键在执行力。那么，干部的执行力现状如何呢？改革开放来，我国各级政府干部的执行力有了大幅的提高，主要体现在以下方面：①贯彻执行了国家政策；②社会公共管理得到提升；③提供并丰富了公共服务；④强力推动了社会经济的发展。但不可否认的是，一些基层干部在工作中仍然存在行动迟缓，效率不高，缺乏雷厉风行的作风和无私贡献的精神，怕苦畏难的思想时有抬头，同时还存在决策快、落实慢的"中梗阻"现象，有的干部唯利是图，不按照法律法规和上级决策部署办事，侵害群众利益……

总的来说，当前基层干部存在突出的问题就是个别干部对上级决策精神和领导安排部署政令不畅，执行不力，存在机械化、被动化、推诿化、低效化的问题。具体分析如下。

（一）基层干部执行力存在的问题

1.创新能力有欠缺，执行机械化

习近平总书记强调："政策实施后要跟踪反馈，发现问题及时调整完善。要加大政策公开力度，让群众知晓政策、理解政策、配合执行好政策。"[①]在工作的落实过程中，部分基层干部在执行上级要求和政策时，只注重表象，对于上级安排照单全收、对于政策要求严格执行，但是却与实际脱节，没有真正了解群众的想法，没有认真研究本地实际，没有做到知行合一。只会教条地理解执行，只在"红线"范围内行动，看中的是政策规定不能干什么，没有看到政策没有限制干什么，谨小慎微，故步自封。有时满足于以会议贯彻会议，以文件落实文件，缺乏主观能动性，没有结合本地实际提出不一样的思路和想法，简单地充当"复读机""传声筒"，没有发挥好领导"左右手"的职能，导致了部分单位领导在部署落实一些政策时没有很好地贴合实际，影响了政策贯彻落实的有效性。还有些年纪较大或者在同一单位工作时间长的基层干部，思想僵化，缺乏创新的精神，再加上长时间没有被提拔，工作积极性不高，不主动学习新知识、增长新本领，一味地"吃老本"，用老办法、老思想来解决实际中的新问题，容易在处理问题、执行任务时引发新问题，增加了执行政策和任务的难度。有的基层干部在执行政策和落实任务时，忽略了群众的诉求和对政策任务的看法，没有因地施策、因人施策，造成了"好心办错事"、好政策被误解的情况，导致政策和任务的落地效果不佳。遇到新问题、新情况时，思维发散不够，不会从多方面、多角度看待问题，缺乏寻找新方向的能力。

2.责任意识不到位，执行被动化

基层干部在执行政策任务时责任意识到不到位，会导致工作热情减退，不主动作为。因此，责任意识不强是阻碍执行主动性提升的最主要因素。年轻基层干部在执行政策任务时责任意识要高于年纪较大的基层干部，升

---

① 习近平. 习近平谈治国理政（第二卷）[M]. 北京：外文出版社，2017：363.

职概率大的基层干部在执行政策任务时责任意识要高于升职概率小的基层干部，而整体素质能力不高的基层干部基本都责任担当意识较差。部分基层干部缺乏进取精神，热情减退，不主动作为，全权听从单位领导安排，在面对复杂问题时，解决不了问题，推不动工作，欠缺应对的能力。部分基层干部在执行政策任务时，工作推不动，主动作为、抓落实做得不到位，没有检查就不干，有检查了就搞临时突击，在很大程度上影响了各项工作的推进和政策的落实。部分基层干部宗旨意识不牢固，服务群众观念不深入，执行政策任务过程中没有切实考虑群众困难，没有做到想群众所想、急群众所急，要么摆着不动，要么拖着不办，甚至搞矛盾上交，严重影响干群关系。再加上目前对于基层干部的工作监督追责和考核激励机制还不够合理，导致一些基层干部缺乏积极性，不愿主动解决困难问题。

3. 担当意识不牢固，执行推诿化

习近平总书记在索契冬奥会接受专访时谈道，"我的执政理念，概括来说就是：为人民服务，担当起该担当的责任"。[①] 部分基层干部在执行过程中，不愿意做有难度的工作，不愿意担风险，考虑自己多过考虑别人，善于钻小空子，一旦碰到问题从不往自己身上找原因，有机会就推卸到别人身上。部分基层干部在执行过程中充当"老好人"，工作只求过得去，不求过得硬，宁愿不干事被问责，也不愿干错被追责，推脱滑绕、为官不为。特别是在近期的重点工作中，如脱贫攻坚、扫黑除恶中，这些工作领导重视，社会关注度高，而部分基层干部就担心在工作过程中一旦出现问题就会被问责处理，担心工作对象打击报复，不愿意主动担当。当前，改革进入"深水区"，改革的难度越来越大，面对的问题越来越难解决，剩下的时间也越来越紧张，这时就需要各级领导干部，特别是基层干部要挺身而出，主动担责。部分基层干部主动性和预见性不足，没有把"担当"二字扛在身上，致使在抓项目、抓工作落实上，不够具体、不够深入，摸不清问题、找不准症结。保护机制不健全，干部面临"不干怕问责、干多怕出事"的难题，一些干部滋生了"只要不出事、宁可少干事"等消极情绪。同时，容错制度还不够完善，没有对执行目标、任务完成情况等进行量化，造成工作出

① 习近平. 习近平谈治国理政（第一卷）[M]. 北京：外文出版社，2018：101.

现问题时无法准确查找出是哪个环节出现问题，也没法准确追责。

4.业务能力不过硬，执行低效化

如何让群众的切身利益得到保证是国家在制定路线方针政策时的初衷，而且各级政府作出的工作决策、部署也是符合实际的，目的是为了更好地为群众服务，为群众谋利。但是在部分基层干部中，有的干部学习提高不够，能力和素养与发展要求还不相适应，对经济形势分析不透、政策走向把握不准，破解难题的方法不多，攻坚克难的能力不足，自己按照自己的想法，想怎么办就怎么办，推进工作没有做到点子上，致使决策落实不到位、贯彻执行不力，工作成效还不明显。部分基层干部综合素质能力不高，对学习热情度不高，尤其是年纪较大的基层干部不学习，也不愿意接受新时代的新兴产物，如现下最方便的信息传输工具——微信。微信已是当今社会中普及度很高的一款传输工具，很多部门为了能把最新的政策以最快的时间传达到下一级部门中去，都会采用微信进行传输。但若不会使用微信，就不能在第一时间获取政策信息并将其传递出去。部分年纪较大干部缺乏对先进技术的学习和应用，只会进行口口相传，执行方式比较单一，在一定程度上影响了执行的效率。同时，部分年纪较大的基层干部缺乏对先进技术的掌握，基本不会使用先进技术对于现有资料进行分析，只能用传统的方法慢慢来，延误时机。再加上现在基层任务过重，特别是镇（街道）一级，一个人或一个科室往往要对应上面的几个甚至十几个部门，充分体现出了"上面千条线，下面一根针"。很多基层干部的精力只够应付上级任务，对于自身能力的提升学习不够，导致业务会但是不精通，造成在执行政策任务时是效率低。有的基层干部缺乏基层工作经验和实战经验，特别是县直机关部门的，大部分没有在基层一线工作过，缺少与群众打交道的经验，"面对群众不能服务群众"，缺乏服务能力；在制定政策的时候没有充分考虑到群众的利益和实际情况，在政策实施的时候就没有办法得到群众真心实意地赞成和拥护，从而导致在服务群众的过程中执行效率低下。

（二）影响基层干部执行力的因素

1.执行主体原因

执行力是一种内在力，作为执行主体，其价值取向、心态、晋升空间、工作成就感、法制意识、专业知识等是决定其执斤力高低的关键性因素。

（1）价值取向和心态影响执行力

政府政策执行的"最后一公里"的承担者和实施者是基层干部。他们的价值取向及心态往往决定了他们的执行效率。一是公务员作为一种社会职业开始深入人心。两千年来，中国官本位思想根深蒂固，但近年来在从严治党，反腐倡廉的大环境下，公务员职业更多地被人视为普通职业，不少进入机关的工作人员，随着时间的推移，对职业前景不看好，心思没有放在工作上。二是积极性在繁重事务中不断消磨。在现有机制束缚下，大部分基层干部长期从事烦冗重复的行政事务，在工作中的自主性较小，偏于承担执行的角色，且工作标准越来越严格，而许多部门虽然工作人员不少，但是关系户、"老油条"不少，真正干工作的干部不多，造成"有效"工作人员不足，经常出现"小马拉大车"的现象，长期如此，导致肯干、勤干的基层干部心态疲劳，进而影响执行力。三是跟个人的性格、理想、兴趣等价值取向有关。部分基层干部进入公职行业并非是自己的个人意愿，而是有其他原因或者是受家人、朋友的影响。一部分人成为基层干部后发现现实的工作并非如自己先前想象的那样适合自己，反而有悖于自己的理想、兴趣，因此寻求脱离的途径；另一部分人抱着满腔抱负与理想而来，但在遭遇基层干部普遍面临的困境后，感觉理想抱负难以实现，最终或随波逐流或离开岗位。有的干部存在一定官僚主义思想，不愿帮助基层和群众解决实际问题；也有极少数基层干部思想受到腐蚀，甚至思想改变，利益观、权力观变质颠覆。

（2）晋升空间狭小影响执行力

选拔、任用机制不够科学，衡量工作价值的标准不清晰，专业化、职业化改革力度不够，基层职数和级别受限导致基层干部晋升空间狭小。干部晋升空间完全依赖其单位的级别，街道一级最高是正处级，而区一级最高是正局级，相应决定了晋升机会的难易，这在相当程度上困扰了干部执行的心态。因工作岗位变动少，对未来发展规划缺乏把握，只能抱着"做一天和尚撞一天钟"的思想混日子，从而影响执行力。

（3）工作缺乏成就感影响执行力

美国著名社会心理学家马斯洛提出的需求层次理论，指出人类的需求从低到高按层次分生理、安全、社交、尊重和自我实现五大类。每个人都希望通过自身努力获得成就和地位，以满足个人高层次的精神需求。工作成就与个人精神需求是相辅相成的。如果一个人做他能够胜任且喜欢的工作，那么他就越有可能从中发挥自己最大的才能、挖掘自身最大的潜力，不断自我创造和发展，从而获得尊重和实现自我需求。而反过来，在政府工作中，如果基层干部体会不到或者可预见到的成就感极少且很难实现，那么这种主观感受将会大大影响其工作的积极主动性、工作的创造力，以及工作效率和工作目标的实现。当前，基层工作任务繁重，工作内容较单一、琐碎，"循规蹈矩"缺乏挑战，这些在一定程度上往往导致部分干部认为，这份工作本身不能给自己带来满足感和成就感，进而导致出现表率不够、韧性不足、沟通不畅、协作不佳等执行力不强的情形。

（4）法制意识不强影响执行力

基层干部法律意识对促进公权力良性运行、保护公民权利、稳定基础政权、提升执行力，具有非常重要的现实意义。基层干部带头守法，依法执政，保证执法的公平性，对全面推进依法治国具有重大作用。深化改革、化解基层矛盾、使基层能够长期保持稳定，关键在于基层各级干部要能够以法律为准绳，用法律规范自身行为，自觉运用法治思维和法治方式努力推动各项工作，让群众能够感受到公平正义。可以说在法治基础上才能体现执行力，没有法治基础，执行力就是空话。近年来，各级政府进行了多方位的普法工作，不少干部也学习和掌握了部分法律，但在执行过程中，部分干部更多地将重点放在自身享有的法律权力上，而不会将重点放在对法律确立的责任和义务上。同时，法律法规条文没有具体且明确的规定，自由裁量权、工作习惯、上级的行政命令和领导的指示极容易左右行政，造成不公。

（5）工作缺乏专业性影响执行力

专业化、精细化可以提高工作熟练程度，提高工作效率，同时可以使注意力集中在一种特定的对象和业务上，有利于创新和改进工作方式，大大促进执行力提升。目前公务员实行职位分类制度，划分为综合管理类、专业技术类和行政执法类等三大类别。其中，综合管理类职位数量最多，具体从事规划、咨询、决策、组织、指挥、协调、监督及机关内部管理工作。对于从事此类岗位的公职人员，缺乏专业性或技术性规范要求，个人的工作内容、工作流程、工作目标等缺少严格、统一的量化考核标准，职责也相对较为模糊。职业没有专业化通道，对个人专业要求不明确，这往往导致工作的精细化程度不离，大大影响了公职人员自身工作能力和工作业绩的认同度，进而影响其工作各环节的执行力。

（6）基层干部不注重能力发展导致执行力弱化

基层干部主动学习动力不足，对自身能力培训缺乏长远、系统和有针对性的计划。众所周知，公务员实行逢进必考，每一年都有大量优秀人才通行国家考试进入公务员行列，但优秀是动态的，不进则退。不少人才进机关后，不注重学习提高，放松要求这就有可能从优秀变为平庸，技能也会退化。另外，由于机构改革和人员晋升调整等原因，一些干部可能因此进行跨部门交流或任职，在干部任免中，往往会要求无条件服从组织安排，而个人兴趣爱好和相应能力只会放在参考上，客观上导致部分干部无法延续原有知识体系，心态上可能会有所抵触，学习热情会减弱，执行力相应弱化。如由执法到城建，从安监到组织部门等，这些跨度较大的调整，虽然有助于干部拓展发展空间，但在缺乏相应培训和一定时间的磨练，干部主动知识储备不足情况下，不少新上任的干部会不适应新形势新要求，造成执行力弱化。

2.执行机制原因

执行机制包括政府职能调整、政策制定、干部晋升、配置、考核和辅助的第三方社会组织。目前，政府执行机制还不够完善，影响了执行力的提升。

（1）政府职能调整不到位严重影响执行力提升

党的十八届三中全会提出了有效的政府治理目标，要求转变政府职能，充分运用社会主义市场经济体制优势，创新行政管理方式，推动建设法治政府和服务型政府，增强政府公信力和执行力。但在现实中，政府职能调整仍未到位，主导型经济增长的特征比较突出，既做裁判员又做运动员，在创造公平正义市场环境上还做得不够，在社会管理和公共服务上与社会发展需求之间的仍有较大差距，特别是政府管理审批事项上，不能与时俱进，审批事项多，审批部门多，程序复杂，办理时效长现象还是较为普遍。同时，政府行政权力运行不够顺畅，政府各部门职能、权责的合理界定不清晰，权责不一致，边界不清，委托过多等问题还比较突出，在提高政府决策能力和执行水平，进一步降低行政成本，提高行政效率上还做得不够。

（2）部分公共政策制定不合理导致执行不力

出台公共政策更多的是市级以上政府的事，基层只是作为执行者。但是，上级政府政策制定得是否科学合理、政策是否稳定性、社会公众是否认同等会直接影响基层干部的具体执行。一是公共政策连续性不强。制度是人们行为的准则，如果政策经常变化，人们就不可能建立长期的预期，短期化行为无法获得大众的支持，导致政策执行艰难。在基层往往存在"新书记就新思路"，在有限的任期内，想的更多是"政绩工程"，缺乏甘于人下，保持政策连续性，导致基层干部执行的困惑。二是公共政策出台科学性和合理性有待完善。政策有时没法推行，很大原因是脱离了现实基础，缺乏科学性、合理性及操作性。这主要还是在于各级政府还没有建立健全的政策、出台严谨的程序和完整的规范，在缺乏充分调研，未经大部人认可情况下，突然出台，导致政策认可度低。三是公共政策执行存在漏洞现象。首先，政策制定者最熟悉政策中的漏洞，存在方便之口隐患，执行不公平性，破坏了政策的可信度。其次，实施政策的执行主体部门多，责任不清，指挥不力，沟通协调成本高。政出多门，个别相互冲突，降低了执行政策的整体效应。四是领导干部主观性强，运动式治理现象仍然存在。行政命令存在主观变化，难民适从，不少干部将政策执行好坏取决于上级的满意程度，而非执行效果。

（3）基层干部优化配置制度没有形成削弱执行力

选人用人机制和有意识地培养人才机制还有待完善，干部配置上往往难以考虑干部个人所长及爱好，不少干部学非所用，哪个部门缺就往哪里调，更多的是考虑使用干部，而不是与干部共同探讨，有针对性地对干部在职业培养上下功夫，从而打击了其内在的积极性，影响其主观执行意愿。同时，能上能下的干部管理体制依然未能建立，终身制的"铁饭碗"还没有真正打破，资历、年龄和关系在一定程度上影响干部的日常管理，导致部门内部冗员过多。个别干部看不到晋升希望，在没有可预见的淘汰危机下，平庸成为常态，甚者存在不作为现象，从而削弱执行力。

（4）执行配套机制不够科学是影响执行力的重要因素

一是考核机制不科学。主要体现在三方面：作为考核对象的干部工作性质及具体职责权限差异较大、考核往往采取不分类进行；考核指标较为单一、模糊，不能体现能者多劳；参与评估人员类别较为单一，往往本单位人员，服务对象不能左右评价结果。二是跨部门协调平台还未有效建立。协调成本高，时效性长、责任不清，难以形成合力，致使工作推进缓慢。三是监督反馈机制不够有效。事前、事中和事后监督不到位，监督结果反馈运用滞后。特别是不少内部监督只是虚有其表，在执行过程中不愿得罪人，"你好"、他好、我好"思想依然存在，起不到应有的效果。决策程序缺乏科学性和透明性，决策主观性强，监督不到位不但磨灭了干部实干的积极性和创造性，而且失误比比皆是。四是问责机制不完善。权责不对等，有责无权，只问责而不问权，不认真研究责任产生的原因，削弱了问责制的严肃性和效能性，引发对问责制的质疑。

3.执行环境方面原因

基层干部的工作并不是在一个密闭的空间中进行的，而是在一个开放的系统中工作的，会与外界的环境产生相互作用。这样的执行环境，不仅涵盖自然环境，还包括执行文化、经济薪酬、社会舆论和第三方组织辅助等四个方面环境。换言之，执行环境是影响干部执行力的重要因素。

（1）执行力文化缺失影响执行力

执行力文化体现了一个人或一个团队对自己承担的职责和使命的态度，是一种将执行作为最高标准的自觉行为，完善的执行是条件反射的结果，不同的文化会对应不同的行为标准。就政府而言，执行力文化构建关键在于建立公平正义和提高政策执行效率的文化环境，实现公共利益最大化。目前而言，政府内部执行文化更多的是停留在口号上，口号代替不了文化，而这样的口号还会因领导更替而变化，没有时间的积累和长期的坚持，执行文化没办法植根于干部的思维之中，从而转变成一种习惯，执行力提高就显得困难，机关执行文化欠缺会影响干部凝聚力和执行力。一方面，安于现状，缺乏进取精神，得过且过；另一方面思想不统一，各自为政，没有团队意识，引起上下级、同级之间互不理解，互相推诿。

（2）薪酬改革迟缓影响执行力

公务员既是政治人也是经济人，但近年来，无论政府和公众更多地强调公务员是政治人，往往忽略了公务员的经济需求。公务员也需要养家糊口，也有着强烈改善生活的呼声。如果目前广大基层干部普遍遭遇的这种工资待遇低的困境而长期得不到系统、有效地解决，不仅会压抑干部的积极性、创新性，让越来越多的人对基层工作望而止步，长期看也不利于吸引高端人才。特别是规范公务员津补贴后，基层干部职位低，晋升空间小、平时担子重待遇低，工作生活压力都大，导致干部队伍不稳定，不愿留在基层，想方设法外调到市、区的年轻干部增多，还有不少年轻干部辞职下海。薪酬直接影响了基层干部的积极性，从而弱化了执行力。

（3）基层干部缺乏社会理解影响执行力

不少社会大众对基层干部观感就是"一份报纸、一壶茶、一个会议"的工作方式，基层干部的职业就是一个"铁饭碗"，就是一份轻松惬意、福利待遇优厚的工作。这样的误解导致政府公职这样一份庄重、严肃、伟大的职业被贬低、被指责。事实上，在经济社会高速发展的同时，有些区域的基层干部承载着难以想象的工作强度和工作难度。特别是行政执法人员，工作在基层一线，直接面对普通群众，面对各种矛盾纠纷，电话 24 小时待命，遇到情况随时出发，有时候为了调解一些突发的矛盾纠纷，不仅要"5+2"，更要"白加黑"。长期处于这种超时工作、精神紧张焦虑的状态，很多人的心理压力大，身体状况差。据有关基层干部心理健康调查显示，85.52% 的被调查者认为基层干部是心理压力较大的群体，不分性别、学历、职级，均持同样的看法，高达 72.38% 的被调查者认为工作是最主要的压力源，远远高出排在第二位的人际关系，而"工作强度""上级领导""职务晋升"和"职业风险"又是产生工作压力的四大原因，其中，年龄介于30~50 岁之间的科级干部压力感最强。社会的不理解不仅对在职的基层干部造成了无形的心理压力，影响工作激情，同时也不利于新生基层干部力量的涌入。

（4）第三方组织参与公共管理和服务不强未能有效提升执行力

基于委托—代理理论，干部作为"经济人"无法避免会以私人利益作为行为出发点，在信息不对称情况下，在没有强大的外部监督下，容易逐步蚕食干部个人的道德底线，影响执行力。2013 年 9 月 26 日，国务院办公厅印发《关于政府向社会力量购买服务的指导意见》，提出"在公共服务领域更多利用社会力量，加大政府购买服务力度"。在讨论基层干部执行力时，不得不谈政府购买社会服务，其构成了干部执行的外部辅助环境。执行力是相辅相成的，一些工作没有社会参与，行政效率就不会高。第三方组织在一定程度上解决了"政府失灵"和"市场失灵"问题，第三方组织在协助政府加强公共管理和服务方面发挥着越来越重要的作用。主要体现为：一是填补了政府资源不足的缺陷，扩大了行政服务公众的能力和范围；二是培育和强化了民间组织的力量，激发了公众参与公共管理和服务的热情和积极性；三是促使政府有效提升行政服务的质量和效率；四是政府和第三方的良性互动，客观上使政府提高了管治社会的能力。虽然近年来第三方组织和机构发展较快，但在参与社会管理方面受到政府观念转变、法律保障和管理等条件限制，未能深入社会管理层面，也无法进一步辅助和促进基层执行效能提升。

4."人情"因素的影响

基层干部执行力的实现，也是一个包含上级的威力、物质的引力、交换的动力和情感的压力在内的多种"人情"因素相互作用形成合力的结果。因此，每一种因素及其作用机制的优化与否都直接关系到执行力的效果。现实表明，当前"人情"在基层领导干部执行力的关键影响因素，主要表现在以下四个方面。

（1）上级的威力对基层干部执行力的影响

上级机关和上级领导决定着基层干部的职务升迁，所以在政策执行过程中，如果上级领导或上级机关打招呼，让处理的事情，基层干部基本都会按上级意见办，即使这件事有可能与政策本身背道而驰，这就是上级的"人情"，一般出于对行为人地位、威信的尊重，俗称"给面子"。有效地执行需要服从命令，否则执行就无从谈起，但在执行任务和达到目标的方法、手段、过程方面，很多人过不了上级领导这一关，怕招惹麻烦，在执行的过程中往往是唯命是从、缺乏主见，导致执行力不高的问题。

（2）物质的引力对基层干部执行力的影响

权力的特殊表现形式是国家机关及其公职人员依法作出一定行为的资

格。具体来说指本人利用职务范围内的权力，即利用本人在职务上直接处理某项事务的权力。比如说，担任物品采购、销售和分配工作的干部，运用自己的职权，为了一定的利益，做出超越自己职权范围内的事情。这是一种用物质来换取政策执行的方式。

（3）交换的动力对基层干部执行力的影响

党员领导干部在工作过程中，应当建立一个良好的互相合作的关系，这能促进各个部门的协作发展，减少发生矛盾的机会。履行其职务必须与各方面建立起工作关系。但少数领导干部把这样的关系当作为自己谋私利的工具。当自己或者亲朋好友有需要时，就滥用自己的权力给予他们"帮助"。

（4）情感的压力对基层干部执行力的影响

当研究基层干部为何缺乏执行力时，"人情"是中国传统文化的重要组成部分，并内化于中国人的行为习惯中，强大、持久地延续至今。人与人之间的情感主要包括亲情、友情、爱情、同学情、战友情等，正是由于这种情感的联系，基层干部作为自然人，也有这样的人际圈子。一个政策在执行过程中，如果有基层干部情感圈子内的人符合要求，基层干部肯定会主动为其办理。而如果情感圈子内的人不符合政策要求，在政策执行的过程中就会趋利避害，从而使政策执行力受到影响。

二、提升基层干部执行力的路径

（一）科学制定政策，保证执行前提的正确性

1. 提高政策制定者素质

一般情况下，能否让基层干部执行，在很大程度上取决于政策质量的高低，而政策的质量高低，在很大程度上又取决于公共政策制定者的素质。作为公共政策的制定者，一定要加强政策的学习。政策学习主要是指政策的制定者要学习有借鉴意义的以往政策及其他政策，同时要根据社会环境的不断变化和新的情况、新的对象，有意识地去改变完善政策技术和政策目标，从而最终提高制定政策的能力的过程。政策学习包括两种类型：内生的政策学习和外生的政策学习。内生的政策学习是指内部体系的学习，是在较低层级上的调整政策，外生的政策学习则是内部体系与体系外部之

间，围绕着特定政策的制定而发生的多方面的互动。

2.摸底收集基础数据

政策制定的前提，必须深入了解和掌握该政策涉及的工作范围、服务对象等第一手资料，详尽的资料为正确地制定制度提供坚实的基础。政策制定必须要有一个明确的政策目标，所谓政策目标，就是决策人希望该政策针对社会上的实际难题和挑战所发挥并且实现的效果和作用，从而防止一些严重问题的发生和发展。在明确政策目标后，要着手收集政策所需的信息资料。政策目标能够为收集数据提供方向，能够为政策制定的全过程提供指导。收集资料和数据的真实可用，可以保证政策的可行性。同时，细化量化政策，可以减少基层干部自由裁量，从而减少"人情"对执行力的影响。

3.优化政策制定系统

作为社会变革和发展不可缺少的一部分，政策对于一个理性的、负责任的政府来说，是改进和完善公共政策的外部的动力。现今政策的制定系统在分析判断上存在诸多固有的缺陷，如官僚思维的影响、组织体系的制约、固有管理模式的局限、对以往经验的迷信等。这些固有的缺陷导致政府在制定政策时，会在分析判断上出现的许多质量赤字，不能适应新形势要求。所以，要努力改变自己固有的认知模式，不断提升本身的逻辑推理能力，鼓励思维的创新和多元化，充分发挥政策制定系统的积极性和创造性，从而制定出具有多样性而又彼此紧密相连，紧扣政策目标的政策。

（二）提高能力素质，保证执行主体的公正性

1.加强培训锻炼，提升基层干部自我能力

（1）加强思想政治建设，强化理论武装

进一步推进党（工）委（党组）理论学习中心组学习制度化、规范化，进一步兴起习近平新时代中国特色社会主义思想"大学习"热潮，大力提升广大干部的理论水平和工作能力。充分发挥党校的阵地、熔炉作用，抓实习近平新时代中国特色社会主义思想和党的十九大精神学习，引导广大干部深刻领会新时代、新思想、新目标提出的新要求，切实增强干部信心、增进干部自觉、鼓舞干部斗志，激发干部担当作为的内生动力。

①强化政治引领。加强思想政治建设，牢固树牢"四个意识"，坚定

"四个自信"，坚决做到"两个维护"，补足"精神之钙"，始终在思想上、政治上、行动上与上级和县委保持高度一致。加强纪律建设，自觉维护党的团结统一，严守党的政治纪律和政治规矩。认真贯彻落实意识形态工作责任制，加强阵地建设和管理，旗帜鲜明反对和抵制各种错误观点。

②强化党性锻炼。以"百名讲师上讲台、千堂党课下基层、万名党员进党校"为载体，扎实推进"两学一做"学习教育常态化制度化，以"中华人民共和国成立70周年""中国共产党成立100周年"等系列庆祝活动为契机，深入开展"不忘初心、牢记使命"主题教育，依托反腐倡廉警示教育基地、红军纪念塔等红色教育基地平台，广泛开展党性教育实践活动，引导广大干部坚定理想信念，挺起精神脊梁。领导干部要带头履职尽责、带头担当作为、带头承担责任，在其位、谋其政，干实事、求实效，切实发挥示范表率作用。

③提高基层干部的知识储备。提高干部的知识储备要按照每个岗位和每个干部的具体需求，选择合适的知识进行培训，不断提高培训的有效性。从而不断提高基层干部依法执政、科学执政、民主执政的能力，不断提高其执行力。

（2）注重培训的内容和形式，利用组织推进培训

总体说来，基层干部的能力和素养都是相对较差的，为改变这个薄弱环节，我们要重视对基层干部的培训。第一，要建立一套完善的基层干部培训体制，将培训工作作为主要的任务，同时要把对基层干部的培训归于干部培训规划。第二，要充分发挥组织部门综合协调的作用，加强基层干部教育培训工作的统筹规划、宏观指导和综合管理，充分发挥党校、行政学院的主渠道、主阵地的作用，在考查上级干部工作情况的时候，要对基层干部的培训情况进行考量，从而促进各层干部的工作，充分调动各方面的积极性，鼓励和指导抓好职责范围内的教育训练活动。逐步建立一个分工明确、各司其职的结构。

（3）加强对基层干部执行能力的训练和培养

处于基层的干部要切实加强自身执行力建设。基层干部通过提高自身思想观念和修养可以大大提高其执行力。首先，要树立正确的执行理念，提高执行的主观能动性、灵活积极性等。要使基层干部了解执行能力在实

际的工作中所具有的特殊作用，要不断培养基层干部主动执行任务的意识，即"我要"而不是"要我"。其次，要树立正确的政绩观。不能全部用政绩来衡量一个干部的工作及评级，应当积极引导基层干部养成良好的政绩观。树立正确的政绩观，才能求真务实、真抓实干，基层干部不能盲目理解书本上的内容、不能盲目听从上级的领导和指挥，要去实地进行考察，根据实际情况执行任务，只有这样，干部才是真正的干实事，真正的为人民服务。最后，要加强基层干部对上级颁布政策的理解和把握能力，干部们只有正确把握了政策的精神实质，才能完整准确地去执行，达到预期效果。同时要完全理解政策存在的价值，才能坚定不移的执行任务；我们知道，干部执行任务不是简单的模仿国外的或者是前人的做法，而是应当根据每个地区的实际情况，充分发挥自己的主观创造性才能够有效的执行工作。因此，每个干部都应当自觉主动地去创新理念，在实际的执行过程中，不断发现问题的重要转折点，运用科学的方法和创造性的思维，更好地解决问题。

（三）健全和完善执行机制，推进政府大部制改革峋

1.逐步建立和完善权力清单

程序烦琐化更多原因在于政府手中权力过大，管理服务较多较广，因此简政放权是大势所趋。根据党的十八届四中全会关于全面推进依法治国重大问题决定要求，各级政府要推行政府权力清单制度，全面梳理职权，加快转变政府职能。目前基层干部权责不一致，经常出现有责无权，执行边界不清情况，上下无法合力。推进权力清单制度，将有助于政府进行整合或明确其职权边界，改革社会治理方式。权力清单向全社会公开，以法规保持政府机构和职能配置的相对稳定性，使行政机关及其人员自身难以突破，保证政府人员工作职责的连续性。同时，从根本上解决基层干部面临的工作任务多任务重，有责无权局面，使其专于某方面，利于执行力提高。在制定权力清单过程中，必须坚持权力法定、制度管权、合理分工、权责一致、公开透明、运转高效和循序渐进原则，采取自上而下统一梳理权责清单，逐步扩大和组织包括立法机关、专家学者和社会公众等在内多方参与编制，推出真正社会读得懂、能操作、以人为本的"运行读本"，改善政府这个"大管家""大包大揽"的形象，规范政府职能。

2.进一步推进政府大部制改革

政府大部制即针对部门职能重叠，层级关系多、权责脱节、争权诿责、力量分散，协调成本高情况，将相关职能有机统一合并到大部门上，实行机构瘦身，人员瘦身，最大限度消解部门利益、处理好政府、市场和社会关系，提高执行力。但大部制的改革只有起点，没有终点，在试点基础上还需要进一步将大部制改革往深处推进，适应时代发展要求，简政放权，自上而下，在做好顶层设计基础上，逐步在基层铺开。

3.构建高效的电子政府

随着技术进步，信息技术为政府执行力提升提供了重要技术保障，电子政府应运而生。电子政府可以超越时间、空间和部门分隔的限制，在信息技术和互联网技术的帮助下，建立起虚拟的政府，并利用这个系统为政府机构、社会组织和人民提供各种服务和相关的政务信息，运行情况一目了然，便于随时获知办理情况，透明的办事流程有利于简化程序和促进办事程序再造，逐步缓解程序烦琐化。电子政府为构建公平、高效、精简和廉洁的政府搭建了一个可靠的平台。近年来，各级政府都建立起门户网站、微博、微信等，在提升执行力、全方位服务上进行了有益尝试，但也面临各种困难，如长期不更新，服务内容单一、信息不丰富等。因此，笔者建议：一是构建包括网站、微博、微信、手机 App 在内多种形式的电子政府平台，在注重信息安全基础上，实行专业人员轮流管理，将业务流程、对外服务职能融入平台，提供信息发布、网上预约、网上申请、网上审批、网上咨询、网上服务、网上评价和网上监督等服务。同时，要逐步引导培育大众使用电子政府的习惯，可规定服务对象办理业务时，必须先在网上登记再在政府服务办事大厅办理（可在政府服务办事大厅摆放多台电脑，由工作人员指导操作）。二是积极构建内部管理系统，提供内部信息录入、管理、共享平台，进一步助推效率提升。当前，不少部门力量联合成本高，"单打独斗"现象普遍，关键缺少了技术支持，还停留在过去简单信息处理上。如出租屋队伍、安监队伍、派出所队伍在深圳市均有消防安全工作职责，但不少时候各做各的，没有信息共享，没有形成合力，导致效率低下。作为政府，应通过社会购买，大量使用开发的软件，特别是大容量数据分析处理系统，用现代技术提升执行为。

4.不断完善基层干部选拔任用机制

（1）加大公开选拔力度，拓宽选人用人渠道

进一步拓宽选人用人视野，通过多种方式识别各个工作领域的优秀人才。继续坚持署名推荐制度，同时加大公开选拔力度。通过调研分析，对于一部分专业性强的岗位，可以开展公开调任、比选择优、竞争性选拔等方式，发现吸纳企事业身份和其他身份人员，突破体制"高墙"，让更多德才兼备的人员进入组织视野，让各领域人才合理流动起来。注重发现培养复合型人才，结合组织人事部门的日常考核、年终考核、走访座谈，着重从领导口中、干部口中、群众口中识别优秀干部，把真正会干事、能干事、干好事的干部找出来。按照专业化队伍要求，加大专业化人才储备。

（2）打通体制内外循环，推动干部有序流动

进一步优化现有选人、用人的模式，不仅要"走出去"，还得要"引进来"，选人眼光不仅仅停留在现有的公务员身份上，还要积极寻找事业人员、企业人员、优秀村干部等。打破现有思维定式，不能简单地将人定性，如认为干经济工作的就干不了扫黑除恶，干人事工作的就干不了规划工作。要最大努力地扩展差异性大的干部交流的平台，让各类优秀的干部进行岗位交流，不断提升干部的综合素质能力，培养一批既懂政务，又懂党务的复合型人才。通常我们称之为体制内的干部主要是指公务员和事业人员，公务员的发展趋势却远远高于事业人员，由于身份限制，大部分事业人员无法走上党政部门主要负责人的岗位，企业身份人员更是难上加难。为进一步打破身份壁垒，可通过调任、公开选拔等方式转换人员身份，促进干部健康流动，进一步激活干部队伍活力。循环体系的不断完善，能够激发中层干部不断提升自我素质能力，增强自身执行力，为全面提升执行力提供了良好的外部环境。

（3）坚持好干部标准，树立正确选人用人方向

落实好干部标准，把政治标准放在第一位，坚持五湖四海、任人唯贤，广开进贤之路，坚持实干这一标准，对标"五个过硬"，选好用好忠于党、作风好、敢抓敢管、廉洁自律的干部。坚持从事业出发依事择人，加大经济主战场、脱贫攻坚第一线、扫黑除恶最前沿选拔使用干部，在选拔使用干部时，首先要考虑的是"该用谁"，不能论资排辈，更不能搞平衡照顾，

要因岗用人，而不是因人选岗，真正做到把最合适的人用到最匹配的岗位上去，以正确的用人导向引领干部干事创业导向。要抓好察人、识人这个关键步骤，不断强化政治标准，精确筛除"两面人"，考查时注重听取党支部意见，了解考查对象参加组织生活等，同时还要注重考查的宽度和广度，通过民意调查、专项调查、延伸考查、实地走访、家访等形式，经常性、近距离了解干部"八小时以外"生活圈、社交圈、朋友圈等情况，不能只了解干部在工作中的表现，也要多掌握干部日常生活中的情况，便于组织更好地对干部进行一个分析研判。

5. 建立健全基层干部测评机制

加强对基层干部测评在选拔任用过程中十分重要，但是也要充分地重视其对平时公务的作用。对于基层人员来说，他们要认真执行相关党的政策。要把他们工作的态度、力度及效果如何，作为测评机制主要测评方向。通过对执行者相关工作实施考查从而决定对其的奖励、职位的升迁等。将人员的工资奖励、职位升迁和考核结果相联系，促进人员加强自身的建设，促进人员充分调动工作的激情，不断地进行创新，为人民服务。另外，考核的方式不应该单一化，应该使用多种考核方式，结合不同的测试、访查结果实现全面、公正的了解，获得科学、公平的评价，防止和克服测评上的"唯票"现。要注重整合尽可能多的信息资源，发挥民主测评结果对干部的教育管理和引导作用。

6. 实行强硬的问责制度

要保持执行力的生命，就要有强硬的问责机制与之相适应。切实认真解决执行不到位问题，把问责指向人，以事论人。一是以法律为基础建立细化责任追究机制。明细责任及承担责任方式，严格区分政治责任、经济责任、纪律责任、法律责任、领导责任等类别，形成具体可执行的责任内容，并以此制定相应承担的责任方式。二是查处破坏制度执行的行为。对基层干部在执行过程中无理由耽误，拖拉、干扰和破坏制度的行为，坚持有一宗从严查处一宗的零容忍政策，严格问责；对执行中存在风险的还要及时警示，把问责和预防有机结合起来。三是完善通报处理形式。对执行不到位，没有完全履行职责的单位或个人，可视情况采取发内部整改通知、系统内书面通报、报刊网上曝光等三级通报措施，并将情况纳入个人档案，严重的予以开除。

（四）营造干事氛围，保证执行环境的和谐性

1.改革传统的执行模式

当前，必须理顺各级党委、政府与基层之间的关系。给基层工作人员创造良好的机遇，从而促进工作人员工作的力度提高。首先，要放权。权力是有层次性的，该谁管就是谁管，不要"一竿子插到底"。现在基层缺少一定的自主权力，因此要充分地调动基层人员的工作激情，发挥其作用就要恰当地、勇敢地给基层权力。其次，要放手给基层人员去博弈，让他们自己去进行事业、谋划。当上级管理者把相关的工作交给了下级后，就要给予下级充分的自主权，不要过多的干涉，尤其避免每一个细节都去过问，对其做过多地干预。最后，要放心。对下级人员要充分信赖，彼此间要互信。要相信他们的能力，要能够容忍他们的小过失，冷静看待他们的错误，不因为小事就随意地怀疑他们，更不宜捕风捉影，无端地怀疑。

2.构建知行合一的机关文化

一个机关单位要有执行力，不仅需要相应制度，而且需要以执行力为核心的文化建设，以凝聚共识，提高执行效率。一是要制定好执行力文化战略。要发动机关各级人员共同参与讨论，凝聚共识，统一思想，在结合本机关单位工作目标和当地历史文化情况下，制定切实可行的发展战略，拟定执行文化的核心理念，做到简单明了，如公平、效率等。二是实际行动践行文化。执行力文化要深入人心，由口号转变成行动，成为干部的自觉行为，需要干部以此作为标准，以实际行动维护文化。同时，强化文化的延续性，不因领导更替而随意改变，如美国西点军校执行文化："责任""荣誉""意志"等百年来就较少变化，随着时间沉淀而越发深入人心。因此构建知行合一的执行力文化，需要沉得下心，一步一脚印地去践行和维护。

3.强力推进第三参与公共管理和服务

第三方参与公共管理是有效衔接政府简政放权后留下的空白，让政府能够更专注于特定的服务管理职能，以利于干部工作专业化发展。一是转变观念，适时推出需第三方参与公共管理和服务的内容清单并公开，由具备资质的社会组织制订公共管理和服务方案来竞标。政府不再参与清单上已列明的具体公共管理和服务事项，只对社会组织进行指导和监督。二是

完善相关配套管理制度和措施，为第三方组织的健康发展创造良好的外部环境。如税收优惠制度、员工培训、工资福利、医疗保险和养老保险等各项制度上给予政策上的有力扶持，帮助第三方组织建立与之相适应的人力资源管理体系，鼓励社会公众全职或兼职参与社会管理和服务工作，增强第三方组织自身的造血活力。三是坚持培育发展与管理监督并重，第三方组织要能可持续发展离不开自身品牌的创立。政府可从认证角度出发，创造类似于5A级管理体系，以认证切入第三方的管理，建立公开、公平、公正的社会组织考核评估体系，让社会公众参与到第三方监管中，同时政府每年要向社会公开评估结果，接受社会监督。通过把社会组织评估结果与承接政府购买服务、享受政策优惠等相挂钩，充分调动社会组织参与承接政府购买服务的积极性。建立社会组织财务审计监督制度。每年可委托其它第三方组织抽取10%左右的社会组织进行财务审计，审计结果纳入认证考核范围，增强第三方组织的公信力。

4.抓实监督管理，营造风清气正政治生态

（1）强化日常监督

①聚焦资源整合。理顺监督执纪与审查调查部门两个部门的职能职责，强化各自职能，明确界限，做好两个部门的分开设置工作，进一步整合加强监督的力量；进一步加强党风政风监督室对监督执纪工作的有效协调指导，形成高效的工作模式；一体推动监察职能延伸到乡镇和街道，统一调配基层监督力量，确保监察全覆盖。

②不断创新监督的方式方法。有目标地进行监督，在一般性监督检查的前提下，强化对日常工作、重点工作、专项工作的监督，形成多样化监督的格局，利用监督手段，评价分析政治生态，并做好该项工作。梳理问题，并形成问题清单，加强对问题的闭环管理，针对问题，一一对账销号，有效确保监督有成效，落到实处。

③强化对干部工作外时间的监督。要更进一步加强对我们的党员干部重大事项、个人有关事项报告等一系列制度是否落到实处的监督检查力度。对党员干部工作外时间存在的一些潜在性问题第一时间进行提醒谈话，运用好第一种形态的作用，不断促使党员干部习惯在有监督、有约束的环境中去"阳光工作"和"阳光生活"。在新时代，我们要利用好科技手段，

切实利用"互联网＋"、大数据等电脑应用技术手段，进一步增加各级部门在从严治党、八项规定等精神落实情况的督查力度。

④用好用活警示教育。充分发挥党风廉政网、微信公众号等各种媒介、平台的作用，把党纪党规植入党员干部心中，让党员干部守规矩、明底线、知敬畏。有效运用谈话函询、联合监督、下层基层走访等形式，进一步增强人对人、事对事的精准监督。

（2）注重督导巡察相结合

①推进监察监督，做到监督全覆盖。切实履行好监察法赋予的职责，加强对党员干部的督促检查，主要针对是否依照法律履行职责、公平公正地使用自身拥有的权力，是否以廉洁自律进行自我要求，是否守住道德的最后底线等方面；要第一时间对滥用职权、失职渎职等问题进行批评教育、责令整改，推动转变作风、解决问题、改进工作。对问题严重、整改不力，造成损失和不良影响的，严肃追责问责，涉嫌职务违法犯罪的，依法调查处置。

②深化巡察监督，形成震慑效应。牢牢把握政治巡察定位，以"四个意识""两个维护"为政治标杆，始终聚焦坚持和加强党的全面领导，一体推进日常监督的常规巡查、专项公正的特别巡察，并有效地运用好随机巡察，切实把巡察与严明政治纪律和政治规矩相结合，解决人民群众反映最强烈、矛盾最为集中的问题，并把日常监督发现的问题结合起来，不断增强监督实际效果。推进巡视巡察上下联动，准确把握不同地区、不同领域、不同部门的个性特征，提升巡察权威，破解"人情干扰"和"熟人监督难"的问题。巡察发现问题不整改，比不巡察的效果还坏，因此要注重巡察成果运用，在督促整改落实上狠下功夫。对巡察中发现的问题和线索要及时反馈、移交，督促相关党组织或纪检监察部门认真处置。

③强化派驻监督，发挥探头作用。加强协调衔接，划分责任归属，盘点各式关系，完善规章制度，健全管理监督、考评机制，充分地发挥派驻监督职能作用。加强对驻在部门领导班子及其成员的日常监督，发现违规违纪行为及时向纪委监委反映。经常与被监督单位主要负责同志沟通交流单位政治生态情况，如实反馈在监督工作中发现的问题，一起研究解决方法。将纪委监察委日常监督"触角"不断地往外扩展，不断使得被监督单位党

组织能够自觉地遵守党纪国法，一以贯之地去落实党的路线方针政策及决策部署。

（3）探索建立保护干部机制

①坚持严管和厚爱结合。依照纪律和法律，依据查证的事实，严肃规范问责、精准审慎问责，让问责能够起到问责一人、提醒一片的效果。解决问责不力、问责简单泛化等问题。不带有色眼光去看待被问责的干部，对影响期满、知悔改的干部，能够胜任工作岗位的，要积极地提拔任用。研究完善纪律监察机关处理检举控告方面的工作制度，切实去保障干部权力，及时做到澄清反馈，积极查处诬告陷害行为，防止出现一分钟控告，一整年调查的情况。熟悉运用第一种形态的工作方法，消除干部可能因为举报出现的心理忧虑。区分好干部在工作中因积极干事出现失误或者错误，建立好容错机制，保护好我们干部对干一番事业的热情，为担当有为，能负责人的人担当、负责。

②严格落实容错免责、纠错、防错机制。完善《关于激励干部改革创新干事创业容错免责办法（试行）》，充分听取基层和一线的意见和建议，精准定位需要容错的"点位"，分领域出台"最多跑一次"改革、重大项目攻坚克难、招商引资等容错纠错实施细则，完善容错纠错程序，在启动问责程序的同时，同步开展容错核查，进一步强化容错纠错结果运用。

（4）树立干事创业的正气

提高基层干部的执行力，必须是整齐、消除不好的风气，保证基层人员的良好风气。第一，在整治风气的时候，一定要严厉，加大整治的决心和力度。若是抓风气不到位，不够彻底，就不会产生有效的作用。另外，在整治风气时，要敢于执行，不能畏畏缩缩，有所犹豫。第二，要加强自身底气，不畏强势势力。在执行工作的过程中，一定会遭遇困难、挫折。在这样的情况下，不能因为困难就阻住步伐，而是要坚定决心，敢于直面矛盾、克服问题。对于一名基层工作人员来说，要加强自身的作风建设，以身作则。只有自己行为端正，品行正直，才不会有所惧怕。第三，在工作中，要起到一定的领导表率作用。俗话说，"其身正，不令而行；其身不正，虽令不从"。由此，我们可以看出表率的重要影响。一名领导能够有效地指引整个单位的风气。所以这对领导人员提出了较高的作风要求，干部人员要正直、廉洁,培养亲和、勤政的形象。另外,干部人员还要做好平时工作,进行有效的管理,帮助基层人员提高工作执行的可操作性。不要对下级人员只进行单纯的言语教化,简单地"纸上谈兵"是无效的,只有在实际工作中给他们起到良好的引导作用,才会真正地教育到他们,进而提升自己的形象,让他们自觉主动地进行相关工作。

第四章　新时代基层干部服务能力提升策略

20 世纪七八十年代，以美国、英国、新西兰与澳大利亚为首的西方国家都热衷于对行政体制进行改革，提出了"顾客导向"，政府的工作应以顾客为出发点，让顾客满意。20 世纪 90 年代登哈特夫妇也提出了"新公共服务"理念，认为政府的核心职能是服务而非"掌舵"，政府应提供公众所需求的公共服务产品，以满足公众需求为目标，促进公共利益的实现，融洽公众与政府间的关系。服务型政府成了西方各国改革的方向。

温家宝同志在 2004 年提出了"建设服务型政府"。2007 年胡锦涛同志在党的十七大报告中再次重申"加快行政管理体制改革，建设服务型政府。"，2012 年习近平总书记在党的十八大报告中也强调服务型政府应该是让人民满意，让人民安居乐业的廉洁高效政府。服务型政府的建设离不开国家干部的努力，同时也对国家干部的服务能力提出了更深层次的要求。其中又以基层干部与公众的联系最为紧密。基层干部是与群众站得最近的特殊群体，其言行举止无一不代表着政府，对于基层群众来说，基层干部的服务是否得到人民群众的认可是服务型政府的构建能否成功的关键。

与公众接触最频繁的莫过于一线的基层干部。所以要提升政府在人民心目中的形象，要构建服务型就应该从提升基层干部的服务能力着手，如果他们的素质没法达到服务型政府建设的标准，那么服务型政府的建设也无从谈起。

本章从基层干部服务能力的特殊性入手，阐述基层干部服务能力提升的意义；分析基层干部服务能力提升的影响因素；在此基础上，有针对性地提出基层干部服务能力的提升路径。

一、基层干部服务能力概述

（一）基层干部服务能力的特殊性

1.服务能力概念

"能力"在《现代汉语词典》中的解释为："能胜任某项任务的主观条件"，基层干部能力，即能够胜任执行上级政府政策与传递民众诉求的主观条件，是指在依法履行行政职能时所表现出来的各种胜任特征的集合。2003年人事部出台的《国家公务员通用能力标准框架（试行）》将公务员的能力分为：政治鉴别能力、心理调适能力、调查研究能力、应对突发事件能力、服务能力、学习能力、依法行政能力、沟通协调能力。

服务能力，就是公务员为公众提供公共服务的能力，国家公务员通用能力标准框架对公务员服务能力有如下规定：牢固树立宗旨观念和服务意识，勇于接受群众批评，有较强的行政成本意识，责任心强，对工作认真负责，乐于接受群众监督，守信立政维护群众合法权益，诚实为民，密切联系群众，关心群众疾苦，善于运用现代公共行政办法和技能，注重提高工作效益积极采纳群众正确建议。

2.基层干部服务能力的特殊性

基层干部的主要工作基本上都是在处理日常具体性事务，作为站在与公众接触的第一线，他们不仅代表着政府的形象，同时也是国家政策的最终执行者和制定政策所需信息的提供人，加之社会日新月异地发展，各地发展水平不一，因此基层干部服务能力有其特殊性。

第一，这是由基层干部在工作中所充当的角色决定的。基层干部代表着政府形象，基层干部的服务能力同时也代表着政府服务能力。假如基层干部缺乏足够的素质，无法为群众提供满意的服务，甚至与服务群众起冲突，那么国家政策的执行效果必将大打折扣，服务型政府的构建更是无从谈起。一名合格的基层干部应该能够将服务政府理念带入各项日常工作中去，提高自己为人民群众服务的能力。

第二，这是由基层干部在层级结构的位置所决定的。首先，基层干部的级别一般都较低，处理的日常工作一般都很烦琐，需要基层干部提高其工作效率。其次，基层干部作为政策的执行者，有一定的自由裁量权，这就要求基层干部要有较好的业务能力才能用好手中的自由裁量权。

第三，这是由其基层干部所处的工作环境所决定的。基层干部的数量在国家干部的比例最大，分布范围也最为广阔。不同的工作环境使得基层干部必须根据所在地区的具体条件来开展工作的能力，不同地区不同做法，对能力的工作要求自然也会有所不同，这就要求一些身处在较差工作环境的基层干部要有吃苦耐劳的精神，克服环境的不利影响，使这些在落后地区的人民群众能够同等地享受到国家所提供的服务。

（二）基层干部服务能力提升的意义

1. 有利于稳定社会发展

为民服务是我国的宗旨，我国政府一直把不断满足人民日益增长的物质文化需要当成工作目标。在大部分群众的心目中，基层干部就直接代表着政府。基层干部的服务能力不高，无法及时高效地满足群众的需求，必将影响到政府在公民心目中的形象，使公民对建立服务型政府失去信心，不利于社会的稳定。反之，一名能够及时高效满足群众需求的基层干部，能增强公民对于建立服务型政府的信心，有利于社会的稳定。

随着社会的发展，社会群众对于义务教育、公共医疗、就业和社会保障等公共需求也越来越高，只有不断地满足这些不断变化的公共需求，不断地调整好政府的相关职能，才能构建好服务型政府。在这一调整的过程中，也许会出现政府对公共需求的反应迟缓，激发一些社会矛盾。这就需要基层干部提升服务能力，以及时处理好这些可能出现的社会矛盾，维护社会的稳定。

2. 有助于提升基层党组织的执政能力

基层干部有很大一部分都是党员干部。在基层干部为社会公众提供服务的过程中可以使群众切实地感受到党"立党为公，执政为民"的理念。动员广大人民群众参与到服务型政府与社会主义现代化国家的建设中来，拓宽群众参政议政的渠道，是党执政能力建设的一个基本取向，基层干部应该要深入群众，不断地与群众沟通，以更好地了解群众的需求，才能把更优质的服务带给人民群众，让人民群众紧紧团结在党的领导下，拥护党的方针政策。并且通过与人民群众的沟通，也能使党更加地了解人民群众的需求，为以后日常工作的开展指明方向。

提升基层干部的服务能力是党依法行政能够得以执行的路径。党组织的相关政策最终还是需要基层干部来上传下达。这就要求基层干部在日常工作中加强法律意识，做到有法必依，执法必严，违法必究。同时，随着社会的发展，人民群众的法律意识也不断提高，维护自身权益的意识也日益增强，开始注重对基层干部行政执法的监督，这会倒逼基层干部提高自身的能力，加强法律意识，在日常的工作严格要求自己，用好手中人民赋予的权力。

3.有利于干部整体素质的提高

党和国家多次强调要建设一支满足社会发展需要的高素质干部队伍，基层干部在国家干部队伍中的比例较大、人数较多，提高基层干部的服务能力将有助于国家干部整体素质的提高。基层干部直接管理经济、政治、文化等各个方面的事务，只有提升自身的服务能力，才能处理好这些社会事务。与此同时，随着社会的不断发展，基层干部也会遇到一些新问题、新情况，只有提升自己的服务能力，深刻学习新知识新理论，才能对这些新问题新情况进行正确的分析，才能恰当地处理好这些问题。所以基层干部必须要树立起正确的服务态度和服务理念。

4.是我国公共服务体系建设的根基

建立健全我国政府的公共服务体系，满足广大人民群众最基本的民生需要，是我国政府前进的方向。公共服务体系主要包括"公共文化、社会保障、公共卫生"等几个方面。基层干部的服务能力的高低将直接影响到这几个方面能否得到很好的实施，所以基层干部只有提升自身的服务能力才能适应公共服务体系的不断发展。基层干部在公共服务体系充当着至关重要的角色，是我国公共服务体系建设的根基，只有提高基层干部的服务能力，才能建立健全我国的公共服务体系。

5.有利于发挥政府的职能

服务型政府的建设是当今我国政府改革的一个重要方向。服务型政府要求把服务群众放在首位，这就需要调整一些我国政府原来的职能，使政府能够建立并运行其公共服务的职能。与此同时，服务型政府的实现最终还是需要靠基层干部的贯彻执行，提高基层干部的服务能力，能够让国家的政策得到正确地执行，提升政府在社会群众中的地位，提升政府的公信力。

所以，提高基层干部的服务能力将有利于政府服务职能的发挥，有助于服务型政府的建设。

二、基层干部服务能力提升的影响因素分析

（一）影响基层干部服务能力提升的因素

1.传统"官本位"思想

传统的"官本位"思想在现在仍然存在，不利于基层干部服务能力的提高，这主要表现在以下三个方面。

第一，对"官员"本身来说，"官本位"思想的中心是"官"，官员有无限权力，其意志和利益可左右一切权力的运行。古人寒窗十年就为金榜题名，学而优则仕，我国封建社会大多数书生都以进入官场为人生目标。直到现在，虽然公务员去了"官"帽，成了"人民公仆"，但每年依然有百万学生投入公考行业，把当国家干部当成光耀门楣之事。官本位思想的"毒瘤"仍残存，干部在行使手中的权力时，容易有优越感，以自己的利益为中心，从而忽视广大人民群众的需求。

第二，对下级"官员"而言，"官本位"思想的中心是"高官"，下级官员听从上级官员指挥。上级拥有对下级的考核、升迁权等，这就导致下级在日常的实践工作中，以上级领导为中心，盲目服从领导。

第三，对公众而言，"官本位"思想导致公众对政府官员有莫名敬畏心理。在这种情况下，公众还无法从被统治者的角色脱离出来，只能被动地接受政府所提供的社会产品和公共服务，没办法实在真正意义上的当家作主。

2.法律意识淡薄

基层干部的法律意识，是指基层干部在行使国家行政权时对法律现象和本质所产生的认识和能动反映。当前基层干部法律意识缺失主要表现在以下几个方面。

（1）学习法律的积极性不够

有调查显示，能主动去学习自己相关行业的基层干部只占总人数的

33.8%。[①]作为一名基层干部应该积极学习法律，只有完全掌握工作相关的法律，才能维护好法律的权威，保障群众的利益。

（2）懒政行为

国家委托基层干部行使权力，维护法律权威和社会秩序，但在日常工作中，部分基层干部并没有依照法律法规行使手中的公权力。部分基层干部对待自己手中的公权力，能不管就不管，存在懒政行为，不利于基层干部服务能力的提高。

（3）偏亲厚友

部分基层干部没有珍惜手中的公权力，甚至把个人利益凌驾于法律之上。如在处理案件时，不能做到完全依法办事，存在偏亲厚友，没有依法依规处理的现象。

3.服务意识缺失

服务意识，是指基层干部自觉主动地树立为民服务的宗旨意识，是出于为民服务的情怀而不是受工作驱使，积极热情地为群众提供优质的公共产品和社会服务。当前基层干部服务意识缺失主要表现在以下几个方面。

（1）基层干部为人民服务意识不强

部分基层干部为人民服务意识不强，把自己利益凌驾于群众利益之上，没有急群众所急，解群众所需。如部分基层干部对临界下班时间来办事的群众表现出不欢迎、不予办理的处理方式。

（2）基层干部与群众沟通不够，责任感不强

部分基层干部与群众沟通工作做得不到位，认为没必要和群众沟通，群众知道得越多越乱。还有的基层干部拈轻怕重，常常选择性地挑工作，选择一些较简单的、责任较小的工作，他们认为做多做少一个样，多做多错，少做少错。这种错误的思想导致基层干部不主动向群众提供公共服务，不主动去了解群众需求，不主动向领导反馈群众需求，不利于基层干部服务能力的提高。

4.服务技能较低

服务技能是指基层干部在为群众提供社会产品和公共服务时所需的技

---

① 蔡绵绵.服务型政府视角下基层干部服务能力提升研究——以漳州市云霄县为例[D].泉州：华侨大学，2017.

能。当前基层干部服务技能较低主要表现在以下几个方面。

（1）团队协作能力较差

基层干部的团队协作能力直接影响到工作效率，是基层干部服务技能的重要组成部分。

（2）学习能力较差

基层干部在工作中必须时常保持着一颗学习的心，向书本求知，向实践求真，向领导求帮，向同事求教。但是在日常工作中，基层干部的学习主动性并不高。

（3）应变能力较差

当今社会正处于转型期，社会矛盾集聚，个人利益集体分化，一旦处理不当就很容易引发突发事件。基层干部必须具备危机意识并提高应变能力。有些基层干部往往过度依赖领导指示，一旦突发性事件没处理好，很容易把事态给扩大化，所以只有提高基层的应变能力才能构建好服务型政府。

（二）阻碍基层干部服务能力提升的原因

1. 思想观念方面

基层干部思想观念方面的原因主要表现在以下两个方面。

（1）基层干部的角色没有完全转变

传统"官本位"思想在基层干部的思想中仍然残留，把工作的重心放在了为上级服务上。另外，基层干部把人民群众当成了自己的管理对象而不是服务对象，"为人民服务"成了空口号。

（2）"服务"理念还没树立起来

部分基层干部受到了个人主义、官僚主义和拜金主义等腐朽思想的影响，在提供公共服务的时候出现了用公权为自己谋私利，办事拖拉，"吃拿卡要"等不良现象。"服务"的理念没有深入基层干部的意识，而一旦"服务理念"没有形成，服务意识便无从谈起。

2. 自由裁量权滥用

自由裁量权一般指行政机关和政府官员在一定法律、法规规范之下，从事行政管理活动所享有的自由酌量完成任务的方式和解决问题的能力，即有条件的自由选择权。自由裁量权意味着基层干部在为人民群众提供社会产品和公共服务的过程中，在法律规范的范围内，可以享有自由酌量提供社会产品和公共服务的权利。在某些情境下，基层干部可以决定是否提供服务，可以决定要如何提供服务。但部分基层干部滥用自由裁量权，只根据自己心情好坏和个人偏好，而不是按照实际情况，酌情酌量。自由裁量权的滥用使得人民群众对政府产生不信任，破坏了党和政府在人民心目中的形象，不仅影响基层干部服务能力的提高也影响到了服务型政府建设。

3.缺乏相应的制度保障

制度保障的缺乏同样会影响到基层干部服务能力的提高，主要表现在以下几方面。

首先，没有专门的服务能力法律规范。虽然我国现在已经出台了《公务员法》和《国家公务员通用能力标准框架》来约束公务员的行为，但并没有专门的服务能力的法律规范，无法从根本上推动基层干部的公共服务建设。

其次，职能部门利益分化。基层干部在处理日常公务时，往往会从本部门或者自身的角度出发，罔顾政府职能部门的公共利益，让公共权利的运行有利于本部门或自己。部分职能部门各自为政，不仅浪费了政府资源也降低了工作效率。

再次，缺乏与工作业务相关的培训。培训是让基层干部迅速掌握提供公共服务所需的工作技能的一种重要途径。通过培训，基层干部可以对业务快速上手，为群众提供更加优质的服务，但目前我国对基层干部的培训还是较少。

最后，缺乏有效的监督机制。基层干部在执行日常公务时有自由裁量权，可以根据具体情况来决定是否提供公共服务和怎样提供公共服务。监督者没办法对基层干部行使自由裁量权进行监督。另外，虽然社会公众也有监督基层干部的权利，但是真正去行使这项权利的凤毛麟角。

4.激励机制的缺失

马斯洛将人的需要分为了生理、安全、社会、尊重与自我实现五个层次，人只有在较低的层次获得满足后才会追求更高一级的需要。因此，我们必须激励基层干部，让人们往为人民服务这一层次上发展，但是如果底层的层次没有获得满足，缺乏相应的激励机制，那么基层干部将缺乏活力，对工作懈怠，对前途失去信心。目前，我国激励机制的不足主要表现在工资不高、升迁渠道狭窄、公务员声誉降低等方面。在这种条件下，基层干部的服务能力自然无法提高，甚至有可能流失基层干部。因此，我们必须建立起相应的激励机制。

三、基层干部服务能力的提升路径

（一）转变服务理念

事物的发展是内外因共同作用的结果，基层干部要提高自身能力，还需从提高自身的服务理念做起，正所谓打铁还需自身硬，基层干部的服务理念一旦提高，服务能力也会因为民办事的殷切希望而随之提高。而要提高自身的服务理念，应该做到弃旧扬新，抛弃旧社会的传统官僚思想，发扬作为人民公仆为民服务的精神。

1.摒弃传统"官本位"思想

古人寒窗苦读十年只为一朝为官，光耀门楣。传统"官本位"思想在这种欲望驱使下更为顽固，在 21 世纪的今天，仍有传统"官本位"思想留存。群众办事难事件层出不穷。手中有权力的一方把自己摆在了高位，自恃自己手中的权力而对群众的诉求爱搭不理，认为群众有求于自己。如果这种传统"官本位"思想不除，那么基层干部永远无法放下身子深入群众，到群众中去了解群众所想，解群众所忧，无法真正成为群众的"父母官"，无法为群众排忧解难，这无疑与当今"服务型政府"的建设背道而驰。

要摒弃传统"官本位"思想，让基层干部走出机关，深入基层，真心实意地与老百姓"掏心窝"，了解他们的冷暖安危，可以从以下几个途径进行努力。

（1）开展正反面案例教育

设立警示教育基地，整理出一些受"官本位"等不良思想而腐化自己，拿手中的权力为自己谋私欲的典型案例，通过图文视频等形式，以案说法，以案示警，做到警钟长鸣，使基层干部增强守法意识，自觉抵制各种诱惑。同时，对于一些为民服务的榜样进行宣传，组织观看先进事迹专题片，学习罗官章退休后仍心系百姓，数十年如一日带领群众脱贫致富；学习苗振水放弃安逸生活，主动挑起固始县朱北京党工委书记的重任；等等。学习这些榜样，是在为基层干部的心灵"补钙"，增强其抵制诱惑的能力。

（2）打造透明政府，推进政务公开

要把权力关进笼子里，应该推进政务公开，让工作流程透明化。政府政务公开，一方面可以规范基层干部的行为，让其工作摊开在群众面前，另一方面也可以使群众更加了解政府的运作，让他们主动行使自己参政议政的权力，真正地成为国家的主人翁，不再受传统官僚思想禁锢。

（3）借助媒体力量，让正确服务理念深入大街小巷

了解何为正确的服务理念，这不仅仅是基层干部自身的事，同时也是广大群众的事。只有广大群众对何为正确的服务理念了然于胸，才能在发现不公不妥的时候，勇敢地捍卫自己的权力，不再成为传统官僚思想的受害者，让基层干部不敢再滥用手中的权力，在潜意识里摒弃"官本位"思想。

2.牢固树立公仆意识

"全心全意为人民服务"是中国共产党的根本宗旨，也是我们一切工作的出发点和立足点。作为一名基层干部，应该始终牢记全心全意为人民服务的宗旨，坚持走群众路线，从群众中来到群众中去，密切联系群众，牢固树立公仆意识，在为人民服务的过程中发挥自己的光与热。牢固树立公仆意识，应该做到以下两个方面。

（1）正确认识手中的权力

一个优秀的人民公仆，应该是个能做到"权为民所用，情为民所系，利为民所谋"的人。只有当基层干部能够认识到手中的权力并不是用来满足自己私欲的特权，而是人民赋予自己的权力的时候，才能发挥中手中权力的作用，为民所用。基层干部必须时刻谨记当好人民的公仆，我们手中并无任何权力，我们的一切都是群众给予的，一切都属于群众，一切归功于群众。只有正确认识手中的权力，才不会导致权力扩张，从人民公仆变成"官老爷"。

（2）正确对待手中的权力

基层干部必须始终把群众放在第一位，让群众满意是我们一切工作的出发点，作为一名基层干部，在开展工作的过程中，要站在群众的角度上多问多思考：群众是否赞成，群众是否拥护，群众是否满足，群众是否高兴。只有心中有疑问，多站在群众的角度上去思考，所制定出来的政策才能落

到实处，才能为群众拥护。深入基层，急群众所急，想群众所想，办群众所需，时时刻刻把群众的冷暖疾苦放在心头，将公仆意识落到具体行动中，只有这样才是一名合格的人民公仆，才能真正代表人民掌好权，才能赢得人民群众的信任。

（3）懂得运用手中的权力

要用好手中的权力应该把群众当亲人，真心实意爱群众。人都是感性动物，无一例外。对人民群众的感情不仅直接影响到党群干群关系，更直接影响到是否能成为一名合格的人民公仆。只有真正地喜爱自己服务的群众，才能自觉自愿地排民忧，解民难。把群众当成亲人，多下基层，多与群众为友，与群众交谈，把自己置身于群众当中，成为群众中的一员，才能真切地体验群众的喜乐哀愁，才能将手中的权力用到刀刃上。

（二）加强自由裁量权的控制

基层干部的自由裁量权的发挥直接影响了基层干部服务能力的提高，其手中的自由裁量权就像一把"双刃剑"，发挥得好能为公众提供更优质的服务，而发挥不好便会造成自由裁量权滥用，损害公众的利益。一个具有优质服务能力的基层干部必然能控制好手中的自由裁量权，一个控制不好手中自由裁量权的基层干部谈不上是一名合格的基层干部，甚至还容易滋生腐败等一系列问题，所以要加强基层干部的自由裁量权，应该从基层干部的自律和外部力量的他律进行着手。

1.强化基层干部的自律

要加强对自由裁量权的控制，基层干部自身可以从强塑潜意识和强化思想道德这两个方面进行努力。

（1）强塑正向的潜意识

潜意识的作用是无穷的，它影响着我们的行动。潜意识又可以区分为积极的和消极的。举例来说，如果基层干部自身潜意识认为高群众一等，那么反映在工作中便是对群众的不上心和对工作的懈怠，如果基层干部潜意识里认为手中的权力来源于人民，那么在工作中必然会以群众为中心，让群众满意。所以作为基层干部本身要强塑正向的潜意识，把为人民服务这种信念融入自身的血液当中。

（2）强化思想道德

古人云："天下有三危：少德而失宠，一危也；才下而位高，二危也；身无大功而受厚禄，三危也。"当今社会纷繁复杂，基层干部务必把加强思想道德作为人生必修课，见贤思齐。习近平总书记也强调过，我们事业成功的保障在于建设一支德才兼备的高素质执政骨干队伍。因此，只有强化基层干部的思想道德，才能使他们在行使自由裁量权的时候受到道德影响，从良知出发，不滥用自由裁量权。

2.强化外部力量的约束

基层干部外部的他律主要体现有国家监督和社会监督两种。

（1）国家监督

国家监督以国家强制力为后盾，主要体现在立法监督，司法监督和行政监督上。立法监督指的是制定相关法律法规，让基层干部在行使自由裁量权的时候有法可依。司法监督是追究滥用自由裁量权的基层干部的责任，使基层干部敬畏手中的权力。行政监督指的是纠正基层干部在行使自由裁量权的不良行为，使其认识到如何正确行使自由裁量权。

（2）社会监督

社会监督主要可分为社会团体监督、社会舆论监督和人民群众监督。社会团体监督主要是指人民政协和社会团体对基层干部行使自由裁量权进行监督。社会舆论监督主要是指报刊、电视等媒体对基层干部行使自由裁量权进行监督。人民群众监督主要是指人民群众作为基层干部行使自由裁量权的相对人，对其进行监督，维护自己的正当权益。

（三）完善基层干部制度建设

现今我国的基层干部制度建设还不够完善，虽然有《国家公务员通用能力标准框架》及《公务员法》，但还是缺少针对基层干部服务能力的法律规范。基层干部服务能力的培训力度也不够高，无法满足社会群众对基层干部服务能力的需求。此外，基层干部的晋升渠道单一，缺乏提升基层干部的激励机制。因此，要提高基层干部的服务能力，制定出一套更完整的能为基层干部工作指明方向的工作框架，加大培训力度，让基层干部能够满怀热情与希望地投入工作。

1. 制定提升基层干部服务能力的法律规范

我国现有的公务员服务能力的相关法律都只是从宏观方面提到了基层干部的服务能力，并没有从制度层面对基层干部的服务能力做出规定，这使得基层干部对于服务能力缺乏一个系统的认识。基层干部在服务群众的过程中由于法律规范的不足，容易导致其服务能力受到人为的影响，对于服务的目的、方法和程序等认识不足，无法清楚地认识到自身服务能力的不足，不利于提高自身的服务能力。因此，制定出能提升基层干部服务能力的法律法规对于基层干部提升其服务能力非常有必要。

首先，要想制定出能提升基层干部服务能力的法律规范，就必须对基层干部的服务能力进行系统的研究和分析，拓宽基层干部服务能力这一领域的研究，弥补之前的空白，这将有助于基层干部服务能力研究趋于成熟；其次，法律规范一旦制定，基层干部服务能力就能有个具体标准，让基层干部在服务群众的过程中明白应该做什么及应该怎么做；最后，一个专门针对基层干部的法律规范能够为基层干部指明工作的方向，建立起工作评判的标准，使基层干部的服务能力能够稳定、持续地提高。

一部可以提升基层干部服务能力的法律规范应该要包含这些方面：第一，定义基层干部服务能力，以便于理解；第二，指出基层干部服务能力应该包含哪些方面；第三，指出这些方面应该达到的具体标准；第四，指出基层干部服务能力提升路径，让基层干部根据自身条件和能力进行选择；第五，规定奖励和惩罚机制，使基层干部明白什么应该做和什么不应该做。

2. 加大基层干部服务能力的培训力度

培训能够帮助基层干部更快地上手新业务，获得新技能，是基层干部提升自身服务能力的重要途径。基层干部培训应该以能力培训为重要抓手，不仅要使基层干部能够快速地适应并融入工作单位，也要培养他们解决实际问题的能力和面对突发事件可以处理的应变能力，增强基层干部的创新能力，重视对基层干部发散思维的培养。

基层干部服务能力的培训应该包含以下几个方面：首先，培训国家政策。基层干部作为联系国家与基层群众之间的纽带，自身必须先读懂读透国家政策，才能在具体的工作实践中，正确地执行政策，保证执行不偏颇，保证执行的有效性；其次，培训法律法规。基层干部依法行政的一个重要前提是学习好相关的法律法规，只有这样才能不断提高自身的法律素养，做到执法必严，违法必究，可见加强基层干部法律法规的培训非常必要，只有这样才能使基层干部做到执法必严，违法必究，增强法治观念，在服务对象有疑惑时，用专业的法律知识为群众解惑，使其理解，从而提升自身的服务能力；再次，培训职业技能。技能培训作为提升基层干部服务能力的重要环节，其培训必须要满足基层干部的实际需要，从基层干部的实际出发，了解基层干部的实际情况，欠缺哪方面就培训哪方面。技能培训不仅要有针对性，对基层干部欠缺部分进行培训，同时还应该有超前性，学习最新的国内外理论知识，坚持与时俱进；最后，进行思维扩展培训。思维决定人的行动，身为基层干部，必须开拓思维，多动脑筋，懂得多角度多方位思考问题，创新工作方式方法，不故步自封，用更包容更开放的方式融入群众当中。

合适的培训方式将对基层干部服务能力的培训效果起到事半功倍的效果。要增强基层干部培训的趣味性和吸引力，把培训课程同公务员自身会遇到的问题、难题结合起来，变被动培训为主动学习，增强基层公务员学习的主动性和积极性，使培训的效果可以事半功倍，让他们可以把培训的内容更好地运用到实际的工作中去，使培训不流于形式。

3.完善提升基层干部服务能力的激励机制

基层干部激励机制的完善对于提升基层干部的服务能力有着重要的作用，主要表现在：第一，有利于基层干部在服务群众的过程中保持工作热情，提高工作效率。第二，有助于基层干部激发潜意识中的能量，在为人民群众服务的过程中发挥自己的才能。第三，有助于营造竞争性环境，激发基层干部的激争意识，有利于基层干部服务能力的提高。对于基层干部激励机制的完善应该从以下两个方面进行努力。

（1）完善工资制度

健全不同地区、不同岗位差别化激励办法，让基本工资可以随着经济的发展自由调整，把津贴、补贴用作激励手段。定期地把基层干部的工资与其他同级别的公务员和企业同级别的工人进行对比，让工资可以根据物价消费水平进行调整，对工作性津贴和生活补贴进行规范，可纳入地区附加津贴中，提高边远地区的待遇，鼓励基层干部到边远地区发展，让他们得到锻炼，提高他们的服务能力。

（2）健全差别化激励机制

创造能上能下的竞争机制，建立健全基层干部的考核体系，对基层一线人员和工作突出的国家干部提供国家奖金，增加他们的工作热情，并且发挥职级的激励作用，提拔肯干事、会干事的基层干部，形成一套完整的差别化激励机制。

（四）完善基层干部服务后评估制度

基层干部在服务后进行后评估，即在为群众服务后，对服务过程中出现的问题和状况进行反思和总结是非常必要的。后评估可以帮助基层干部提高认识能力和服务能力：第一，后评估是个检验实践的过程，通过后评估的检验，可以得知先期的计划是否符合客观规律，可以通过后评估，得出哪些做法是符合实际发展需要的，哪些做法是不符合实际发展需要的；第二，后评估具有全面性，在后评估的过程中，人们可以看到先期计划与实践的差距大小，从而在后期的实践中可以调整偏差，拟定出更符合工作需要的计划；第三，后评估能够客观地反映出工作的实绩，后评估是在事后进行的，可以依据实际成果进行评估，具有客观性，有利于指导基层干部汲取经验教训，为下一次更好地开展行动奠定基础。后评估可以使基层干部认识变得更加理性，使基层干部的认识变得更加系统。

简而言之，可以帮助基层干部认识自身的不足，进行经验总结，以便下次可以更好地为群众服务。但是，在后评估的时候，有两点必须要注意：一是服务后评估的主体必须多角度，应由基层干部和服务对象进行共同评估。在后评估这一过程中，服务对象作为基层干部提供服务的主体，对于基层干部服务过程中的不足有着更切身的体会，所以服务对象的评估是后评估重要的一环，对于基层干部提升自身能力有极大的推动作用。与此同时，基层干部作为评估的主体和服务的全程参与者也应该对自身的服务经历进行总结反思。后评估是事后评估，基层干部在评估的时候应该对服务的效果进行评估，如果服务没有取得满意的效果，应该分析其原因，以便自己在以后的服务过程中避免类似的问题。二是服务后评估既要指出不足也要肯定成绩。服务后评估不仅仅是要对服务过程的种种进行梳理，找出不足，进行记录，也该肯定服务的成绩，而不该只是一味地寻找不足。缺乏对服务成绩的肯定容易使基层干部对自身的能力产生怀疑，适得其反。所以除了找出服务过程中的不足，我们还应该对基层干部提供的服务予以肯定，以增强基层干部服务群众的信心。

要完善基层干部的服务后评估制度，我们可以从以下几个方面着手：一是在基层干部服务能力考核中，把服务后评估作为基层干部能力考核的必备环节，制定出能够有助于提升基层干部服务能力的服务质量标准，让基层干部能对自身在服务过程中可能存在的不足有个清楚的认识；二是后评估主体要多元化。除了把基层干部和服务对象作为后评估主体外，也可以邀请无利害关系的第三方对基层干部的服务能力进行评估，这样从不同角度、不同方面对基层干部服务能力进行评估，保证后评估这一方式的客观性和准确性；三要清楚认识到，后评估只是提升基层干部服务能力的一个手段，通过对基层干部能力进行评估，其主要目的还是在于提升基层干部的服务能力。

（五）建立基层行政服务文化

这是一个服务至上的时代，服务文化与服务理念随处可见、当前，强调最多的便是企业的服务文化，每个企业的服务文化和服务理念一样，都是不尽相同的，企业文化是企业对待顾客的价值取向，企业之间的竞争现在可以说是服务文化的竞争。我国在建设服务政府和提升基层干部服务能力的过程中，也需要树立基层行政服务文化，树立起服务理念，这是影响服务一切问题的根本，是精神文化的内核。

建立基层行政服务文化对基层干部的作用主要体现在以下几个方面：第一，可以使基层干部对其服务能力的提升有个精神动力，使其明确提升服务能力的目标和方向；第二，可以营造基层干部提升自身服务能力的良好氛围，优化宏观环境，使其以健康的身心投入工作中；第三，文化的稳固性有助于使基层干部服务能力提升，避免有成效无长效的窘境；第四，基层行政文化有利于基层干部发挥其创造性和能动性，对其服务能力的提升有促进作用。

要建立基层行政服务文化，可以从以下几个方面进行努力：首先，可以通过开设讲座、党课及标语等方式对基层干部行政文化进行宣传，坚定基层干部的服务理念。其次，通过开展培训，使基层干部加深对行政服务文化的理解和认识，坚定基层干部为群众提供优质服务的信心。最后，通过建立相应的行政礼仪，培养基层干部的办公礼仪、谈判礼仪、接待礼仪等，让基层干部在为群众提供服务的过程中，不是出于工作的需要，而是被为民服务的宗旨驱使。同时，也可以通过一些活动来强化基层干部对于基层行政文化的认识，比如开展辩论会，不仅可以使参加辩论会的人加深对基层行政文化的了解，还可以使观看辩论会的人在观看的过程中产生学习基层行政文化的兴趣，这能强化文化输入，实现共赢。

第五章 新时代基层干部科学决策能力提升策略

决策是领导活动的核心内容。科学决策贯穿于并影响着领导活动的全过程。[①] 基层干部是基层行政活动的主体，是国家政策、方针、路线的基层实践者，其行政作为不仅对基层发展起着至关重要的作用，还直接关系全社会基本秩序的稳定及社会主义各项事业的稳步推进。现代社会领导活动的一个核心内容是对所辖区域的政治经济等活动做出重要决策，作为基层干部者能否造福一方，在很大程度上取决于其个体或所处组织在遇到公共事务中能否做出正确的决策，特别是涉及事关人民群众切身利益的重大问题上。

一直以来，党和政府对领导干部决策问题都给予高度重视。习近平总书记强调，年轻干部要提高科学决策能力。做到科学决策，首先要有战略眼光，看得远、想得深。领导干部想问题、作决策，一定要对国之大者心中有数，多打"大算盘"、算大账，少打"小算盘"、算小账，善于把地区和部门的工作融入党和国家事业大棋局，做到既为一域争光、更为全局添彩。要深入研究、综合分析，看事情是否值得做，是否符合实际等，全面权衡，科学决断。作决策一定要开展可行性研究，多方听取意见，综合评判，科学取舍，使决策符合实际情况。[②]

本章主要从决策能力的概念和构成入手，阐述了领导干部决策能力的构成问题，并从提升基层干部自身素质、完善决策体制、构建决策协调机制等三个方面探讨了进一步提升基层干部决策能力的有效途径，以期培养基层干部的科学决策能力，以保证决策活动取得良好成效，战胜新时代行

---

① 彭向刚. 领导科学 [M]. 长春：吉林大学出版社，2000.

② 习近平. 年轻干部要提高解决实际问题能力 想干事能干事干成事 [EB]. （2020-10-10)http：//cpc.people.com.cn/n1/2020/1010/c64094-31887157.html

政决策所面临的机遇和挑战。

一、决策能力的概念和构成

（一）决策能力的概念

能力，通常指完成一定活动的本能，包括完成一定活动的具体方式以及顺利完成一定活动所需要的心理特征。决策能力是属于能力的一种，指人们面对问题时，为实现预定的目标，根据科学的决策原理、遵循科学的决策程序并采用正确的决策方式方法制订最优方案并付诸实践的能力。[①] 在当今社会化大生产的环境下，在建立社会主义市场经济的过程中，科学决策是现代领导者应当拥有的最主要、最基本的一种工作能力。另外，我们要引入"胜任力"（competency）这个词汇来佐证决策能力这一概念。据相关资料显示，胜任力一词来源于拉丁词"competere"，涵义是"适当的、正确的"，是由美国著名的组织行为研究者戴维·麦克利兰（D·McClelland）在1973年提出的。美利坚政府在选拔海外官员时采用的胜任力考核体系时的关键信息就是基于此概念。据研究，旧有的智力测试、知识储备测试、应急能力测试已不能完全测试出社会个体的综合素质，而麦克利兰提出的此考核体系中的胜任力指标却能充分体现出被测者的综合素质。1973年麦克利兰便在其《测量胜任力而非智力》一书中明确了胜任力的基本内涵，其中也包括了本书撰述的"决策能力"这一概念。据麦克利兰的观点，胜任力与高效的工作业绩密切相关，并具备定量可测性，其可测指标包括知识、经验、专业技能、人品气质和目的动机等内容，是社会中个体的基本属性。而决策力是其认为胜任特征的核心之一，是决定他人行为与表现的关键因素。体现在基层政府工作中，便是决策所带来的影响。

（二）基层干部决策能力的构成

按照胜任力理论，基于胜任力的基层干部的决策能力构成主要应包括三个级层。"第一级层是基础部分，是各级各类组织通用的工作胜任能力，即在组织核心价值观的基础上总结出的若干行为描述，是基层领导都应当具备的知识、行为能力和个人特质。第二级层是中坚部分，是职系通用胜

---

① 张春光. 现代领导者能力通论 [M]. 北京：学苑出版社，1993.

任力,即一个职系内的各个岗位都需具备的工作胜任能力,是区别于其他职系的通用能力,并且职系内不同岗位在这些通用能力上的要求是不一样的。第三级层是顶层,是岗位技术工作胜任能力,它是区别于职系内部其他岗位特征的胜任力。"①

笔者通过对基层行科干部的岗位分析,结合各级政府对基层行科级干部的岗位要求,通过对干部的知识水平、行为能力和个人特质进行分析,借以对形成基层干部科学决策能力的结构性因素进行分析。

1.思维能力

它是指通过人的大脑对感性认识获取的信息进行加工制作,借以形成概念、判断和推理,认识事物的本质和规律的能力。

2.调研能力

调研能力,即为了认识客观事物的规律,总结真理性结论而对所获取信息的加工整理、逻辑分析、综合提炼的能力。

3.预测能力

预测能力,即以科学知识为基础,依据过去和现在的数据、资料,借助一定的现代科技手段,通过思考、推理和分析,对事物未来的发展进行估计和推测的能力。决策只有建立在预测的基础上,才会具有可靠性。

4.多谋善断的能力

它是指决策者在决策过程中应具备的智慧、同时善于决断的能力。

5.驾驭信息的能力

驾驭信息的能力,即决策者通过各种方式、途径获取信息,处理和利用信息的能力,是决策者获取相关信息的数量与质量,加工处理信息的程度与水平,运用和实践信息的效率与效益的综合反映。在通常情况下,决策的准确性与决策所需要信息的质量和完整性是成正比的,决策的过程实际上就是一个信息的采集、加工和转换的过程。

6.运用智囊的能力

运用智囊的能力,即借助和发挥智囊团组织和智囊人物的优势进行科学决策的能力,包括组织和选择智囊人物、借用智囊技术、运用智囊方法

---

① 张浩.新编基层领导工作手册[M].北京:蓝天出版社,2004:88.

三方面的内容。

7.组织实施能力

它是指围绕预期的决策目标，制订切实可行的方法措施，组织和动员参与实施各方面发挥各自的能量，有步骤地率众达标的能力。

8.权变能力

权变能力，即正确洞察并适应客观环境、形势的推移变化，因时、因事、因人制宜，及时采取相应对策，实施相应行为的能力。

三、领导干部决策能力的构成

关于领导干部决策能力的构成，国内外诸多学者都站在不同的角度对其进行了论述，笔者通过对国内外相关研究成果的整理和归纳，主要从民主决策能力、科学决策能力和依法决策能力三方面对其进行阐述。

（一）民主决策能力

站在我国党政领导班子决策的角度而言，所谓民主决策能力就是指领导干部在具体的工作过程中能够通过广泛集中各方智慧、吸取各方意见，在遵循特定规则、程序和方式基础上，制定出符合地区实际发展，能够较好反映出事物发展规律的发现问题和解决问题的能力。在对领导干部民主决策能力的分析中，笔者主要对提升领导干部民主决策能力的现实意义和提升民主决策能力的方法进行论述，具体如下。

1.提升领导干部民主决策能力的现实意义

民主决策被公认为领导干部做出正确决策的生命线，民主决策能力的提升，不仅能够有效避免和降低领导干部决策的风险率，而且对进一步提高领导干部个人领导能力和综合素质具有至关重要的现实意义，主要体现在两个方面。

第一，有效促进民主的发扬和民情、民意的表达。倾听民声、表达民意是一个合格的领导干部完成其本职工作的最基本表现，而对领导干部的民主决策能力进行提升，不仅有助于其对民情的深入了解，同时能够督促其站在广大民众的根本利益角度，将民众利益作为决策的出发点和立足点。此外，对民主的发扬，对领导干部珍惜民力、表达民意工作态度的培养都具有积极的影响作用。

第二，能够进一步推动我国民主决策制度的完善。领导并支持广大民众掌握并行使管理国家的最基本权力是我国执政党的基本内容和主要目标，也是我国领导干部在行政工作中职责的一种体现。而让广大民众行使管理国家的基本权力的前提却是对民主选举、民主决策、民主管理和民主监督的全面顺利推行，不过这一系列制度或原则的推行，都是建立在完善严谨的民主决策制度的基础上。所以说，对领导干部决策能力进行对应的提升，在一定程度上能够促进我国民主决策制度的进一步完善。

2.提升民主决策能力的方法

经过多年的实践验证，人们逐渐意识到，要想实现民主决策，就必须做到以下几点。

（1）坚持发挥专家作用

发挥专家作用换言之就是借助"外脑"。党的十六大报告曾强调，各项工作要想取得成功，正确的决策是必备前提。领导干部在进行决策时，应该充分发挥专家的作用，只有将自身意见、专家建议和问题发展实际情况有效结合起来，才能够做出正确的决策，为工作确定方向。

（2）坚持发挥群众作用

具体而言就是指领导干部在决策过程中，除了充分发挥专家作用之外，还应该遵循民主化原则，进一步拓宽民主渠道，将人民群众在领导干部实际决策过程中应该享有的最基本知情权、参与权及建议权落到实处，只有充分结合民众实际需求，能够切实反映民众愿望，经受住民众监督的决策，才能算是民主的决策。

（3）增加决策透明度

近年来，随着我国党员群众参政议政热情的进一步高涨，群众对党务、政务及时公开的要求也越来越急切，而决策作为领导干部最基本职能的体现，所以增加决策透明度，在一定程度上不仅能够有效促进群众对领导干部各项行政工作知情权和监督权的行使，增强决策的民主化，而且还能够进一步密切党群、干群关系。

（二）科学决策能力

所谓科学决策能力就是指，领导干部在实际工作中，根据一定的科学思维，结合科学决策手段和科学的决策技术针对特定事件，发现并解决问题的一种能力。[①]对领导干部科学决策能力进行必要的提升，不仅能够进一步提高党和政府的执政能力和领导水平，而且还对完善和健全我国现阶段领导干部决策具有至关重要的作用。在对科学决策能力的分析中，笔者主要从提升领导干部科学决策能力的现实意义和提升科学决策能力的方法进行论述，具体如下。

1.提升领导干部科学决策能力的现实意义

提升领导干部科学决策能力，对避免和减少领导干部工作出现错误，规范领导干部决策行为都具有十分重要的现实意义，主要体现在三个方面。

（1）是落实我国科学发展观的重要体现

科学发展观的本质和核心是"以人为本"，主要强调人的全面自由发展。[②]得当的决策是对国家和人民资源的一种节约，而决策失误是对国家和人民资源的最大浪费。所以说，领导干部科学决策能力的提升，对落实科学发展观、发扬民主、集中民智具有重要的意义。

（2）是构建和谐社会的重要举措

领导干部是构建社会主义和谐社会的关键所在，领导干部的工作能否得到群众的支持，能否和群众搞好关系等在很大程度上都会影响到党和国家的长治久安，同时对构建社会主义和谐社会目标的实现也具有较大的影响作用。而领导干部能否在决策时做到科学合理，则是领导干部工作取得较好成效的关键所在。所以说，对领导干部的科学决策能力进行提升，不仅能够加强领导干部对以人为本、人民执政工作理念的理解，而且还能够对构建社会主义和谐社会起到积极的促进作用。

2.提升科学决策能力的方法

提升领导干部科学决策能力，关键在于对领导干部自身决策指导思想的树立、对事业心和责任感的培养和对科学决策既定程序和思维的遵循。提升科学决策能力的方法和途径具体如下。

① 廖雄军. 领导干部与群众关系模式研究——兼论领导干部群众工作能力的提升 [J]. 探求，2011（05）：32-39.
② 廖秀峰. 科学发展观视阈下对增强领导干部科学决策能力的思考 [J]. 柴达木开发研究，2011（04）：32-34.

（1）树立正确科学的决策指导思想

科学决策并不是思绪上的天马行空，其在产生和确定的过程中，会受到各种客观因素或者主观条件的影响和制约，如果领导干部在进行决策时，无法对这些干扰因素进行正确的认识并克服，那么就可能会出现决策失误现象。要想避免由于主、客观因素引起的决策失误，就必须树立正确的决策指导思想。在实际决策中，要始终以马克思主义为指导，以实事求是、与时俱进、解放思想等为决策理念，积极邀请专家学者并主动引导广大群众参与决策，在尊重客观规律的基础上，树立系统、全面的决策意识，进而借助科学的决策方法做出正确决策。

（2）加强对事业心和责任感的培养

高度的事业心和责任感是领导干部实现科学决策的最基本保证。领导干部在实际工作中，应该正确看待并处理"有为"和"无为"两者之间的辩证关系[①]，在不断强化自身大局发展意识的同时，通过对自身理论水平和工作驾驭能力的提升，进一步提升自己的事业心和责任感，在实际工作中不仅要学会找切入点，而且还要对自己的权责有一个清晰的认识，只有将决策和责任结合起来，才能够做出切合工作实际发展需求的决策。

（3）严格遵循科学决策的既定程序和思维方法

一个决策从产生到决定，一般都要经历提出—调查研究—开会讨论—提出备选方案—聘请专家咨询论证—进行可行性分析—提选最佳方案—最终决策者拍板等具体环节，每一环节在实际实施过程中都应该遵循一定的规则和标准，只有规范化决策的既定程序和思维方法，才能够有效避免决策行为和权力的混乱滥用，只有有章可循的决策，才能够保障决策的科学化。

（三）依法决策能力

依法决策能力主要指领导干部在实际工作中，根据国家宪法及相关法律法规的规定，运用法治思维和法治方式发现并解决工作中存在问题的能力。[②] 提升我国领导干部依法决策能力水平，不仅对建设社会主义法治国家具有积极的推动作用，而且对进一步完善我国领导干部决策机制也起到十

---

① 王珉，胡重明，马飞炜. 服务型政府：超越"有为"与"无为"之争 [J]. 理论探讨，2010（02）：166-169.

② 马培发. 领导干部应尽快提高依法决策能力 [J]. 中国司法，2002（07）35-36

分重要的促进作用。在对依法决策能力的介绍中，笔者主要对提升领导干部依法决策能力的现实意义和提升依法决策能力的方法进行论述，具体如下。

1.提升领导干部依法决策能力的现实意义

从我国国情来看，我国在实现传统人治向现代法治的转变过程中经历了一个十分漫长的阶段。从1986年开始，我国就大力提倡对全民实施法律知识普及教育；1997年，党的十五大将"依法治国"规定为党的基本治国方略；1999年，《宪法》在修正案中又将"依法治国"作为国家的基本治国方略；随后在党的十七大、十八大报告中，更是着重强调了"依法治国"的重要性和必要性。而一个国家社会管理法治化水平的高低，则主要取决于社会公共决策者及各级领导干部依法决策能力的高低，所以对领导干部依法决策能力进行提高，具有较强的现实意义，具体体现在两个方面。

（1）是实现社会主义法治国家建设的客观要求

领导干部属于国家权力的主要执行者，一方面扮演着管理社会公共事务的重要角色；另一方面还充当着人民利益的维护者，在推动国家经济发展的同时制定各种市场规则，可以说，国家领导干部是实现并推动法治社会建设的基石。[1]当前我国正处于发展的关键期，各项制度和相关体制的改革已然进入攻坚阶段，随着社会矛盾的日益凸显，法律在国家治理方面的重要性越来越大，只有将政治、经济、文化、社会和生态建设等问题纳入法律的范围，将依法治国贯彻改革发展始终，才能进一步实现国家各项工作的法治化。[2]所以说，提高领导干部依法决策能力，提高其运用法治思维和法治方式解决问题的能力，是推动国家发展，深化改革，缓解并解决社会矛盾，实现依法治国的客观要求。

（2）是实现依法治国基本方略全面落实的关键

毛泽东同志曾将领导干部的职责规定为"出主意和用干部"。可以说决策是管理的核心，也是决定一切工作发展方向的关键。随意、客观的决策不仅会为实际工作带来巨大的损失，而且对国家建设也会带来消极的影

① 玄玉姬. 领导干部要切实提高依法决策能力 [J]. 延边党校学报，2010（02）：44-45.

② 韩孔林. 检察机关年轻领导干部提高科学决策能力的若干思考 [J]. 法制与社会，2010（27）：221；241.

响,所以借助法律对决策者所拥有的权责进行必要的规范和制约很有必要。各级领导干部在决策过程中,不管是在思维观念上,还是在行为模式上,都应该以法为据、依法行事,只有坚持用法治思维和法治方式对工作中的各项事件进行决策,依法履行公共职责,才能真正在依法治国战略方针中体现出引领示范作用。通过以上分析我们不难发现,领导干部依法决策能力的提升,不仅对实现社会主义法治国家建设具有十分重要的意义,而且对全面落实依法治国基本方略也起到积极的促进作用。

2.提升领导依法决策能力的方法

要想提升领导干部依法决策能力,关键在于对领导干部自身依法执政、依法行政观念和能力的培养,具体提升方法如下。

(1)在做事准则上应该坚持宪法和法律至上

具体而言,一方面,就是领导干部在实际决策过程中,应该遵循宪法和国家相关政策法律对领导方式、工作体制和活动机制进行规范和完善;另一方面,指领导干部的工作思维和工作行为方式应该符合宪法和国家政策法律的规定。

(2)加强对依法治国理念的学习

各级领导干部在我国法治社会的实际建设进程中都发挥着至关重要的作用。因此,领导干部在决策中,应该加强对依法治国理念的学习,在实际工作过程中要明确自身工作的主要依靠和工作中应该遵循的根本宗旨,只有在工作中始终坚持依法决策、依法行使权责,全力维护宪法和国家相关法律的崇高地位,才能够进一步规范政府和社会成员的行为,增强人民对政府的信任度,为打造具有较强公信力和执行力的现代政府奠定坚实的基础。①然后,树立依法执政和依法行政的工作理念。在具体工作和决策过程中,只有坚持依法执政和依法行政,运用法治思维和法治方法进行决策,才能够真正实现权为民用、利为民谋、情为民系。其次,加强对社会公平正义价值理念的追求。公平正义既是广大群众的共同追求,也是人们共同理想的美好体现,更是建设社会主义和谐社会的基石。②各级领导干部都是

① 杨思文. 提高政府执行力增强政府公信力 [J]. 才智,2013(32):240.
② 郝继明. 提高决策能力的一个有益视角——兼对200份答卷的实证分析 [J]. 淮北职业技术学院学报,2007(02):37-42.

国家公权力的主要执行者，在拥有法定权力的同时也肩负着法定的责任，而公正公平的司法是实现法治国家的最基本要求和最终目的，所以要想提升领导干部依法决策能力，那么就一定要对其公平正义价值理念的培育和树立。

（3）坚持以人为本的服务理念

建设法治国家的根本和落脚点就是以人为本、执法为民。广大民众是实现法治社会建设的源泉和根基，民众只有自觉守法，才能够让"法治"落到实处，才能够保证以人为本的法治社会的形成和稳定发展。领导干部被称为为人民服务，为人民谋福利的公仆，所以其在实际工作中，只要能够抓住法治建设的关键和根本，合理使用法律手段解决并消除存在于社会层面和经济层面的各种矛盾，就能够制定出合法科学的决策，进而达到预期的工作目标。

（4）主动恪守自律与他律的道德理念

实施能够让法律的生命得以体现，而执行却可以彰显出法律的权威性。只有按照法律的规定对权力进行必要的制约和规范，才能够让全面推进法治建设得到保障。领导干部要想提升自身依法决策能力，就必须对自身所具有的权力和责任有一个明确的认知，主动恪守自律与他律的道德理念，从自身做起，经常反省自身，在加强"自律"的同时，也加强"他律"，借助他人的监督和约束，消除精神懈怠，进而增强对法治思维和法治方式能力的培养。[①]

四、基层干部科学决策能力的提升途径

（一）提升领导干部自身素质

1.提升政治素养和理论水平

（1）提升政治素养

提高思想政治素养，用科学理论武装头脑是根本。这就要求领导干部不仅要有鲜明的阶级立场、坚定的政治信念、坚强的革命意志，还要有高尚的道德情操。首先，要通过对马克思列宁主义基本原理的深刻理解与感悟，

---

① 吴江，赵华. 领导干部科学决策能力之我见 [J]. 管理科学文摘，2007（01）：60.

使之凝练为一种自觉、内在的政治素养，从而能够正确地看待问题和开展决策工作。其次，要按照科学理论去规范自己的行动，提高自身的思想境界与道德水平。最后，要用"扬弃"的哲学思想方法武装头脑，在实际工作中批判地吸收各种思潮，自觉克服主观主义和教条主义束缚，正确认识和处理主观与客观的关系、干部与群众的关系、理论与实践的关系，突破旧有的传统，创新性地开展工作，为科学决策奠定良好的基础。

（2）提升理论水平

理论水平包括科学的思想方法和专业的基础知识。二者兼备，才是一名优秀的干部。这就要求领导干部要加强日常理论学习，用丰富的知识去武装头脑，同时跟上时代的脚步，及时更新自己的知识储备。重要的是通过提升自己的理论水平将其运用在决策工作中，丰富决策的思想与内涵，赋予决策更有意义的历史使命。

2.拓宽知识结构体系

领导干部尤其是基层领导干部理应全面掌握科学文化知识，其领导班子要有完善的知识结构体系，这是由其工作具备综合性和繁杂性的特点所决定的。基层干部工作是国家各项政策的落脚点，处于基础位置，有着完整的不可替代性。各学科之间的相互交叉、相互渗透，使得具备单一的专业知识储备的基层干部领导班子是不可能制定出一个完善的决策任务的。决策制定有缺陷，那么就会直接带来经济损失。这就要求基层干部领导班子拓宽知识结构体系，各学科知识都要有所涉猎，开拓视野，丰富知识面，加强领导班子成员的进修学习。只有这样，才能完善决策体系，提高决策效率。

（1）懂得终身学习，与时俱进

时代在前进，知识在更新，基层干部是国家干部的基层领导者，他们的知识框架进步与否直接关系到国家基本政策的执行，如果他们的知识储备仅仅是停留在几年前甚至是十几年前，可想而知这样的领导班子制定的决策是否能够适应时代的需要，后果更为严重的可能是错误决策的提出与制定。

（2）利用各种途径，扩充知识

在当今这个互联网快速发展的年代，我们获取知识的途径不再是以前单一的社会和学校的图书馆，人们获取知识更多的是通过互联网这个强大的信息资源的搜索与查询，特别是电子图书资源的发展，使得人们能在网上十分快捷地直接阅读或下载电子书籍、中外文献。所以领导干部应认识到自身掌握的知识毕竟是有限的，应充分利用各种途径去获取相关的知识，为科学决策的制定奠定丰富的理论基础。要积极树立"学以立德、学以明志、学以增才、学以致用"①的学习理念，立足于学好基本理论、掌握时政方针、通晓现代科技知识、法律知识、市场经济知识、国际知识、专业知识，着眼于增强理想信念、宗旨观念、党纪政纪观念、群众观念，培育党员意识、责任意识、法律意识、科技意识、科学发展意识、人才意识和改革创新意识，不断提高适应新形势和岗位需要的各种能力。

3. 培养创新意识

任何决策的制定，都是在一定的背景下，遵循一定的原则，采用一定的方法，根据某一特殊问题而产生的。决策具有较强的针对性和局限性，一种决策针对某一种问题或许有用，但是针对另外一种问题则无法发挥出预定的作用。因此，领导干部在对决策思维进行选择时，应该选择具有一定创新模式的思维方式，只有具有不断创新意识的决策思维，才能够在面对变幻莫测的未来情况时，发挥出较强的适应性和应变性。江泽民同志曾在多次讲话中，就创新对国家发展，经济繁荣的重要性进行了阐释，他将创新解释为民族灵魂的体现，国家兴旺发达的动力源泉以及一个政党永葆生机的精神所在。②在我国，领导干部在展开决策思维时，往往会受到信息、环境及情况复杂程度的多层次、多元化影响，由于没有现成的经验或者固有的模式可以照搬借用，以至于诸多决策者所做出的决策缺乏一定的前瞻性。③在我国现阶段的执政过程中，思维定式缺乏一定的创新和前瞻性，所导致的领导干部决策失误的案例时有发生。如在城市建设中，对城市未来发展趋势和经济结构缺乏一定的预测，以至于在对城市建设规划和土地使用规划决策中出现失误；又如因为对一个城市中环境保护和经济发展之间的关系认识不清，以至于只顾着发展经济，却忽略了对环境的保护，再后

---

① 赵建春，刘长发. 关于学习型干部的若干理论思考 [J]. 湖北社会科学，2003（11）：11-13.

② 戴嘉. 湘潭市中层领导职务公务员胜任力实证研究 [D]. 长沙：湖南大学，2008.

③ 孙晓丛. 中小学校长决策能力研究 [D]. 新乡：河南师范大学，2012.

来却又不得不花大量资金和精力对环境进行改善；诸如此类缺乏创新思维而导致决策出现错误的现象时有发生。

针对基层干部在决策中缺乏创新思维而导致失误的现象，笔者建议可以从以下几方面对其进行改善。新思路、新方案是实现新目标、开拓新境界的前提，任何决策一旦离开了创新能力和创新精神，那么其就不算一个成功的决策。[①]要实现决策思维方面的创新，首先，就应该具备敢试敢闯的精神，只有将革命胆量和求真务实的精神有效结合起来，在对群众首创精神进行尊重的基础上，遵循择优原则对群众的创新智慧进行吸收，才能够让决策贴近群众，达到为民谋福利的最终目标。其次，应该拥有缜密的科学态度，领导干部在进行决策时，缜密的科学态度是必不可少的条件之一，面对出现在工作中的各种问题，领导干部应该对导致问题存在的原因和影响因素应该有一个科学可观的认识，只有先具有发现和分析问题的能力，才能够为决策的准确性和针对性奠定基础。[②]最后，应该具有较强的求知欲，求知欲是创新思维产生的最基本条件。领导干部在决策过程中，应该时刻保持"三人行，必有我师"的虚心学习和求教心理，对未知的事物要具有求职的渴望，多向群众请教，因为众多的客观存在随时都在发生着不断的变化，新问题会随着老问题的消失而不断涌现，只有从实际出发，在不断解放自身思想的同时，坚持思维上的不断开拓创新，才能够做出具有较强科学性和前瞻性的决策。

4. 提高决策思维能力

决策思维能力直接关系决策的水平。决策思维能力是在后天的学习、经验与历练中培养出来的一种综合素质的体现，思维能力的高低是影响决策水平的关键因素。这就对基层干部提出了更高的要求，要在工作中不断磨炼自己、积累经验、不断学习。只有这样，才能使自身具备这种无形的财富资源，才能对客观事物作出正确的主观反映，进而提出并制定符合客

① KETTINGER W,ZHANG C,DONALDA,etc.CIO and Business Executive Leadership Approaches to Establishing Company-wide Information Orientation[J].MIS Quarterly Executive，2011：10.

② ANDRNM,KENN F,RDNALD H. Pharmacy executives： leadership issues and associated skills，knowledge，and abilities in the U.S. Department of Defense[J].American Pharmacists Association：Journal，2003：433.

观规律的正确决策。

（1）发挥逻辑性思维

思维的逻辑性指的是思维具有良好的有序性和条理性。如果思维逻辑混乱、不清甚至是前后矛盾，是无法保证提出正确的决策。所以这就要求领导干部提高自身的思维逻辑水平，在考虑、论证问题时，做到有理有据，有条不紊。只要这样，做出的决策才会让人产生信服。因此加强逻辑思维的训练，有利于提升基层干部的决策能力。

（2）发挥辩证性思维

联系性、系统性、创造性和发展性是辩证思维遵循的四大基本原则。思维的辩证性也就是把客观事物的各种矛盾及矛盾的各个方面，根据其内在联系形成对立统一体的整个思维过程。现代决策的关系交错纵横，十分复杂，因此要注重从客观事物动态变化中去把握事物的辩证关系显得尤为重要。

（3）注重改善旧有的思维方法

新的思维方法主要包括人们比较熟知的逆向思维、双向思维、发散思维等。在日常工作中，基层干部必须树立终身学习的观念，借以改善决策的思维方式，进一步提高决策思维能力。因此，领导干部要注重学习这些新的思维方法，提高自身的思维决策能力。

（4）充分重视创新意识

创新意识是决策制定过程中的灵魂所在。离开了创新，谈不上决策的与时俱进。缺乏创新精神的决策是毫无特点、毫无生命力的。因此，决策过程的制定要让创新意识得到体现，要想别人未所想，同时结合当地客观情况，制定出一个完善的富有意义的决策才是基层干部制定决策的出发点。

（5）加强心理素质

领导干部的心理素质如何会直接影响到决策的执行。这是因为在基层领导干部所要解决的工作中，有相当一部分是具有前瞻性的，特别是在关系地方政治和经济的某些重大问题上，责任与风险并存。因此，基层领导干部在面对这些问题的时候要承受相当大的压力，所以要重视日常心理素质的加强，提高面对特殊情况的抗压能力。

（6）积极开展培训，完善决策能力

诺贝尔经济学奖获得者阿玛蒂亚·森（Amartya Sen）认为，根据人力资源能力建设，经济社会发展的根本目的是促进人的发展，而实现发展的关键是提高人的能力。[①] 这是因为每个人对于社会来说都具有一定的功能，但只有通过教育、培训等形式才能发挥其自身功能，使他们具备行使这些功能的能力。但是从我国目前基层领导者的决策能力培训工作的现状来看，在这方面存在均多不足之处，如培训的规章制度不完善、专门的培训机构、科学的培训方法十分缺乏，尽管坊间已经认识到加强教育培训已成为基层干部队伍自身建设和经济社会发展是当前一项重要的任务。

①从宏观角度看，要有正确的培训理念。我们部分干部一直认为，当地的经济发展是其工作中的首要任务，而所谓的培训是软工程、场面需要，有兴趣则参加，无兴趣全当无此必要。还有一部分则认为，自身学历够高了，训与不训没有任何区别；有的基层干部平日杂事缠身，从来未曾想过参加教育培训，甚至认为培训是耽误其工作时间，没有任何意义。这些想法严重妨碍了培训工作的开展。基层工作是国家各项工作的基础工作，其成效的好坏直接关系整个政治经济大环境。所以，必须通过科学有效的各项培训，使基层干部真正适应地方工作的需要。

②要树立终身学习的观念。随着社会的发展，新事物和新技术不断涌现，现有知识的更新速度比以往任何一个时代都快。社会个体即使拥有较高的学历和学位，如果不注意加强中后期的学习，会导致其知识迅速老化。党的十六大报告和十六届四中全会的相关文件中都提出，要打造一个全民学习、终身学习的学习型社会，促进公民的全面发展。江泽民同志和胡锦涛同志也分别在不同场合指出，现阶段我党的各级干部也要保持持续、积极、有效的学习心态和学习能力。这充分说明，社会的发展和人的发展具有高度的相关性。可如今我国部分行政干部特别是基层干部不能完全认识到这一点，导致其在决策时不能利用新的理论来指导其行为。所以，基层干部要想在决策时作出科学、正确、符合一方国情的决定，必须树立终身学习的观念。

---

① 阿玛蒂亚·森. 以自由对待权利 [M]. 北京：社会科学文献出版社，2000.

③要有创新的培训方式。要真正通过培训提高基层干部的决策能力，良好的培训方式方法是不可或缺的。只有良好的培训方式，才能使干部的学习性被充分调动，达到自我学习的高度，真正实现培训的最终目的。培训的方法方式很多，比较传统的有讲座式培训，它适合传授新的知识和理念，但受训人员要有良好的基础和接受能力；缺点是形式僵化、培训师和学员之间缺乏交流。而目前较流行的互动型培训方式、模拟培训、户外训练等方式则能较好地达到培训效果。如互动型培训，它是一种在讲师与学员以提问、游戏和小组讨论等方式之间进行多向的沟通和交流，这样的学习模式，不仅锻炼了干部发现问题、提出问题的能力，而且通过"情景式""互动式"教学，启迪了其思维，对提高其解决问题的能力起到了促进作用。而户外训练则是让学员在工作场所之外，通过活动亲身体验在日常的工作场景中很难感受的东西，从而实现观念更新和思维转变。总之，在决策能力的各类培训中可以通过多种方式，提升基层干部决策能力。

5.提升决断能力

（1）正确把握工作目标和前进方向

对工作目标和前进方向有一个准确客观的把握，是提升领导干部决断能力的首要条件。在具体决策过程中，领导干部遇到事情应该对其轻重缓急有一个比较客观的认识，切忌对当下紧急形势进行武断判定，遇事不做分析就轻易做出决定。在对事情进行分析时，应该能够及时抓住问题中存在的主要矛盾，努力地去寻找一个比较合理的切入点，积极主动地对实际具有的资源进行合理调配，同时结合合适的方法和手段，采用科学有效的方式对出现在工作中的各种问题进行处理解决。

（2）要具备敢拍板、敢干的决心

在现实中决断力是一个领导干部做事决心的主要体现，因为一旦做出决断，就会随时面临着失败的风险或打击，所以作为领导干部，就必须要有必胜的决心，做到敢拍板、敢去干，这样才能在实际工作中较好地发挥出主心骨的作用，为员工做好表率，刺激员工工作积极性和工作热情度的进一步提升。[①]决断能力也是勇气的一种体现，因为在现实工作中，不同的

---

① EMILIAN M. Standardized work for executive leadership[J]. Leadership & Organization Development Journal，2008：291.

人针对同一问题可能产生很多种不同的看法，思潮碰撞，甚至意见相左的情况时有发生，所以作为决策者，就必须具备力排众议的勇气，只有始终坚持正确科学的观点，才能在工作中获得众人的认可。

（3）要具有较强的责任心和使命感

决断能力是领导干部责任心的主要体现。[①]很多决断者在遇到关乎荣誉，事业发展的情况下，往往因为受到一些主观因素的影响而延迟决断的时间，有的人甚至将其留给下一任。其实之所以出现这种情况，根本原因就在于领导干部缺乏一定的责任心和使命感。所以领导干部要提升自身决断能力，就必须将群众的根本利益放在第一位，在工作中体现出自己的责任感和使命感。

（4）要避免优柔寡断

一个具有较强决断能力的领导干部，其在下决策时，一定要避免优柔寡断。在具体的决策过程中，不能总是使用两个标准去衡量一件事情的好坏，应该学会在两利相比较的时候选其大，两害相较的时候选其轻，将集体利益放在主要位置，只有这样才能够获得更好的工作成效。

（5）一切决定都要符合规律，建立在实干基础上

领导干部在进行决策时，一切的结论都应该建立在实干经验和符合规律的基础上。[②]在具体的决断过程中，不能将希望寄托在一些具有较大利益，但是具有较高偶发性的决定上。同时，在做决定的时候，应该将广大民众的意见和部分专家的建议结合在一起，对自己观点中的不足和缺陷进行补充完善，然后经过综合分析，在顺应大势的前提下，做出决策。

（二）完善决策体制

要完善行政决策体制，首先要从运行机制入手，对其不断修正，借以建立健全良好的决策体制。

---

① GRAY H. The myth of "transferable skills" for senior executives – key lessons to be learned[J]. Development and Learning in Organizations，2012：263.

② ZAINAL K，HASSAN W，ALIASJ. Generic Skill Level of UKM Students after Pursuing the Compulsory General Studies Courses[J]. Procedia – Social and Behavioral Sciences，2012：59.

1.决策原则具备的特征

（1）时效性

创新往往是影响战略决策的主要因素，而创新又具备很强的时效性，所以时效性也是决策原则的一大特点。开拓创新，适应未来是决策实施的方向。

（2）可行性

领导干部制定的重要决策正确与否，很大的一个特点就在于这个决策是否具备可行性，能否面对环境条件的不断变化，提出应急预案。

（3）全面性

全面性是制定决策时要把握的另一个方面，这就要求领导干部在制定决策时要基于全面地分析及系统地研究等科学方法。

（4）公平性

公平性是保障决策正确的必要条件。这就要求领导干部在决策制定时，要遵循透明、公正、民主的原则，杜绝独断独行，善于倾听多方意见与建议，并从中采纳最佳的方案。

（5）务实性

务实性是决策理念的核心，这就要求决策实施的结果不是搞"面子工程"，而应一切从当地实际情况出发，从老百姓切身利益着手，为百姓考虑，为百姓办实事、谋福利。

2.规范决策程序

决策程序要求规范化、科学化，这不仅是决策本身的要求，同时也是避免人为主观因素带来的决策失误、提高决策实施效率的要求。基于此，可以把一个完整的决策过程划分为以下四个阶段。

（1）明确决策目标

未来行动的方向是建立在明确决策问题的基础上的，领导干部要根据需要与可能，来制订明确具体、切实可行、主次分明的目标。

（2）拟订决策方案

决策方案是决策的关键内容。在这一环节上，拟订的方案多样化、差异化，才能让决策者优化选择，明确具体内容，保证决策后的行动准确无误。

（3）评选决策方案

领导干部要根据明确的方案评选标准，对各个备选方案进行利弊权衡和优劣比较，最终确定解决问题的最优方案。

（4）实施决策方案

领导干部应该在认真分析既定方案的基础上，制订具体实施计划、措施和步骤，保证方案有计划、有步骤地实施，并准备防范应急措施应对最终方案在实施过程中可能出现的问题及危害。在方案实施过程中要不断修正决策方案，保证目标的最终实现。

3.掌握良好的决策方法

黑格尔认为，方法就是能力，他在《逻辑学》中提到，任何事情所不能抗拒的、最高的、无限的力量就是方法。正确的决策方法是县域基层干部做出科学决策的必要条件。自古以来，决策方法的形式多种多样，从原始社会的占卜决策到封建社会君王的乾纲独断，以及近代参谋体制作战模拟帮助决策，再到近代随着计算机的大规模普及，出现了人脑与"电脑"相结合进行配合的决策，决策方法手段日新月异。现代决策主要采用以下四种方法。

（1）因势利导法

因势利导法，即充分利用随机因素，并借助由此带来的有利形势以实现决策目标的方法。它要求县域基层干部及时抓住、抓准良机，同时要审时度势，利用各种手段推动事物的发展。

（2）定性、定量研究法

首先，明确决策的目标，即对决策进行定性，也就是确定决策方案。其次，在此基础上，对决策实施的步骤、环节进行细化，即定量化。

（3）决策分解法

决策分解法，即把一个完整的决策任务分解为若干小块，并对每个小块面的实施确定负责人。这样把任务进行分解，不仅可以强化负责人的工作责任心，还可以提高决策的可执行性，提高决策实施的效率。

（4）精简决策法

当决策实施时间有限，来不及对一个完整决策方案中的每一个环节都付诸实施时，就需要把握决策核心，抓住决策重点，围绕关键决策点对整个决策实行精简，力求在决策方向不变的前提下，实施好决策的重点环节、重点内容。

4.健全领导干部决策问责制

决策问责制即对于执行不力的决策者实行责任追究的工作机制，与处分、降级、免职挂钩。同时，还应将决策完成情况纳入当地经济社会发展综合评价体系，作为领导干部综合业绩考核的重要内容。我国目前也建立了问责制，但是体制还很不健全，存在诸多缺陷与问题。为了避免领导干部不作为的工作作风，这就需要健全决策问责制，对责任的追究情况加以细分，并纳入法律，才能对领导干部的决策行为产生约束，同时避免或减少给国家带来不必要的经济损失。这里所谓的执行不力，具体来讲包括以下四种情况。

第一，不顾当地客观情况，对上级下达的文件精神敷衍了事，从而导致决策违背客观经济社会发展规律并给当地造成一定的经济损失的，不仅要对基层决策者实行行政警告处分，如果是党员干部还要给予党员警告处分，同时根据个人实际情况赔偿经济损失。

第二，不公开、公正听取班子内部或群众代表意见，个人独断而导致决策失误，造成较为严重的经济损失的，给予行政记过或记大过处分，如果是党员干部还要给予严重警告或撤销党内职务处分，并附带经济赔偿。

第三，单纯追求速度，凭个人意愿乱上项目，搞"面子工程"，导致决策失败而造成严重经济损失和负面影响的，给予行政降级处分，党员干部同时给予留党察看处分，除附带赔偿经济损失外，还要追究刑事责任。

第四，因受贿或为他人谋取私利，而使决策失误造成重大损失和恶劣社会影响的，除了给予撤职或开除处分，党员干部开除党籍，没收全部非法所得，追究相应的刑事责任外，还要根据个人实际情况附带经济赔偿。

（三）构建决策协调机制

1.健全第三方决策协调评估机制

（1）树立民主理念，提供坚实的思想保障

从根本上说，领导干部决策协调是现代行政管理民主化的重要体现形式。一个国家的政治发展和文明程度，很重要的一个衡量指标是可以通过领导干部的民主意识形态来展现出来的。新时代，在推进社会主义民主政治的大进程中，领导干部加快决策协调机制构建是符合政治发展要求的。民主理念的树立，从行政发展的趋势来看，是领导干部良好行政习惯的重要保证。民主理念是决策协调的前提条件，决策协调是民主理念的表现形式，它们是相辅相成、相互统一的。对于领导干部而言，在进行决策协调的过程中，要从思想上树立起良好的民主理念，摒弃专政作风，积极听取同级、下级、民众的声音，真正做到"从群众中来，到群众中去"。这样为不同群体参与到各项事务的决策协调创造更多、更广的机会，不断完善第三方参与决策协调的思想基础。只有从思想上接纳民主，才能为各项事业奠定坚实的基础保障。

（2）依托社会组织，完善互动性均衡构架

改革开放以来，我国的社会结构发生了翻天覆地的变化，社会组织对推进本区域经济发展、领导干部体制变革起到了重要作用。领导干部的决策协调，是行政领域内的重大事项，它关乎利益的调整和资源的分配。从这层意义上讲，作为充当公民与政府沟通的桥梁的社会组织，就必须在登记门槛、社会功能等方面受到密切的重视。在决策协调的过程中，必须切实倾听社会组织的声音，让它们在教育、环保、卫生、文化、妇女等多个领域切实融入政府决策当中。领导干部也必须切实地借助社会组织所发挥的重要功能，顺应现代民主潮流，听取社会组织的建言献策，以便更好地制衡权力变异。社会组织不能局限于体制内的研究室、咨询机构等，必须大力发展体制外的决策协调机构，发挥其人才集中、研究客观、利益切合实际的优点，为领导干部的决策协调提供更好的服务。同时，也可以完善领导干部体制，形成良好的社会监督职责，从而能构造出既有关联性又有互动性的决策协调机制，有效地保障了权力的均衡制约。

（3）优化轨道建设，铺宽多元地执行线路

领导干部的决策协调能否顺利实现关键在于执行是否到位。可见，执行力的建构是决策协调机制的核心要件。但是，不少领导干部的执行方式仍存在粗暴化、简单化、单一化，这极大地激化了干群的矛盾关系，破坏了领导干部的执政为民形象。新公共管理理论认为，政府不是唯一的管理者，而应该是公共管理的合作者。政府应当利用各种市场化的手段和方式，充分发挥人力和资源的最大作用，实现整体效率的提高。因此，领导干部应当积极借鉴国外先进有效的管理方式，在可控的范围内，依托社会的力量，通过委托、授权、竞争等手段将一些决策协调事项划分给各种组织机构，以便使得自己能够充分履行好监管职权。另外，通过向下分权、放权及各种人性化的管理方式，充分调动下级、同事的积极性、创造性和责任性，切实地让他（她）们参与到决策协调的执行工作中来。领导干部只有不断开拓思想，创新思维，努力优化决策协调执行的轨道建设，拓宽执行渠道，铺设更广更大的执行路线，才能调动一切可以调动的力量参与到区域范围内的社会建设当中，从而才使得决策协调事项的真正贯彻落实。

2.构造体系化的决策协调制度

（1）完善体制结构，推进内部民主

合理完善的组织结构是善治永葆生机的组织保障，也是建设现代民主政治的趋势所在。各级政府要推进政治体制改革，积极创新思维，优化创新方式，拓宽创新渠道，在党和国家的政治制度框架范围内，设计有效的推进本地区的组织构架，并完善相关的运行载体，促使系统化、合理化的体制形成。坚持政府常务会邀请人大、政协等领导到会参事、议事，坚持依法办事、依法行政，推行"阳光政务"，推进政务服务中心建设。一方面，应当继续完善和健全党委领导，创新党的领导方式，全面树立民本的战略思想，积极转变落后守旧的执政理念，充分发挥党员的先进性作用，增强普通党员的话语权和使命感，扩大党内民主氛围，这样就可以有效地发挥党内一切积极的因素投身到本分工作上来，进一步推进了内部民主气氛的形成。另一方面，党委和政府、人大、政协应当形成动态的平衡机制，充分凸显出人大监督、政协参政的重要职能，积极打破党委决定一切的家长制作风。完善内部的智囊参谋机构，提升其建言献策能力，在待遇、级别等方面上给予合适的照顾和安排，积极调动工作人员的奉献情怀，促使这一部分的非正式组织的力量强大起来，有效地维护着体制整体性的均衡。可以说，健全合理的体制结构是决策协调的基本保障，它可以避免多头管理、职责混乱等现象的发生，从源头上保证了决策协调事宜的顺利治理，为政府的公共管理提供了极大的便利。

（2）健全执行机理，明确定位职责权

任何决策事项的落实都是依赖于某种可靠稳妥的执行路线。健全的执行机理是决策协调制度的重要组成部分，它在很大程度上是直接决定着制度的收益情况的。要想在决策协调制度的落实上得以实现重大的突破，就应当重塑为民的执行形象，在执行的整体环节上寻找突破口，事前吃透执行要求和规定，事中严格执行程序步骤，事后检查执行效果和总结执行经验教训。在执行环节中，准确划分和规定相关部门的职责权限，打造"事有人管、人有权管"的良好局面。

首先，健全合理的执行机理就是要明确和树立好决策协调制度执行的战略目标，应当使执行目标始终围绕着决策协调制度的宏观规定当中。同样，相关部门和工作人员的职责权定位也是必须服务于制度的核心要求。这是在思想上吃透制度执行的首要关键点。

其次，在构建民主法制社会的潮流趋势中，程序规范化的执行是政治文明的重要衡量水准之一。可见，相关部门和工作人员在执行具体的决策协调事宜中，应当树立程序规范的思想意识，积极学习制度执行的相关标准和要求，在实际处理过程中，真正做到按程序办事、按规范做事，不断增强执行的合法性和合理性，进而有效地促进民众信任感的提升。与此同时，执行程序上的规范化，是需要依托于标准化的职责权定位。只有在执行的职责权上给予尽可能合乎实际的定位，才能够确保执行程序上的稳定。

最后，制度最终还是需要靠人来实现和落实的。假若制度拥有健全的执行机理，但是缺少执行的重要载体即人员队伍，最终还是无法将制度的完美蓝图描绘出来。任何决策协调制度的执行，除了依靠执行主体的知识水平外，同样也是依靠于执行客体的认知能力及客观环境的发展情况。当排除了一些不可控和不确定因素之后，就应当着手于人这一群体的培养和教育上。一方面，应当积极培训执行主体的制度认识能力，提升其业务知识水平，从根本上保障决策协调制度的顺利落实。另一方面，应当加快教育体制改革，创新教育理念，积极提升本区域内民众的综合素质，提高其认识制度的理解能力，从而为制度的执行提供有利条件。

3.拓宽民众的多样化参与决策协调渠道

（1）积极培育新型公民

随着政治文明的发展进步，公民正逐渐成为具有自由意识、理性意识和公民意识的新型公民，也是公民社会成熟和前进的重要推动力。可以说，新型公民的出现是公共事务发展的必然趋势，可以有效地促进公民参与到本区域的决策协调事务当中，维护自身的利益和权利。因此，积极搭建平台，加强思想教育，培育出有责任感的新型公民对丰富决策协调参与的内涵有着至关重要的作用。一方面，要建立健全财政制度，确保本区域的公民教育有着足够的经费保障。积极树立典型性培育，对素质高尚、责任感强的公民加大宣传。加强基础教育，改革僵化的教育制度，创新教育内涵，从小培育公民的道德素质，为人才队伍提供强有力的后备力量。另一方面，要积极学习现代知识，提高公民的知识水平。领导干部要以身作则，从自身做起，搞好带头，争做良好公民。同时，要努力传承和发扬好中华传统美德，用社会主义价值武装人员头脑，积极培养出符合区域发展建设的人才队伍。

（2）完善理性参与途径和方法

丰富多元的决策协调参与途径和方法，是保障各级民众政治权利的有力武器。

首先，扩展和创新人民群众的诉求表达机制。一方面，就是要继续健全和完善党代会、人代会、政协，以及信访、传媒这些传统的利益诉求表达机制，通过增强工作主动性，实行"走出去"战略，到社区、基层等一线倾听民众的参与决策协调的意愿诉求，进一步维护其话语权，以便使决策协调事宜的出台和执行能够确保通畅；另一方面，应当强化利益表达渠道建设，构建规范化的公共领域，使得民众参与的对话机制、协商机制成为重要的表达载体。在决策协调的具体工作环节上，积极探索出合理规范的参与渠道，让民众程序参与的实现。

其次，建设重大决策协调事项的公众参与机制。应当坚持重大决策协调事项公决公议制度，对涉及本区域范围内经济社会发展的重大决策协调问题，都必须在充分发挥集体民主的前提下才进行拍板决策。健全社会公示与听证制度，使人民群众通过参与听证的途径参与到本区域范围内的社会、政治、经济等事务的决策，让民众的权益能够很好地受到保护，同时也可以让其很好地监督决策协调事宜的各个环节，增强广大民众的认可度。

最后，推进公众网络参与平台建设。现代的社会是科学技术发达的社会。以现代网络科技为核心的网络平台已经成为我国公民参与社会管理的重要手段。近年来，我国网民的数量实现了极速增长的态势，这为搭建民众网络参与平台提供了极为有利的条件。相关部门和人员应当充分认识到网络平台是民众参与的新型途径，它可以促使公民更便捷、更全面地参与到各项决策协调事项当中。进一步健全相关民众网络参与的法律制度，为民众参与、了解、诉求和监督各项决策协调事务铺设依据。同时，应当加强民众网络参与的处理和回应机制。对民众在网络上的利益诉上进行筛选归类、登记造册、按时报告，在这些环节上必须做到按程序办事，这样民众的诉求才可以得到有效和及时的处理，并且及时得到回应，反过来更加促进民众网络参与平台的发展。

4.坚持科学决策协调、民主决策协调、依法决策协调

（1）正确把握科学决策协调的"四个环节"

科学决策协调是一个集中民智、形成正确观点的过程。必须认真把握好"四个环节"。一是调查研究。调查研究是科学决策协调的重要基础，是形成科学决策协调的首要环节。要在调查研究中深化各种新情况、新问题的认识，通过分析和研究，找出事物本质规律，准确把握了解实情，及时敏锐地发现各种问题，有针对性地提出对策，真正做到汇聚民智、集思广益。二是充分酝酿。要保证决策协调无懈可击、万无一失，还必须尽可能多地听取和收集各方面的意见和建议。三是集体讨论。要在深入调研和充分酝酿的基础上，采取适当的会议形式进行研究磋商，体现集体领导和集体决策协调，正确处理好民主和集中、个人和集体、上情和下情、程序和效率等方面的关系，既要防止民主不够、集中不够的问题，还要防止议而不决、决而不议的问题，保证虑事周全、决断科学。四是有效执行。决策协调方案的执行实施是决策协调的延续和具体化，是检验决策协调正确性的基本环节。有了科学的决策协调，如果没有科学地执行，错过了最佳的实施时机，再好的决策协调也不过是一纸空文。

（2）始终坚持"民主集中制"一个核心

作为党的组织原则，民主集中制是在民主基础上的集中和在集中指导下的民主相结合的制度，是我党实践和经验的总结，也是领导班子发挥政治核心作用的关键。贯彻落实好民主集中制，一是要由少数人甚至个别人决策向民主决策决策转变，更好地发挥集体领导下的分工负责制，防止和避免决策协调的主观性和随意性。二是要由经验决策协调向科学决策协调

转变，不能单凭领导者个人的经验、阅历知识、才能、胆量来进行决策协调。三是要由简单决策协调向复杂决策协调转变，多注意调查研究、系统思考、科学分析，尤其是善于从上情与下情的结合中，突出独创性；从当前与长远的结合中，突出超前性；从需要与可能的结合中突出创新性，避免简单盲目拍板、简单决策协调。四是要由静态封闭决策协调向动态开放决策协调转变，用发展、变化的观点审视决策协调对象，把握对象的现状，预测对象的趋势，使决策协调最终适应时代和形势发展的需要。五是由定性决策协调向定性、定量决策协调转变。不仅对问题进行详细的定性分析，更要确定最优发展或最优决策协调方案。六是要由微观决策协调向宏观战略决策协调转变，使决策协调具有全局性、战略性。

（3）切实落实依法决策协调

依法决策协调意味着在决策协调领域必须建立健全一系列法律规范，明确界定各级政府、政府各部门的行政决策协调权，确立完善的内部决策协调规则。依法决策协调的标志是决策协调的整个过程都必须严格地遵循法律的制约和规范，必须坚持法律保留和法律优先的基本原则，确保各种决策协调，以及决策协调的各个环节都在法律规范的范围内进行。行政决策协调是一种权力，是行政权力运用的过程、结果和表现形式。无论是一般决策协调，还是重大事项的决策协调，都是行政机关实施行政管理过程中行政职权的具体体现。

第六章　新时代基层干部开拓创新能力提升策略

　　"创新是一个民族进步的灵魂，是一个国家兴旺发达的不竭动力，也是中华民族最深沉的民族禀赋。"①创新更是领导工作的灵魂和生命，是当代领导干部必须具备的能力和素质。作为推进改革开放和现代化事业的组织者和领导者，领导干部的创新能力至关重要。

　　我们党历来高度重视创新，始终把创新放在十分突出的地位，要求全党积极推进理论创新，并以理论创新推动其他各方面的创新，充分体现了一个站在时代前列的执政党所应有的远见卓识。我国改革开放四十多年的伟大历程，从某种意义上说，就是一个敢闯敢试、不断创新的过程。进入新时代，面对新的形势新的任务，我们既面临着难得的发展机遇，同时又面临着严峻的挑战和考验。把握机遇、战胜挑战、推动发展，切实加强党的执政能力建设，大力提高基层干部的创新能力十分重要和紧迫。

　　本章以领导干部创新能力的内涵及特点为切入点，分析基层领导干部创新能力存在的问题及影响因素，并就提升基层干部创新能力的策略展开论述，力图为基层干部创新能力的培养提供可操作性的意见和建议。

一、领导干部创新能力的内涵和特点

（一）领导干部创新能力的内涵

1.创新的含义

　　创新，顾名思义就是创造新事物，是指个体综合运用现有条件创造性地产出新颖的、对社会有意义的成果，从而实现一定目标的活动。领导干部创新能力就是指领导干部运用新的理论和方法创造性地解决各种现实问

---

① 习近平. 习近平谈治国理政（第一卷）[M]. 北京：外文出版社，2018：59.

题，实现组织优化发展的能力。什么样的活动才是创新性的活动呢？一是新颖，主要是指不墨守成规。也就是说，创新性的成果必须是新颖的，是前所未有的，否则就是重复性而不是创新性。二是有价值。创新活动的成果必须对社会有意义，对人类的发展产生积极的推动作用。尽管有些创新性活动没有达到巨大的效果，但如果这个活动对于人们是有利的、新颖的，那么它也是创新性的。[①]

2. 领导干部创新是领导的本质决定的

领导关系区别于其他社会关系的本质特征，就在于它的统率性和带动性。领导者要影响、率领和引导被领导者在一定的客观环境条件下实现双方共同的价值观和目标[②]，靠本本主义不行，靠经验也不行，靠想当然更不行，只有解放思想，大胆探索，不断创新，才能打开新局面。首先，这是由领导干部肩负的历史责任决定的。在一定的历史条件下，领导干部要对自己所领导的群体负起"引导者和向导"的历史责任，必须在新的理论指导下探索新的发展道路，这个探索的过程就是创新的过程，探索出的新的发展道路就是创新的结果。其次，领导目标的确定需要创新。领导干部的历史责任是通过若干具体目标的实现来完成的。只有有了符合社会发展趋势和现实条件的目标创新，领导活动才是有效的、创新性的领导活动。最后，领导干部面对的具体工作任务决定了领导干部必须创新。每一项工作任务都需要采用与之相适应的领导方法才能完成，选择领导方法的过程是寻求任务与方法之间本质联系的创新的过程。方法对事半功倍，方法错事倍功半。可以说，领导活动是面向未来的创造性活动，领导工作的生命力就在于创新。所以，衡一个领导干部是不是领导人才的一个重要标准，就是看他能否用自己的创造性劳动创造出显著的成就。各级领导干部是否具有良好的创新素质，对于建设中国特色社会主义伟大事业的成效具有至关重要的决定作用。

3. 领导干部创新能力的内容

虽然不同的工作岗位、不同的工作性质对领导干部的创新能力要求各有侧重，但笔者认为，以下三个方面的能力对于培养创新能力来说必不可少。

---

① 甘华鸣. 大领导力：创新力 [M]. 北京：中国国际广播出版社，2003.

② 全国干部培训教材编审指导委员会组织编写. 领导科学概论 [M]. 北京：人民出版社，2006.

一是学习能力。学习是创新的前提和动力，学习能力是培养创新能力的基础。一个人、一个政党、一个民族只有不断地通过学习进行精神、智力、能力武装，才能有所创造、有所作为、有所发展、有所前进。一个不注重学习的领导干部，不会有敏锐的眼光、开阔的视野、清晰的思路、创造性的工作和突出的业绩。现在各种新知识、新事物层出不穷，新情况、新问题、新矛盾不断涌现，都需要我们通过学习去了解、去认识、去把握，去创造性地加以解决。离开了学习，工作就会失去创造的营养，发展就会缺乏前进的动力。领导干部要跟上时代前进的步伐，适应新形势、新任务的要求，不断提高领导水平和执政本领，就必须不断加强学习、更新知识、积累经验、提高素质，努力成为具有世界眼光、把握发展规律、善于驾驭全局、能够开拓创新的现代型领导者。

二是创新思维能力。作为一种高级的理性活动，创新思维从来就是一切创新的基础和源泉。恩格斯曾经指出，当技术浪潮在四周汹涌澎湃的时候，最需要的是更新、更勇敢的头脑。这里所说的"更新、更勇敢的头脑"就是创新思维活动。纵观人类文明的发展史，每一次伟大的发现和创造无不是创新思维的结晶。现代科学的发展更加证明，创新思维活动也是拉动技术创新的"火车头"。只有思维站在了时代发展的潮头，理论创新、制度创新、体制创新才会随之而来，各项工作才会有大的突破。可以说，创新思维能力是领导干部创新能力的核心，这个能力的高低决定着领导干部决策能力的强弱，决定着领导活动的成败。这就要求各级领导干部要敢于解放思想、转变观念，敢于突破落后的传统观念束缚，有批判精神，敢于超越理论和权威，敢于超越经验和习惯，做到不迷信权威、不固守经验、不满足现状，不唯书、不唯上、只唯实。

三是实践能力。实践的观点是马克思主义认识论的"第一和基本的观点"。领导干部能否牢固树立实践的观点，不断提高实践能力，不仅仅是一个认识的问题，而是根本立场和根本方法的问题。领导干部承担带领群众执行党的路线方针政策、推动各项事业健康发展的责任，实践能力十分重要。现在领导干部大多接受过高等教育，具有相当水平的理论修养。衡量领导干部水平的高低，不仅要看他们掌握了多少理论知识，更要看他们能不能把所掌握的理论运用到实践中去，有效解决改革发展稳定中的实际问题。领导干部的实践能力包括很多方面，其中最重要的有运用党的基本理论、基本路线、基本纲领、基本经验的能力，贯彻执行党的路线方针政策的能力，应对复杂局面、妥善处理和协调各种矛盾的能力，凝聚力量、整合资源、带领人民干事创业的能力等。着力提高这些能力，既是领导干部加强党性修养、弘扬良好作风的一个重要方面，也是对领导干部履行职责、完成使命的必然要求。

学习能力、创新思维能力和实践能力是组成领导干部创新的三个核心要素。学习能力是创新的基础，创新思维能力是创新的源泉，实践能力是创新的现实运用和具体检验。这三个方面的能力相互作用、互相支撑，缺少其中的任何一个，创新能力都无从得来、无以体现。

（二）领导干部创新能力的特点

创新能力是在原有基础上创造新成果的能力，是主体在创造活动中表现出来的各种能力的总和，是人的能力的最高形式，具有实践性、继承性、风险性和时代性的特征。

1. 实践性

实践是真理的来源，是检验真理的唯一标准。任何一种能力都需要在实践中锤炼，最终都要在实践中接受检验。朱熹在《观书有感》中说："半亩方塘一鉴开，天光水影共徘徊。问渠那得清如许，为有源头活水来。"领导干部创新能力的源头活水就是实践，就是脚踏实地的工作、调研和思考。没有哪个取得成就的领导是在办公室里创造出新想法的。空想而非调研产生的想法有很大部分是不符合实际需要、没有实现条件的。创新思维不是闭门深思的结果，也不是心血来潮的产物，而是立足于实践的理论思考。新的课题只有在实际工作和调研中才能提出，新课题的解决方法蕴藏在实际工作中。毛泽东思想、邓小平理论、"三个代表"重要思想、科学发展观和习近平新时代中国特色社会主义思想，就是马克思主义普遍原理与中国具体实践相结合的产物。领导干部只有善于调研，善于实践，才能获得丰富的想法和宝贵的经验。

领导干部的新想法来源于实践，也必须在实践中才能检验新想法是否可行，有没有实现的条件。在实际的行动中可以充分检验想法的优点和缺点，积累更多的经验，创新能力就在这个过程中发生了质的飞跃。领导干部创新能力的实践性还意味着领导干部在实践中要尊重客观规律，不尊重规律，一味按照自己的想法蛮干的领导不仅会劳民伤财，还会贻误解决问题的最佳时机。

当前，我国已经进入全面小康社会的新时期。在具体的工作实践中，肯定会遇到各种各样的新问题，这对各级领导的能力素质是一个极大的考验，也将使领导干部的创新能力将得到更大的锻炼。领导干部要积极投身改革开放的伟大实践，解放思想，扩展思维，多层面、多角度地考虑问题，按照客观规律实事求是地解决问题，使自己的创新能力在问题的不断解决中得到不断提高。

2.继承性

领导干部的创新能力不仅来源于实践，还得益于自身知识的积累和他人的经验教训。要善于总结经验教训，继承前人的思想，敢闯敢干，敢担风险，敢于挑战，始终站在时代前列，引领时代发展。

首先，领导干部自身的知识结构是创新能力的基础。领导干部只有通过学习前人的精神财富，将先进的经验继承下来，并内化和沉淀为自身素质的有机组成部分，才能构建起自身合理的知识结构，成为推动工作创新的基础。理论知识越丰富，视野就越开阔，就越能发现新问题，进而选择合理的、新颖的角度作出最优的决策，推动问题得到更好的解决。

其次，领导干部还通过借鉴他人的成功经验、汲取他人的失败教训，培养己的创新能力。邓小平同志指出："历史上成功的经验是宝贵财富，错误的经验、失败的经验也是宝贵财富。"[①]继承他人的经验不仅要善于学习正确的，也要善于总结错误的。对于他人成功的经验，要善于发现成功的决定要素，并将其转化为自身的要素；对于他人失败的经历，要从中找出失败的根源，尽量少走弯路，避免重蹈覆辙。应该说，这种继承是一种高层次的继承，也是根本性的继承。

最后，无论是通过什么方式继承来的知识和经验，都应该加以总结和推广，将他人解决问题成功或失败的经验运用到解决自己遇到的问题中去。这是领导干部创新能力提升的关键。在经验的推广过程中，要注意避免三个误区：一是在由点及面的推广中，面上的推广很难做到像原来解决问题

---

① 邓小平. 邓小平文选（第三卷）[M]. 北京：人文出版社，1993：234-235.

一样精心，因而难免出现某些疏漏；二是即使是成功的经验，如果作出曲解的结论，并把这种曲解的结论当作一般经验用以指导普遍实施，必然会导致失败；三是即使对成功经验的分析是正确的，如果不从普遍实施中的实际情况出发，把这些经验当作教条到处生搬硬套，就会出现"一刀切"的错误，使工作遭受挫折。

3.风险性

创新的过程既是一个改革的过程，也是一个冒风险的过程。领导干部的创新能力之所以具有风险性，一是因为创新往往要触动权威，改变既得利益格局，使一些人的利益受损，遭受来自他们的阻挠。同时创新也会使自己的利益受损，创新的道路上还要与自己作斗争。创新需要勇气，需要面对未来可能出现的风险。二是新的想法付诸实施后，条件是否具备、会不会出现意外都是不可预料的。无数事实证明，创新总是伴随着风险，要付出代价甚至作出牺牲。什么事情都有百分之百的把握，万无一失，是不可能的。领导工作中如果每件事情都要等上级有明文规定再办，等领导点了头再去解决，等别人做过了再去干，总想四平八稳、舒舒服服，不担一点风险，永远开创不了新局面。一个具有创新能力的领导，已经做好了面对所有问题的准备。要敢担风险，不怕挫折，大胆走自己的路，是新时期领导干部创新的必备素质。

4.时代性

21世纪是高科技、信息化、网络化和可持续发展的时代，我们面临的社会是一个竞争更加激烈、变革更加迅速、创新更加广泛的社会。时代在前进，社会在进步，事业在发展，领导干部的创新能力也应该是与时俱进的，应该能够适应时代发展的要求，不断推动社会向前发展，事业持续进步。毛泽东同志曾经有过一段精辟的论述："人类总得不断地总结经验，有所发现、有所发明、有所创造、有所前进。停止的观点，悲观的论点，无所作为和骄傲自满的论点，都是错误的。"[①]在新世纪、新阶段，全面建成小康社会、加快推进社会主义现代化是时代赋予各级领导干部的神圣使命。领导干部的创新能力必须充分体现这一时代性的要求，坚持在实践中创造、

---

① 中共中央文献研究室编. 毛泽东著作专题摘编（上）[M]. 北京：中央文献出版社，2003：
1028

在创造中创新，不断开创出符合时代发展、人民要求的成果来。当前，坚持权为民所用，情为民所系，利为民所谋，倾听群众呼声、维护群众利益，是领导干部工作创新的具体指向，是创新能力时代性特征的具体体现。如果领导干部的创新能力失去了时代性，违背社会发展的方向，这种创新将会给社会和人民带来破坏和灾难。

二、基层领导干部创新能力存在的问题及影响因素

（一）存在的问题

创新能力是衡量一个干部治理绩效的主要标准之一。有些基层干部存在创新能力层次低下的问题，主观上是这些干部缺乏使命担当，缺乏开拓进取精神，创新思维不够、创新力不强、创新动力不足，不能把现实思维与前瞻性思维相统一，不能把创新思维与常规性思维相统一等问题。具体表现如下。

1.创新思维不够

有些基层领导干部主观上思维观念理念陈旧，缺乏开拓精神，创新思维的结构僵化。有的干部认为他们工作的大环境远远落后于非基层干部的工作大环境，他们工作头绪多，难度大、强度大、压力大，但是基层干部人数多，得到提拔重用的机会较少，成长空间有限，以至于安于现状、不思进取，或故步自封、自我感觉良好。特别是一些地处偏远地区的干部，由于所在地区的治理环境、条件及自身能力有限，虽然付出了很大的精力和时间，但还是难出"耀眼"的成绩引起领导关注，因此就不想再创新优势，攀登新台阶，陷入"习惯型、经验型"的思维定式中，不能自拔。

2.创新力不足

有些基层领导干部长期待在基层，多年来养成的小农意识和小生产意识根深蒂固，平时忽视政治理论和业务学习，对新形势新机遇反应迟钝、缺乏敏感，开拓创新意识不够强，创新视野不广，存在不愿创新、不想创新、不能创新的心理；有的对新治理理念重视不够、领会不透，造成治理工作中思路不宽、方法不多、工作打不开局面。特别在当前高压形势下，有些基层干部认为"不干不出错、越干错越多""为了不出事，宁愿不干事"，

导致他们不愿干、不想干，见事迟、行动慢、办法少，对安稳的祈求胜过对发展的祈求，坐失良机、贻误发展，在一定程度的"为官不为"。

3.创新动力不强

有些干部在精准扶贫和乡村振兴战略工作中，思路打不开，主动服务不够，创新力不足，处理复杂问题能力不强，存在惯性思维、路径依赖，"穿着新鞋走老路"。上级部门和领导对基层工作关心爱护不多，社会保障不全，提拔使用力度不大，使他们常常感觉到自己处于"被遗忘的角落"，很难有"出头之日"，处于边缘化状态，工作进取精神受到挫伤。不少干部面对创新发展时往往看不到客观形势的有利因素，看不到机遇和希望，只看到客观形势的挑战和困难，不能化压力为前进的动力，化困难为创新的动力，不能辩证地看待自己的优势和劣势；一些基层干部习惯于把自己看作是"笼中之鸟"，整天把贫困地区、民族地区、边疆地区、革命老区挂在嘴边，过早地产生"船到码头车到站"的思想，强调客观原因，忽视主观努力，工作缺乏积极性、主动性和创新性。这种现象在全国基层干部普遍存在，这里我们可以从一组全国调研数据中看出这一现象，2018 年 2 月，由人民论坛问卷调查中心对全国 31 个省区市的 605 名基层干部进行调查结果显示，当被问到"你对你的工作是否有热情"时，选择热情度"一般"和"没有"的基层干部人数已经过半。这在一定程度上表明，基层干部对工作的投入不够，专注不强、动力不足、热情程度不容乐观，具体见图 6-1。[①] 从这里可以看出，基层干部都存在动力不足现象。

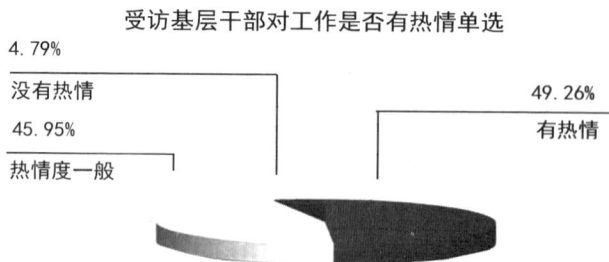

受访基层干部对工作是否有热情单选

4.79%

没有热情

49.26%

有热情

45.95%

热情度一般

图6-1 基层干部对工作是否有热情问题情况图

[①] 焦欢，单宁，于飞. 直面问题，做强生力军——关注基层干部队伍建设 [N]. 人民日报，2018-02-02.

（二）影响因素

创新意味着突破和超越，所以创新也往往与风险同行。正因为如此，创新的道路历来充满改革与保守、正确与错误、前进与倒退的斗争，是一条坎坷不平、荆棘丛生的道路。我国一个具有悠久历史文明的古国，厚重的文化积淀，封建的陈规陋习更使创新能力的培养充满了艰辛。

1.传统保守思想的影响

阻碍创新的各种因素中，最大的障碍是保守思想的束缚。《增广贤文》中说"枪打出头鸟，刀砍地头蛇。"李康所作的《运命论》告诫人们："木秀于林，风必摧之；堆出于岸，流必湍之；行高于众，人必谤之。"《论语》教导人们："死生有命，富贵在天。"董仲舒认为："天不变，道亦不变。"《菜根谭》说得更加直接："十语九中未必称奇，一语不中则愆尤骈集；十谋九中未必归功，一谋不成则訾议丛生，君子所以宁默毋躁，宁拙无巧。"这些观点是中国传统文化中保守思想的核心代表，对中国人的影响根深蒂固，其影响时间之长、范围之广、程度之深，领导干部也概莫能外。在这种传统保守思想的影响下，一些领导干部怕出风头、怕触犯上级，也怕出乱子担责任，在内心深处本能地拒绝创新，做任何事情都按部就班，不求无功但求无过，做事囿于老练、世故。

在中国传统社会里，"听话""乖"，千百年来始终是人们评价"好孩子"的常用语，敢为人先的人常常得不到尊重，商鞅、王安石等因改革而身败名裂的悲剧性下场，始终成为改革创新者头顶挥之不去的阴霾。在现代社会，人们对于敢"出头"的人的态度也复杂而矛盾。美国加州大学教授、洛杉矶心理精神卫生署高级顾问达米安·鲁教授说："'出头鸟'这个称呼，本身就有一定贬义。"他认为，单凭个性张扬、能力强并不能判定一个人的好坏，中国文化不鼓励个人意志的表达，尤其当个人意志与社会惯性思维不符时。谁表达自己的意见，就很可能被人认为是张扬、出风头，而在美国社会，勇于表现自己是被肯定的方向，因为很多情况下只有这样才能被人注意，在工作、事业上推进自己的地位和成就，所以不会有人认为将自己的想法表达出来或展示自己，是会挨打的"出头鸟"。愿不愿意出头，是每个人自己的抉择，因为别人出头就嫉妒、打击，只会阻碍社会的进步。

总之，保守思想有一定的相对独立性和稳定性，也有一定的社会心理基础,使人不愿创新、不敢创新、不能创新,久而久之,自身也成了反对创新、扼制创新的一员。这种根深蒂固、影响深远的保守思想,不仅禁锢了创新思想、创新思维的发展,从历史上讲,还是造成我国封建社会长期停滞、近代中国落后的原因的思想根源之一。保守思想与时代和社会的要求格格不入,必须从思想上、行动上、制度上彻底予以破除。

2. 中庸思想的影响

"中庸"一词最早见于《论语·雍也》:"中庸之为德也,其至矣乎!民鲜久矣。"《礼记》中的《中庸》篇阐述了儒家"中庸之道"的基本要求,以及个人如何达到道德至善的境界。什么是"中庸"?宋朝朱熹《中庸章句》题注:"中者,不偏不倚,无过不及之名。"于是"不偏不倚"成为中庸思想的另一种表达,被很多人视为最平常的人生哲学:处理事情不太保守,也不十分激进;不退让,也不步步紧逼;不选最好的,也不会选择最差的,凡事都选择中间道路和折中办法。这种处世哲学体现在领导干部身上,就是既不追求更高成绩,不求创新,也不会在工作中出现失误,酿成错误。也就是官场常见的,不求有功、但求无过。美国行政学家安东尼·唐斯著名的"唐斯定律"指出,在政治选举中,激进派和保守派都不会胜利,而只有温和派能最终取胜。所以无论是在政治生活还是在经济生活中,人们发现选择折中道路的人取胜的可能性最大,这更给信奉中庸哲学的人增加了砝码,进而带动许多人开始信赖这种人生哲学。尤其在领导干部队伍中,选择这种人生哲学的大有人在。作决策、用干部是领导干部的两个主要职能。面对决策中的众多备选方案,有的方案设计宏远,大胆改革,但需要冒一定风险;有的方案设计保守,只在既有状态下稍作调整,多数方案都属于这类。领导干部在经过风险对比后,通常的抉择是第二种方案。这样的方案有两点好处:一是它有改进,比原来稍有进步;二是风险最小,成功的概率最大。选择这样的方案最起码不会让自己丢掉"乌纱帽",做得好还有可能得到升迁,因此多数领导干部就不自觉地远离风险型决策和不确定型决策,习惯了"不偏不倚"的中庸之路。

西方文化注重追求差异性,鼓励创新、宽容失误。纵观西方文化各种学科,都呈现了流派纷争的景象。人与人之间保持着批判的态度,并且都意欲超越对方。亚里士多德曾言"吾爱吾师,吾尤爱真理",他敢于怀疑教师的观点，敢于超越，最终成就其大智慧。爱因斯坦的"牛顿啊，请原谅我！"，彰显了西方文化的批判精神和超越意识。中国传统文化强调求同性，"和而不同"虽然承认差别，但"不同"总是屈于"和"。在分歧面前，我们总是力求找到共同、化解差异，达到"求大同，存小异"的结果。这种大一统的思想严重束缚了人们的创造性，使人们逐渐养了一种不温不火的性格，善于墨守成规，抵制竞争，反对创新。

3. 重考据问出处文化传统的影响

所谓领导干部重考据，是指领导干部决策时运用理论教条死板，死抠法规政策和上级文件。所谓"领导干部问出处"，是指领导干部决策时，总想在上级的文件、讲话中找到明确的来源，揣摩上级领导的意图。这种"凡事考据"的做法，用之于研究学问可谓严谨，但用之于干事创业，就难免有崇古、因循、教条的弊端。一些领导干部在决策时往往缩手缩脚，凡事总想找出处，红头文件没有明确、上级领导没有点头的，就不敢越雷池一步。在传统家长制的官僚体制下，官员的命运掌握在上级官员手中，官员的权力是上级"赐予"的，也是可以随时收回的，下级官员看上级脸色办事，对的执行错的也执行。这种行为，就是陈云同志常说的"唯上"。这种强烈的"唯上"意识，使领导干部既不会眼睛向下听取下级的意见，更不会主动到基层听取百姓的诉求。下级官员认为决策是上级领导的事情，原封不动地执行是自己唯一的选择，不敢主动去解决问题，更不会去积极寻找创造性的方法。

领导干部还比较容易犯的一个错误是"唯书"。一些领导干部把上级文件奉为"金科玉律"，传达贯彻时照本宣科、照抄照转，严格按照条条框框执行，不从实际出发研究贯彻落实具体办法和措施，不能把理论知识、上级规定精神转化为具体的办法，结合工作实际出实招求实效，正确运用政策文件去解决问题。陈云同志所讲的"不唯书"不是完全抛弃理论知识、抛弃书本，而是反对把马克思主义教条化的本本主义。他强调："学习理论一定要联系实际。……掌握了马列主义的原理和思想方法，就会自然地同自己的实践经验结合起来，把具体经验提高到一般理论，再拿这种一般理论去指导实际工作。"[①] 加强理论学习，目的在于学会正确的思想方法，重视理论的指导作用。不能因为政策文件有规定，就不敢有所突破、有所创造。只要是从群众利益出发，一切为了群众，哪怕是出现一些失误，组织和群众也会谅解的。不囿于考据，不凡事都问出处，"不唯书，不唯上"，本质上要求我们要一切从实际出发，实事求是，创造性地开展工作。这是辩证唯物主义的集中体现。

4.求稳怕乱心态的影响

创新者会面临许多可以预见和无法预见的风险，从而给社会系统的稳定带来不同程度的冲击。本质上，这些风险主要来源于利益分配过程中产生的不满。领导干部在创新过程中求稳怕乱的心态主要表现在两个方面。

（1）担心自己所处的整个系统出现混乱

领导干部掌握并行使权力，控制着大量的社会资源。所以，领导干部能够发挥强大的影响力，调整利益格局，主宰许多社会事物的命运。社会是由大量的利益集团组成的，一项新政策的出台可能产生三种情形：①各利益集团均满意，这是最理想的情形。②某些利益集团满意，而其他利益集团不满意。③所有利益集团都不满意。现实生活中，第一、第三种情况出现的可能性比较小，第二种情况出现的比较多。这种情况如果细究起来还包括三种情况，即赞成大于反对、赞成小于反对、赞成等于反对。可见，创新过程中所引发的利益调整是十分复杂的。这一特质决定了领导的权力运作和利益反应过程与以革新为实质的创新往往相互抵制，甚至严重冲突，并且在权力需要和利益需要的驱动与压力下必定会忽视、闲置、压制甚或抛弃创新。这即是说，当前的权力、利益特别是既得利益最容易成为领导创新的制约因素和重大障碍，最容易造成领导不创新及其带来的后果。在历史上，有很多改革都受到了利益集团的阻力。比如雍正王朝实行的摊丁入亩政策，它加重了地主的赋税负担，在实施中遭受了权贵乡绅的激烈反抗。

（2）担心自身的发展受影响

领导干部也是社会职业的一种，虽然是一种特殊的职业，但也有自身利益。领导者一般包括两种角色：一是社会一般公民角色，享有公民应该

---

① 陈云. 陈云文选（第一卷）[M]. 北京：人民出版社，1995：189.

享有的权利，承担公民应尽的义务；二是掌握权力的官员角色，享有行政权力，承担相应的行政职责。不同的角色对领导干部提出了不同的利益要求，当两者之间发生矛盾时，就使领导干部陷入两难境界，这就是我们认为的"行政伦理冲突"。尤其是在创新中面临各种各样利益冲突，创新政策的实施结果还不明确，政策失败的可能性大的时候，领导干部往往会为了个人的利益而放弃创新政策的施行。"不求无功，但求无过"是许多领导干部常挂嘴边的一句话。另外，随着行政问责制的确立和不断完善，对领导干部决策科学性的要求越来越高，行政责任的追究更为严格，这在一定程度上造成很多领导干部不敢尝试新方法、探索新思路。

5. 经验主义和习惯定势的影响

经验是对过去的事物、实践和现象规律的总结。经验既可以从成功的经历中获得，也可以从失败的实践中获得，但更多的时候是总结失败教训时的觉醒。经验对于解决一般性问题十分重要，可以帮助领导干部简便高效地解决常规问题。经验与创新相辅相成，经验是创新的基础，但创新不能拘泥于经验，必须打破经验的束缚，敢于否定经验。《论语》中的名句"学而不思则罔，思而不学则殆"就包含了这层意思。"学"与"思"的关系告诫我们，在学习中思考，在思考中进一步学习，一方面要积累经验，另一方面要有所突破、有所创新。当无视经验发生的条件，唯经验是从时，就犯了经验主义的错误。

经验并非每时每刻都能帮助我们顺利地解决问题。经验主义阻碍创新，原因在于：其一，经验主义让我们过于自信。我们经常陶醉于自己曾经取得的成绩，坚信自己过去做成的事情，现在依靠原来的方法也能做成。其二，正因为我们过于自信，往往忽略了经验成功的条件，只看到了事物的表面，而没有透过现象看本质。其三，太相信经验会使我们不再学习，自身的眼界就会停留在现有的宽度。其四，经验代表的是过去的真理，成功的经验在一段时间后会成为一种常识，而创新则是创造大家所未曾想过的，创造目前世界上没有的东西。经验与创新之间巨大的"时空差别"将会导致经验的失败。

著名科学家贝尔纳（C.Bemard）指出，构成我们学习的最大障碍是已知的东西，而不是未知的东西。经验如此，习惯亦是如此。习惯是人们长期养成的不易改变的思维和行为模式。习惯的最大特征是定势和惯性。定式和惯性会把人圈在一个固定的思维空间里，无法看到变化的外部世界。所以，习惯定式会阻碍创新。人的行为是由人的意识决定的，因而习惯定式是由人的思维定式决定的。思维定式是一种心理状态，个体对可资利用的信息的某一部分过分敏感，而对其余部分比较迟钝。[①] 在解决问题的过程中，我们常常不加思索地运用同一种方法解决同一类问题，这种习惯就是受到思维定式的影响。尽管思维定式有时可能给我们带来好处，它使复杂的思维活动线性化、简单化，有助于解决重复性、常规性问题，练就领导处理工作驾轻就熟的本领。但有时它也不能很好地为我们服务，反而会给我们的创新带来障碍。"思维定式常常表现为'只有一个正确的思路'的思维方式。"[②] 就是说，如果过去有人或者自己运用了特定的方法成功地解决了某个问题，那么这将会强化一种信念，即这类问题只能用这个方法解决。但如果条件改变，问题发生新的变化，这个人就会陷入困境，手足无措。

我国经历了几千年的封建社会，封建思想中的糟粕仍然在起作用，因循守旧的思维惯性使得中国人过分注重常规、惯例。这些常规和惯例严重影响了基层领导干部观察、分析问题的深度和广度，不敢打破常规，不敢违背惯例，遏制了基层领导干部的创造力，制约了基层领导干部的主动性和创造性，束缚了基层领导干部的创新意识和进取精神。

三、提升基层干部开拓创新能力的实施路径

创新能力是基层领导干部的必要素质。前面我们讲到，基层领导干部存在缺乏创新思维、创新能力不强等问题，提升其创新能力，核心是要提升创新素养。对基层来讲，要推进高素质专业化干部队伍建设，关键是要培养基层领导干部的变革创新思维和创新精神，提升各级干部的创新能力。主要提升基层领导干部的创新意识，丰富干部的想象力；培养创新人格，树立强烈的忧患意识；坚决从思想上摒弃旧观念、从制度上革除旧体制，健全创新机制，以完善激励机制为重点，把是否具有创新精神、能否创造

① 甘华鸣. 大领导力：创新力 [M]. 北京：中国国际广播出版社，2003.

② 甘华鸣. 大领导力：创新力 [M]. 北京：中国国际广播出版社，2003.

性地解决工作难题作为干部考核任用的重要依据，让基层领导干部首先从思想上重视起来，着力破除惯性思维，克服传统观念，善于运用新理念、新方法、新模式对发展进行再审视、再认识，勇于打破条条框框的束缚，在实践破除旧思维，时刻准备迎接挑战、克难攻坚，以新思路、新思维谋划发展、推进工作、开创新局。

（一）解放思想，树立创新意识。

创新是提出新思想、解决新问题的过程，是敢为人先、突破传统束缚的过程，是以新求实、创造新业绩的过程。没有创新就没有活力，没有创新就没有发展。创新必须解放思想，只有解放思想，才能正确对待既有的理论和已有的经验，才能转变思维方式，才能做到实事求是，才能站在时代的最前沿，面对新的形势、迎接新的挑战、研究新的问题。

"实践永无止境，创新永无止境"。在中国革命和建设的长期实践中，我们党坚持马克思主义与中国的实际相结合，思想理论不断实现新的飞跃，创立了毛泽东思想、邓小平理论、"三个代表"重要思想、科学发展观和习近平新时代中国特色社会主义思想。在这些科学理论指引下，我们不断冲破传统观念束缚，不断探索，勇往直前，中国发生了翻天覆地的历史性变化。我们取得的这些巨大成就，是各级领导干部解放思想、更新观念，实事求是、与时俱进，创造性开展工作的结果。我们要更好地珍惜、坚持、发展中国特色社会主义道路和中国特色社会主义理论体系，必须坚持解放思想、实事求是、与时俱进，必须勇于变革、勇于创新，永不僵化、永不停滞。

基层领导干部要解放思想、有所创造，就要敢于超越既有理论，敢于向权威挑战。17 世纪法国哲学家笛卡尔针对当时已经僵化的经院哲学，曾提出普遍怀疑的原则。他说："要想追求真理，我们必须在一生中尽可能地把所有的事物都怀疑一次。"[①] 理论都是特定时代的产物，对于理论不能一味坚持，还应在现实中检验、丰富和发展。如果长期僵化地坚持一个理论，不怀疑、不检验、不发展，在其指导下的实践难免会偏离实际、脱离时代，甚至在错误的方向上陷入不断的恶性循环。权威并不一定都正确的，我们既不能盲目崇拜权威，把权威的话当作真理，也不能惧怕权威，不敢超越

---

① 笛卡尔. 哲学原理 [M]. 北京：商务印书馆，1960.

权威。敢于怀疑并不是乱猜，怀疑要基于实践，要尊重客观规律。解放思想、实事求是、与时俱进，要求领导干部必须超越经验和习惯，不能把过去的经验反复地、毫无发展地用来解决所有的问题。解决新问题要善于寻找新思路、打破思维定势，解放思想、独立思考，注意从"领导是这样讲的，书上是这样写的，过去是这样做的"思维定势中解放出来，不唯书、不唯上、不唯经验，一切从实际出发，发挥自身的主观能动性，提出自己的新观点。

基层领导干部要解放思想，有所创造，就要善于发现问题、提出问题、解决问题。发现问题是水平，提出问题是觉悟，解决问题是能力。发现和提出问题是启动创新的前提，也是推动创新的动力。能不能发现和提出问题，不仅关系到工作上有没有创造，而且关系到事业有没有造就。早在两千多年前伟大诗人屈原在《天问》中就一口气提出了172个问题，对前人关于宇宙、自然、历史的传统观念提出了怀疑和质问，表现了深沉的哲学思考。17世纪德国数学家哥德巴赫提出了著名的《哥德巴赫猜想》，影响了几个世纪以来数学研究的方向。实践一再证明，不分时代、行业，有建树的人都是善于发现问题、提出问题、解决问题的人。基层领导干部在提出问题时，要打破框框，放下顾虑，大胆假设，务实求证。发现问题后，要保持积极心态，瞄准目标想问题，围绕成功想问题，千方百计地想思路、找办法。悲观泄气、束手无策，就会把问题想得过大，把困难想得过多，无助于问题的解决。解决问题过程中要保持思维的灵活性，不固执成见和习惯程序，通过质疑思维、发散思维、逆向思维、跳跃思维、模糊思维、灵感思维等方式，积极研究解决问题的思路和方法。

基层领导干部要解放思想、有所创新，必须始终以正确的政绩观为指导。只有坚持以正确的政绩观为指导，创新的成果才经得起实践、群众和历史的检验。创新不是标新立异，更不是摆"花架子"、做表面文章，而是实事求是地在事业发展进程中，根据形势的发展、事业的需要、群众的要求，在思维方式上有新突破，在推动发展上有新思路，在解决问题上有新举措，从而创造出新的业绩和成效。要端正工作指导思想，解决好为谁工作的问题。坚持以为党和人民的事业而奋斗为领导工作的最高目标，忠实地践行党的宗旨，把人民的利益放在首位，把真正做到权为民所用、情为民所系、利为民所谋作为指导推动创新的工作标准。要把重实绩、求实效贯彻到工作创新的每个环节，决不能重表轻里、重虚轻实，更不能在欺上瞒下、谎报政绩、弄虚作假的手段上"推陈出新"。这种"创新"只会损坏党和政府的形象，给人民群众的利益带来严重损害。同时还要看到，创新是一个破旧立新的过程，肯定会遇到阻力和风险，可能会遇到挫折甚至失败。要有一种不满足于现状的进取精神，有为求真知、求新知而敢闯、敢试、敢冒风险的大无畏勇气。不断进取的精神和勇气从何而来？来自强烈的事业心和责任感，来自强烈的历史使命感和时代紧迫感，来自正确的政绩观。只有树立正确的政绩观，才能激发领导干部创新的热情，才能创造为人民群众真心拥护的政绩。

（二）勤于学习，筑牢知识基础。

广博的知识是创新的基础。没有知识的积淀，就不会产生新的想法；离开了过去的知识经验，创新就失去了出发点。创新是在既有的知识、材料和经验的基础上发展产生的新的成果。知识越广博，经验越丰富，越有助于创造性思维的发展。根据著名的"圆圈理论"，一个人的知识越丰富，知识面越宽，那么他"内圈"的面积和周长就越大，接触的未知世界的"外圈"面积就越大，就越容易有所创新。在全球化和信息大爆炸的今天，掌握知识量的多少是衡量一个基层领导干部能力高低的重要标志，也是提升创新能力的基础。

基层领导干部提高创新能力，要深入学习政治理论，强化理论武装。理论是行动的指南。创新的过程，就是在科学理论的指导下不断探索规律的过程。用科学的理论武装头脑，掌握马克思主义的立场、观点、方法，这既是创新的前提，又能保证创新不偏离正确的轨道。因此，要认真、具体地、系统地刻苦钻研中国特色社会主义理论，全面、准确地领会其理论体系和精神实质，提高解决实际问题的能力，提高以改革创新推动工作的能力。

基层领导干部提高创新能力，要深入学习专业知识和综合知识，强化知识储备。随着时代的进步，对领导干部治国理政的知识化、专业化水平提出了更高的要求。基层领导干部必须不断学习掌握专业知识，形成比较完备的专业知识体系，成为本专业、本领域的行家里手。同时，要把握专业发展的趋势，及时获取前沿的知识和信息。随着社会的现代化和组织行为的复杂化，领导者在决策时所面对的选择变量也日益带有多元、多维、多层的特点。特别是涉及全局性重要决策的时候，领导者更需要具备广泛获取信息并对其进行综合加工的能力。要广开信息源，充分利用信息载体获取信息，并能够善于辨别真伪，摈弃过时的陈旧信息，挖掘为"我"所用的信息。领导干部还要学习和了解业务以外的其他知识，比如文化历史知识、军事知识等，做到既博学多才，又学有专攻、术有专长。

学习是一个历久弥新的话题，学习永无止境。实践证明，在现代社会靠常规的经验积累很难应对新的挑战、把握新的机遇，很难驾驭工作、推动创新。工作的创新要求领导者的素质和能力有一种跳跃式的提高，这就需要经过学习来完成。学习的方法很多，领导干部可以向书本学习，从书本中了解理论知识的基本内容，掌握基本原理。也可以向其他名家学习，了解他人思想的闪光点，学习别人知识中的有益成分。还可以向群众学习，群众中蕴藏了大量宝贵的财富和经验，可以使我们多角度思维，博采众长。领导干部必须保持较高的学习热情，把学习作为终身使命，保持强烈的求知欲望和钻研劲头，不断学习新知识、练就真本领，提高创新能力。

（三）注重实践，开辟实践源泉。

实践是创新的唯一源泉和根本动力，我们的一切创新都源自于实践，最终也必须经过实践的检验。在实践中接受锻炼、增长才干，是我党培养干部的重要方法，是干部成长的根本途径，是提高创新能力的必由之路。

提高基层领导干部的创新能力，要注重从实践中获取创新的源泉。创新不是闭门造车，也不是个人或者少数人的异想天开，而是广大群众的丰富实践和主动创造。实践是检验真理的唯一标准，同样也是检验创新成果的唯一标准。实践具有第一性，亲身参与认识世界和改造世界的实践，是素质培养和提高的最基础、最关键的环节。基层领导干部要积极投身建设中国特色社会主义事业的伟大实践，充分利用掌握的理论知识，运用知识优势和思维优势，深入实践和调查研究，掌握第一手材料，系统、全面、真实地掌握实际情况，确保决策符合客观实际的要求。同时，要认真总结实践的经验，研究实践的现状，在实践的基础上研究进一步创新的思路，开创新的创新实践。只有这样，才能在实践—创新—再实践—再创新的道路上越走越宽广，使创新能力不断迈上新台阶，使改革创新的事业不断开辟新的境界。

提高基层领导干部的创新能力，要注重在实践中磨炼创新的品格。改革创新从来就不是容易的事情。提倡创新、推动创新，没有崇高的追求做不来，没有敢为人先的勇气做不来，没有百折不回的气概做不来，没有冷静成熟的领导艺术也做不来。当前，面对新时代新情况新问题，更需要基层领导干部进一步增强创新思维，培养创新人格。领导干部在工作顺利、取得一定成效的时候要不满足、不懈怠，敢于提出新目标、新任务、新标准，担当重任、力争上游。在遇到困难和坎坷时要消沉、不气馁，坚忍不拔、勇往直前，向着既定的目标奋力前进。即使面临困境也要保持必胜的信念，这是领导干部具备创新素质应有的意志品格。这样的创新人格只能在实践中培养，在磨炼中砥砺，在奋斗中形成。

在实践的方法上，基层领导干部要重视实践的指向性，在一定时期里只能确定一个战略目标，切忌朝三暮四，四面出击。要坚持实践的广泛性，解放思想，开阔视野，有意识地从多侧面、多领域锻炼和培养自己的各种创造才能。要注重实践的层次性，不同层次的创造才能只能在不同层次的领导岗位上锻炼和培养。要重视实践的创新性，只有不断创新，努力使每一次实践活动在内容和形式上比过去有所发展、有所突破，才能使领导干部的创造才能在质和量上产生新的飞跃。要到改革开放和现代化建设的第一线去，到最艰苦、最困难的地方去，这些地方最需要干部，遇到的新情况、新问题也最多，是最能锻炼人的地方，基层领导干部的创新能力将在解决不断出现的问题中得到提高。

（四）集思广益，凝聚智慧力量。

创新是想别人所未想，见别人所未见，做别人所未做。因此，发扬民主作风，善于集中民智，对于提高基层领导干部的创新能力至关重要。要充分借助"外脑"，尽可能地集中群众智慧，这样既可以起到"众人拾柴火焰高"和"三个臭皮匠顶一个诸葛亮"的作用，还可以最大限度地发现隐患漏洞，有效避免创新中的风险。实践证明，一名优秀的领基层领导干部既要做到自身素质高、能力强、作风硬，又要善于发扬民主、集中群众智慧，团结带领群众共同创新创业。

提高基层领导干部创新能力要注重发挥"参谋智囊"的作用。这里所说的参谋智囊，是指专门的调研参谋人员和组织内部高层决策中起咨询参谋作用的机构。受时间和精力的限制，领导干部往往在信息收集、调查研究、跟踪决策等方面无法做到事事亲力亲为。而参谋智囊作为常设的专门机构和人员，往往具有信息灵敏、专业对口、跟踪到位的优势，可以对创新决策起到重要的辅助作用。领导干部要充分发挥参谋智囊作用，在事先收集问题信息、研究多套解决方案、跟踪掌握事情动态等方面，放手让参谋智囊参与。领导干部要善于组织开展民主讨论，让各方面都参与进来发表自己的观点，从不同的角度分析问题，制定多个解决问题的方案，便于领导干部比较、遴选，从而确定最优的方案，使领导干部的思维得到启发，创新能力得到增强。

提高基层领导干部创新能力要善于从群众中获得智慧。人民群众是社会实践的主体，是社会物质财富和精神财富的创造者，是推动社会历史发展的真正动力，是社会变革的决定性力量，同时也是智慧的源泉，解决问题的办法往往蕴藏在群众中。基层领导干部要创新就必须坚持"从群众中来，到群众中去"，尊重群众的首创精神，深入群众耐心请教，认真总结概括，集中群众智慧。这是增强基层领导干部创新能力的有效途径和根本方法。集中群众智慧要善于深入群众，发动群众共同动脑筋、想办法。特别是要记住，权力是群众授予的，作为领导干部是为群众服务的，要甘当群众的学生。保持高高在上的姿态只能让基层领导干部脱离群众，得不到群众的智慧。集中群众智慧要善于总结提炼群众的意见，要从群众直观、朴素的意见想法中去粗取精、去伪存真，找到解决问题的根本办法，而不是简单地收集意见、生搬硬套，陷入随群众大流的误区。

（五）完善机制，营造良好环境。

对改革创新中遇到的难题，要大胆地交给基层领导干部去闯、去试、去干，把基层领导干部各方面的创新活力激发出来，把干部的创新意识转变成生产力和战斗力，营造有利于基层领导干部提高变革创新能力的社会环境。只有形成机制、营造氛围，才能更加有利于创新型领导干部的茁壮成长和作用发挥。

首先，应该注重在全社会营造鼓励创新的良好氛围。创新能力发挥得好，将为社会带来巨大的经济效益和社会效益。要在全社会积极营造尊重创新、鼓励创新、支持创新、宽容失败的社会氛围，大力培育和发展创新文化。创新是不断试错的过程，一开始可能存在不完善的地方，还有不足之处，但只要它是着眼于解决难题，就不应该成为我们因噎废食的理由。要允许失误，宽容失败，使一切有利于发展的创新之举都能赢得人们的掌声。要创造宽松的政策环境，允许人们大胆探索，使人们习惯于尝试，形成强烈的创新意识和冲动。要把创新能力教育贯穿于国民教育的全过程，从娃娃抓起，从幼儿教育和学校教育抓起，转变学校教育中"乖孩子"的教育方式，真正面向现代化、面向世界、面向未来地教育具有创新精神和创造能力的一代新人。

其次，应尽快建立领导干部创新能力激励制度。在制度设计上，既要认真研究鼓励创新的措施，对敢闯敢试，在创新上有突破、有实绩的领导干部，要重奖重用；又要认真研究容许创新失误的措施，不能太计较创新过程中出现的失误和不足，不能抓住"辫子"不放，旗帜鲜明地鼓励领导干部大胆探索，激发基层领导干部勇于创新的积极性和主动性。要建立创新能力评价指标体系，形成包括对基层领导干部的创新意识、创新思维、挑战精神、责任感、学习能力、信息加工能力、应变能力及其成果等各方面综合考查的系统，运用定性和定量的方法，综合测定基层领导干部的创新能力。要把基层领导干部的创新能力与晋升、任用和福利关联起来，从而使指标体系产生较大的激励作用。要在各级党校、行政学院的教育中加大创新能力培养的比重，创新教育模式，通过案例教学、实践考查等方式，培养基层领导干部的创新思维和创新能力。

总之，提高基层领导干部的创新能力不能无所作为，不能指望一蹴而就，要在正确的思想原则指引下，解放思想、实事求是、与时俱进，充分发挥思想发动、学习教育、制度机制等方面的作用，充分发挥领导干部自身的主观能动作用，全面提升基层领导干部的创新能力，大力培养和造就一批创新型领导人才，把建设中国特色社会主义伟大事业不断推向前进。

第七章　新时代基层干部应急处突能力提升策略

　　当代非确定因素增加，风险性越来越高，加之近几年我国突发事件不断发生，给基层干部的应对能力带来了极大的挑战。能否及时、有效地应对突发社会危机事件，是检验一个国家的执政能力和考验政府领导者管理水平的重要标志。习近平总书记强调，年轻干部要提高应急处突能力。预判风险是防范风险的前提，把握风险走向是谋求战略主动的关键。要增强风险意识，下好"先手棋"、打好主动仗，做好随时应对各种风险挑战的准备。要努力成为所在工作领域的行家里手，不断提高应急处突的见识和胆识，对可能发生的各种风险挑战，要做到心中有数、分类施策、精准拆弹，有效掌控局势、化解危机。要紧密结合应对风险实践，查找工作和体制机制上的漏洞，及时予以完善。①这对培养领导干部应急处突能力指明了方向。应对风险，需要领导干部具有敏锐的风险意识，全面的抵御风险能力，保持对风险产生的预见性，处理问题要快、要及时，不能延误时机，要沉着冷静、稳住阵脚，采取有力措施，控制事态的发展，在危机中寻求机会，找到解决问题的最佳方式。

　　在应对突出危险或事件上，领导干部尤其是基层领导干部要树立"责任重于泰山"的观念，本着"泰山压顶不弯腰、惊涛骇浪不低头"的应急处突原则，既要做到未雨绸缪、运筹帷幄、处变而不惊，又要具备善后重建能力，比如加强突发事件舆情引导，安抚民心、动员群众，争取外援、做好募捐工作，实事求是、客观评估损失，深刻反思、汲取经验教训。

　　本章从我国公共危机事件发生的类别入手，分析地方政府突发公共事件应急管理存在的问题，探究在健全政府应对突发公共事件管理体系中如

---

① 习近平在中央党校（国家行政学院）中青年干部培训班开班式上发表重要讲话强调：年轻干部要提高解决实际问题能力 想干事能干事干成事 [N]. 人民日报，2020-10-11.

何加强基层干部的应急处突能力。

一、当代中国公共危机事件发生的类别

当代中国社会公共危机已由非常态变成了社会生活的常态，公共危机几乎是无时没有、无处不在，加强公共危机治理，维护社会和谐稳定刻不容缓。地方政府作为应对和化解公共危机的主体，承担着其他非政府组织和个人难以承担的责任，政府公共管理水平的一项重要指标就是政府的公共危机治理能力。我国当前公共危机发生的频率较前有所提高，首先，因为我国正处在社会转型期，各种矛盾相互交织，一旦触碰就会演变成公共危机事件，其次，我国又处于自然灾害频发区，一些地方过于追求经济利益导致生态环境遭到严重破坏，自然和社会的各种不稳定的因素频现，加之公共危机具有突发性、紧迫性和不确定性的特点，危机一旦爆发，其破坏力将造成不可避免的经济损失、人员伤亡，甚至造成社会的失序，以及一定层面上的政治动荡。中国共产党始终代表的是全中国人民的根本利益，面对各种可能引发的社会公共危机，觉和政府不可能视而不见，2003年全国发生的SARS传染病事件、2008年的汶川大地震自然灾害事件、2019年全世界发生的"新冠"肺炎疫情等，都得到了迅速有效的控制，把事件造成的危害程度降到了最低点，体现了服务型政府的基本要求，也反映了我国各级领导干部的应急处突能力。

（一）自然灾害类公共危机事件

自然灾害是世界上所有国家都要共同面临的一种风险和危机。从我国近年来发生的危机事件上看，自然灾害类危机事件呈上升趋势。一个国家、一个民族要持续发展下去，那么前进的道路不可能平坦，一定是会伴随这样或那样的风险和危机。我国现代公共危机管理的重点对象，是对自然灾害类危机事件的治理。从分类上讲，我国出现的自然灾害类公共危机，一般主要包以下一些现象的表现：气象灾害类的有如洪涝、干旱、冰雹、风雪、台风、沙尘暴等；地质灾害类的主要有如地震、山体滑坡、泥石流等；海洋灾害类的有如海啸、赤潮、风暴潮等；生物灾害类的有如草原植被被破坏、森林草原火灾，农作物病虫害；等等。从近些年来看，可以说我国是

世界上遭受自然灾害影响和损害最为严重的国家之一。在我国，地震、台风、洪涝等特大自然灾害经常发生，给广大人民群众的正常生产和生活秩序造成的严重的破坏。

从危机的程度上看，自然灾害类公共危机对我们所有人类造成的损害和威胁是巨大的。学者张楠楠认为，我国自然环境的多样性也造就了较为复杂的自然灾害风险环境。[1] 近年来，我国发生的多起自然灾害类公共危机事件，无论是地震灾害、洪涝灾害、台风灾害，还是一般的泥石流灾害、山体滑坡灾害，都对人民群众的生命和财产都造成了极大的威胁，应对和防范这些危机事件成了各级地方政府的重要工作之一。自然灾害面前，各级领导干部要积极应对和化解，尽可能将危害程度降到最低点。

（二）事故灾难类公共危机事件

马克思主义认为，人类社会总是在矛盾冲突过程中不断向前发展。生产力的发展，既给社会带来巨大的物质财富，也给人类社会自身的发展埋下前所未有的风险隐患，这些风险普遍存在于各个领域、各个方面，也融入我们的现实社会生活中，这些隐患一旦发生意外而突然爆发，其灾难性后果将无法想象。近些年来，我国发生的事故灾难类公共危机事件，交通运输事故不仅有铁路、公路、民航，而且水运等部门在运行过程中发生的事故也是常见，同时公共设施、设备事故的发生包括企业的安全生产事故，以及城市的供水、供电、供气、供热等方面引发的事故，还有环境污染与自然生态遭到破坏事故等。进入 21 世纪后，我国在加快经济社会发展的同时，也不免出现这样那样的安全事故。我国目前正处在社会主义初级阶段，社会转型会带来种种问题，事故灾难类公共危机事件时有发生。

事故灾难类公共危机事件的发生，对人类的生存造成了直接的威胁，每一个事故的发生，不是造成财产的重大损失，就是造成严重的大量的生命消失。当代社会，在交通日益发达的今天，特别是需要注重交通安全事故的防范，在我国每年发生交通安全事件造成的人员伤亡数据令人触目惊心。事故灾难的发生，直接损害的就是人民群众的生命安全。刘霞、向良云两位学者认为，事故灾难就是一个复杂、开放、巨大的人机动态系统，

---

① 张楠楠. 自然灾害风险管理研究 [M]. 北京：中国商业出版社，2010.

每一个事故灾难从孕育、产生、发展、消长到激变最终演变为灾难性后果是一个长期的过程，其形成与爆发的偶然性、多变性特点对日常的事故灾难处置提出了新的更高的责任要求。[①]这也对领导干部的应急处突能力提出了新要求——要处变不惊，要增强风险意识，下好先手棋、打好主动仗，做好随时应对各种风险挑战的准备。

（三）公共卫生事件类公共危机事件

公共卫生事件也是我国公共危机事件的一个重要方面，每年因公共卫生引起的危机事件也不是一个小的数目。那么，什么是属于公共卫生事件呢？从内涵上讲，公共卫生事件就是指突然发生的、没有任何前兆的，因其发生对我们人类正常的社会秩序构成严重威胁，其结果往往是造成或者可能造成大批的社会公众的身体健康受到直接的或间接的有损害的重大食物集体中毒、流行传染病疫情、不明原因造成的群体性疾病，以及由其他原因引起的严重影响社会公众身体健康的危机事件。中华人民共和国成立以来，我国政府特别重视防范公共卫生事件的发生，但由于种种原因，公共卫生事件类公共危机事件还是时有发生。全球目前的科技水平能够发现的世界上三十种重大流行传染病疫情中有一半已经在我国境内发现，这些疫情极大程度地危害我国公民的身体健康和生命安全。如 2003 年全国发生的 SARS 传染病事件、2019 年全世界发生的新冠肺炎疫情。进入 21 世纪以来，食物中毒也是一种比较常见的公共卫生事件类公共危机事件，因此我们绝不能忽视食品安全问题。这也要求我国政府和各级领导干部要提高公共危机事件治理能力。

（四）社会安全事件类公共危机事件

在我国，除了前面所讲的公共危机事件以外，还有社会安全事件类公共危机事件，这类危机事件对我国社会的影响很广泛。从内涵上看，社会安全事件类公共危机事件，主要包括重大刑事案件、民族宗教事件、恐怖袭击事件、涉外突发事件、经济安全事件、集体上访群体性事件等。我国目前正处在社会转型的重要时期，新旧矛盾和纠纷相互交织在一起，人民内部矛盾显得尤为突出，面临着刑事犯罪的高发期和对敌斗争的复杂期，

---

① 刘霞，向良云. 公共危机治理 [M]. 上海：上海交通大学出版社，2011.

这个事实表明，在社会主义中国，相关的法律与制度还不够完善和健全，一些人会钻法律和制度的空子，社会公共安全事件有高发的态势。我国作为社会主义国家，敌对势力也在不断地干扰和破坏，中国特色社会主义面临诸多的公共安全的风险。社会安全类公共危机事件一旦发生，对国家、对社会、对个人都会产生严重的影响。因此，作为地方政府来说，面对日益复杂多变的社会现实，我们绝不能忽视这类事件对我国改革与建设的影响，要保持高度的警惕性，对社会安全事件的防范与处置不能有丝毫的懈息和任何的麻痹。在群众性事件中，多数表现的是民众的基本诉求没有得到理想的解决，而引发的社会矛盾的外在表现，所以需要不断完善社会公众的利益表达诉求机制和矛盾调处机制，实行标本兼治，根除社会安全事件滋生的土壤。作为领导干部，要"不断提高应急处突的见识和胆识，对可能发生的各种风险挑战，要做到心中有数、分类施策、精准拆弹，有效掌控局势、化解危机"①。

二、地方政府突发公共事件应急管理存在的问题

（一）公众危机意识和参与度不高

危机意识对于突发公共事件的预警和应对有重要意义。然而，在我国仍有许多公民甚至应急管理人员都也存"事不关己，高高挂起"的思想观念。在应急管理中主要表现两个方面：一是应急管理部门"重治理、轻预防"的顽固思想，在日常的管理过程中没有树立牢固危机意识，导致危机意识逐渐淡薄。二是应急管理部门对危机意识的宣传与教育不到位，在危机宣传上仅仅停留在"喊口号"的层面，并没有形成"真抓实干"的宣传态度。公共危机意识的缺乏直接造成公众的恐慌情绪，这对社会的稳定和突发公共事件发生后公众的自我救助都产生了一定的负面效应。目前，仍然有少数应急管理人员存在"突发事件毕竟是少数、突发事件无关大局"等思想，这种思想是致命的。尤其是在偏远落后地区，很多严重性伤亡都是由于公民缺乏最基本的应急理念和自救常识造成的。

---

① 习近平在中央党校（国家行政学院）中青年干部培训班开班式上发表重要讲话强调：年轻干部要提高解决实际问题能力 想干事能干事干成事 [N]. 人民日报，2020-10-11.

此外，突发公共事件发生后，政府虽然在资源配置、人员调动等方面占据主导优势，但政府并不是应对突发公共事件的唯一主体。非政府组织公益性强、社会融合度高，在突发公共事件发生前期的预警、监控阶段，以及突发公共事件发生后的灾害救援、事故调查、灾后重建等方面都能够发挥重大作用。

（二）应急预案操作性不强

应急预案是在突发公共事件发生之前，政府应急管理部门针对各类突发公共事件的有效应对而制定的指导性文件。然而，在突发事件应急过程中，应急预案的实施效用却微乎其微，通过调查，主要有四个方面的原因阻碍了预案实际效用的发挥。一是应急预案的制定缺乏针对性。在突发公共事件发生后，相关部门并没有对事情发生的原因及事情的特点进行归纳总结，并制定出具有针对性的可行性方案，而是生搬硬套其他案件的处理流程，造成应急预案的实施效果不理想。二是对突发公共事件应急预案的可行性和实用性没有认真审核。应急预案制定之后，相关部门并没有对应急预案进行风险评价，以及风险补偿能力的评估。三是应急预案缺乏现场模拟演练。在突发公共事件发生前，相关部门应组织演练，针对演练中频繁出现的问题，有针对性地提出解决措施，不断地在演练中发现不足并完善应急预案实施意见。[1] 四是应急部门间缺乏沟通。应急预案中尽管明确了部门间相应的职责分工，但是实际中经常出现其他责任单位对应急预案不甚了解的问题。

（三）应急队伍和技术缺乏专业性

在突发公共事件应急管理的专业技术层面，我国地方政府可以说是软硬件都没跟上时代步伐。软件上，我国地方政府应急管理救援队主要力量还是解放军、武警、公安民警、消防队员、特警、民兵人员，而专业人员极少。以汶川地震为例，震灾发生以后国内外地震专业救援队伍只有 5257 人，仅占整个救援队伍的 2%。而在更多的地方性局部灾害中，首先投入一线抗灾的都是一些民兵、乡村干部和一些年轻力壮但又毫无专业应急救援技术的人员。硬件方面，我国的应急设备大多为老旧设备，并没有引入一批高端、先进的探测救援装备，尤其是对爆炸物品的救援上，因缺乏先进有效的设

---

[1] 张艳芳. 地方政府突发公共事件应急管理机制研究 [D]. 济南：山东大学，2014.

备如遥测，遥控等，导致救援的低效能、高耗费。

抗击"非典"期间，广东省之所以走在了全国的前列得益于两个专业队伍，一个是以张德江为首的决策队伍，另一个是由钟南山带头的技术队伍。面对肆无忌惮的"非典"疫情，有人主张学校停课、市场停市、工厂停工、交通停运，政府应急决策处于两难境地。省委书记亲自到省卫生厅现场办公、召开医疗专家听证会，确定"非典"病人在两个星期左右的潜伏期不具有传染性之后，毅然决定全省不停工、不停课、不停市。最终广东既没有发生大量感染的病例，也维持了正常社会秩序和经济发展。

（四）应急组织机构缺乏稳定性

目前，我国在突发公共事件的管理决策中，从中央到地方实施的是平战结合的应急组织机制。这种临时性的组织机制整齐划一、效率高，且节省了编制、人员、经费。但这种机制在应对突发公共事件时逐渐暴露出人力、物力、财力缺乏的问题。第一，应急管理层专业性不强。没有常设性应急管理机构，临时机构缺乏延续性，而且应急管理的经验教训就没了专门的工作团队去总结。其中少数的政府办公室工作人员毕竟只是兼职，兼职必然导致不专业。第二，是缺乏具有正式编制的应急管理专家。在政府部门的人员编制中，专门为辅助行政机关首脑进行突发公共事件决策的咨询专家经常是在遇到突发公共事件时临时性地抽调的，这种平战结合的专家咨询机制带有很大的随意性，不够规范，影响对突发公共事件决策的质量。[1]而现在还存在一些非正式咨询的决策机构，各级政府的研究室职能错位、人员的知识结构不合理等问题，很难在应急管理中发挥决策咨询作用。第三，应急管理建设缺乏专项资金。大部分时期都是和平时期，自然没有大量的人力物力投入应急管理上，或者是被其它常设性机构占用，而等到突发公共事件发生的特殊时期，只能"亡羊补牢"了。第四，缺乏独立的工作立场。应急管理决策机构都是临时成立，尽管队伍的召集和行动迅速有效，但是在处理突发公共事件时无法摆脱先前的工作立场，这就为应急管理工作的协调与分工埋下隐患。

---

[1] 张艳芳. 地方政府突发公共事件应急管理机制研究 [D]. 济南：山东大学，2014.

（五）事后应对机制不健全

地方政府在处理社会突发公共事件时缺乏社会各组织和公民的积极参与，无法形成合力，危机修复机制不完善。当突发公共事件发生之后，应该立即启动危机修复转化机制，尽快恢复经济和社会稳定，尽力弥补因突发公共事件所造成的损失。地方政府应急管理危机修复机制不完善主要表现在两个方面：一是对基层应急管理重视不够。一般性的突发公共事件如果没得到有效控制其结果往往造成更大灾难。而最先获悉和接触到突发公共事件的往往也是基层政府和其他基层组织，如果基层不具备专业的应急管理机制和能力，那基层就很难完成把矛盾扼杀在萌芽或者防患于未然的艰巨任务。二是地方政府之间，尤其是各平行政府之间缺乏交流协作。有效的信息传递是保障避免社会公众恐慌的基础。应急部门之间、相邻地市之间均需要确保内部，以及外部之间的沟通顺畅。

（六）应急管理法制不完善

我国突发公共事件应急管理建设与发达国家相比，主要落后在两个层面，一是技术，二是法律。在这个和平和发展为主题的时代，法律成了一种推动发展的稀缺资源，同样也是处理和应对突发公共事件的重要手段。然而，我国地方政府在应急管理法制建设上存在明显不足，这不仅是地方的个别问题，而且是全国大部分地方政府尤其是基层政府都存在的普遍问题。

首先，地方突发公共事件应急管理法制框架不健全，完全依靠国家现有法律框架。围绕《突发事件应对法》这一应急基本法为中心，在全国制定了诸如《防洪法》《防震减灾法》《安全生产法》等专项法律，但是地方性法规仍然存在大量空白。其次，与突发公共事件不同阶段对应的法律极少。从突发公共事件应急管理准备阶段到恢复阶段的地方法规几乎为零，而《应急准备法》《恢复重建法》《国家补偿法》等法律在西方发达国家都已成为现实。最后，地方应急管理人员法律意识淡薄。在突发事件应对中仍然依靠个人经验为主，法律成了一纸空言。地方政府以人治代替法治的方式，在处理突发公共事件的过程中，严重忽视法治的重要性

三、培养基层干部的应急处突能力的途径

（一）完善地方政府突发公共事件应急管理的对策

1.加强应急准备工作

（1）建立应急预演机制

应急预演是让应急预案真正具有可行性的必经途径。通过模拟显示情况的发生，在一次次地演练中可以发现当前预案中某些内容设想的局限性，了解预案的不足之处。同时，在不断地演习中，参与危机应对的不同部门、个体可以更好地相互配合，增强彼此之间的默契程度，有利于提高在真正处理危机事件时的应对能力。除此之外，社会大众也可以在演练中了解危机事件出现时该如何处理，有利于减少危机事件出现时的社会性恐慌情绪。

加强各类突发事件演练。对于地方多发、可能发生的灾害性事件应该加大应急演练的力度和强度，提高应急演练的频率。此外，还要扩大应急演练人员的参与范围，尤其是基层普通农民、工人、学生等。

加快相关技术的普及。通过技术突破，尽可能地还原突发事件的情景，通过多次切身体会来提高工作人员和社会民众的应急能力。比如日本的防灾体验中心，它是在现实空间中用高仿的现实情景或者虚拟的孤情景模拟灾难现场；广东省建设的突发事件网络模拟平台，用虚拟空间构建了各种突发事件的现场情景，并用动画指导我们用正确的方式方法逃生和预防。

（2）加强应急队伍建设

突发公共事件的应对除了需要制定周详的应急预案之外，还需要有一批训练有素的专业人才。虽然国家早在"十二五"规划纲要中便指出了加强应急队伍建设，建立应急队伍体系，提高生命救治能力的发展要求。但不可否认的是，当前我国应急队伍建设仍处于落后阶段，应急救援队伍现状不能满足地方实际需要之间的矛盾突出。因此，加快建立一支危机事件应急队伍应该成为危机事件处理机制中的最关键的部分之一。基层应急队伍建设需要遵循以下两个原则。

第一，专业化与社会化相结合原则。突发性事件不是少数几个经过专门训练的人能够独立解决的，需要全社会共同努力。因此，队伍建设应该走专业化与社会化相结合的道路。在专业人才的带领下，运用专业知识，

同时动员全社会的力量来解决危机事件。比如德国就始终坚持这一原则，从地方建立一支民防专业队，专业队伍包括技术训练队、抢救队、消防队、卫生队、维修队等，既做到了应急队伍专业化，又有利于提高基层应急队伍的应急能力和社会参与程度。

第二，坚持需要导向原则。专业应急队伍的建设需要考虑实际情况。一方面，专业队伍的规模应该满足其面对的潜在突发公共事件的规模，既要考虑到政府的人力、物为、财力的状况，又要满足现实应急需求。另一方面，队伍的整体素质和专业要求还要满足当地突发事件类型需要。只有从地方实际出发按需配备人才，才能真正做好应急队伍建设工作。

（3）打造专业应急技术装备

应急队伍处理突发事件的能力除了与队伍自身素质有关，还与队伍的技术装备是否优良紧密相关。在应对突发公共事件中，常用的技术装备主要包括：通信设备、交通运输设备、工程机械设备及医疗卫生设备。具有精良的技术装备，其处理应对突发事件的能为往往更强。《突发公共事件应对法》第33条和第36条分别规定了国家必须建立应急通信系统和鼓励扶持对应用于应急管理的新技术和新设备，比如监测、预防、救援、处置等领域。

地方政府可从以下四个途径加强地方政府应急技术装备保障机制建设：第一，充分发挥现有高效的科研能力，引进国外先进技术经验并结合地方实际情况加以创新，研发具有地方特色的高技术装备。第二，建立全领域协助机制。某地区可以与邻近地区建立互助合作化制，互通各自的先进装备，发挥现有装备的最大功效。第三，做好地区相关部门的统筹工作，吸收相关专业化应急管理技术人员。第四，依据现有互联网平台，建立自上而下的应急指挥网络系统，保证信息自上而下、自下而上传输畅通。同时，可以借助现有网络平台增强指挥的有效性与命令下达的及时性。

2.加强应急教育与培训

当前，我国有关应急管理教育比较落后，国民应急管理意识、处理突发公共事件能力比较欠缺。政府加强应急教育与培训有利于提高民众的应急意识、防灾意识及应急心理承受能力。构建宣传教育培训机制必须遵循全面覆盖、分类分层、联系实际、学以致用的原则，采用多元化的宣传教育培训渠道与方法，开展各种各样的应急教育，提高整个社会应对危机的处理能力。

第一，做好领导干部培训工作。在整个危机事件处理机制中，领导处于核心地位，其对突发公共事件的应对决策科学与否直接决定了突发公共事件能不能得到妥善解决，是否能最大程度地消除其带来的不利影响，从而维护社会稳定。提高领导干部处理应急事件的能为应该从以下几个方面着手：一是教学内容应该贴近实际情况，不能纸上谈兵脱离实际。只有一切从实际情况出发，针对领导干部的培训才能真正提升其应对实际危机的能力。二是教学形式应该多样化。既有理论教学又有实践演练。在实际模拟中掌握处理危机的技巧。三是针对领导干部的培训应该建立长效机制，将培训工作制度化、规范化，使其成为整个机制的一部分。领导干部的培训工作不是一劳永逸的，社会在不断进步，潜在的危机也在不断发生变化，领导干部需要不断学习，跟上时代的步伐，才能在面对实际危机的时候做到游刃有余。四是依据现有领导干部在线或者线下教育平台。在"干部教育在线"开设应急管理专业课作为部分相关干部的必修课程，其他部门领导干部可以选修，此外，在各级党校或者培训班也可增设应急管理班。

第二，强化救援队伍专业教育。救援是一门专业性很高的技能，需要有专业理论知识的指导，同时还应具备相应的医疗知识。这些专业知识都应该包含在日常训练中，使其成为学习内容的一部分让每个成员掌握。除了专门知识的学习之外，野外实践同样是必不可少的。定期组织救援人员进行模拟训练，增强其实战经验，增长其处理突发状况的本领。对救援人员的培训除了关注救援人员的专业技术之外，还应重视其抗压能力的提升。救援人员在救援活动中会面对很大的心理压力，如何增强其抗压能力，学会自我心理调适，在救灾过程中始终保持良好的精神状态十分重要。

第三，推广公共危机教育。公众同样是处理危机事件的重要参与者，因此做好公众的培训教育工作同样十分重要。首先，要增强公众的危机意识。政府部门应该利用基层政府组织开展各种形式的突发灾难讲解，让民众了解平时生活中可能出现的危机事件。其次，通过组织大规模的演习，提高民众的解决危机事件的能力。民众是危机事件发生的最直接受害者，提高民众的自我救援能力可以有效地减少民众在突发公共事件中所遭受的伤害，同时也可以减少应急救灾的难度和阻力。

3.完善应急决策体系

管理的成功与否，关键在于决策，对于突发公共事件的应急管理更是如此。根据国家统计局公布的一些数据表明，在没有严重自然灾害的年份，有些自然灾害专项指挥部甚至一年只开一至两次会议，而日常事务均由设在某部委的办公室负责处理。因此，当真正出现严重的自然灾害险情时，往往不能及时采取措施应对险情。这就证明缺乏专门的、常设机构来管理突发公共事件不利于应急管理的有效性，因此，我们必须尽快建立完善的突发公共事件应急管理决策机制。

（1）建立统一的、常设性的突发公共事件核心决策机构

设立一个具有综合协调能为、科学、权威性的政府安全应急管理机构是我国多年来应对危机管理的经验教训总结。在抗击 2008 年暴发的南方特大冰雪灾害中，体制上的条块分割及地区的各自为政，缺少具有全局性、科学性，以及权威性等特点的高层指挥协调机构，导致各种社会力量和资源难以被整合以对抗突发重大灾害，使得抗灾救险工作一度陷入被动。

（2）不断提高应急管理决策者能力

影响政府突发公共事件应急管理决策质量的因素很多，一是突发公共事件自身规模的大小，这直接决定了应急难度系数；二是单个决策者或决策机构自身素质和能力的高低；三是社会力量和人们对政府的决策的参与程度和支持力度。首先，突发公共事件应急管理必须具有一个强有力的领导核心，这样才能将每个决策者的决策能力结合到一起，使得每个决策者的能力发挥到最大。其次，应急管理的主要决策者必须具备宏观统筹能力，不能被局部灾情牵制而不顾整体，更不能鼠目寸光。最后，应急决策者面对突发事件的心理承受能力和冷静思考能为也很重要，如果决策者对瞬息万变的灾情没有正确客观的思考，很可能就出现决策失误。

（3）构建应急管理决策监控系统

政府对突发公共事件决策过程的监控，可以确保政府决策者和社会公众之间建立良好的沟通，保证各部门在突发公共事件的行动具有合法性和合理性。突发公共事件决策监测系统的功能在于保证决策者应对突发公共事件时决策在形式和内容上的合理性，从而为执行决策提供目标向导。构

建应急管理决策监控系统可以从如下几个方面着手：突发公共事件决策监控主体、监控标准、监控依据及监控沟通等，据此来提高决策者的决策水平，从而不断完善突发公共事件的决策机制，把损失降到最小。

（4）具备先进科学的决策方法。决策是一门科学，面对突发事件决策者不能靠拍脑袋决策，要遵循其独特的科学理论。突发公共事件的蔓延是一个动态过程，此过程对决策的质量及决策机构的整体素质要求相当高。这主要是因为决策者面对突发公共事件做决策基本上都是非程序化的决策，并且存在时间紧迫、信息不充分等高难度系数。因此需要找到适合于应急管理的专业方法，决策随着事情变化而变化使得决策适应当前的形势。

4.加强应急社会参与

（1）打造非政府组织参与平台

突发公共事件要实现从政府单方面管理到社会协同治理的彻底转变，缺少非政府组织的参与和支持是不可能成功的。政府在突发公共事件应急管理过程中始终发挥主导作用，但这主导作用也要体现在为广泛社会组织尤其是第三部门营造良好的参与和共同治理环境。第一，加强合作，改善关系。充分肯定非政府组织在社会管理，尤其是应急管理中的重要作用，并加强与非政府组织之间的交流沟通，建立友好合作的伙伴关系。第二，提高非政府组织的社会地位，明确其责任与义务。一方面，可以通过法律或地方规章制度的形式规定非政府组织的权责范围，另一方面，也要尊重非政府组织的独立性和自治性。第三，设立一个综合管理机构或岗位。政府应该主动与非政府组织之间架起组织桥梁，而不能只是加强对其领导。

（2）挖掘基层组织的力量

民间自治组织是地方政府加强突发公共事件应急管理不可缺少的力量。基层组织深入群众，最能发动群众；基层组织深入突发事件最前沿，应对突发公共事件具有时间优势。基层组织虽然不是应对突发公共事件的中坚力量，但是它却具备大灾变小、小灾变没、将势头不大的突发事件扼杀在摇篮的条件和能力。所以，充分挖掘培育基层组织的应急管理能力能起到事半功倍的效果。

首先，从观念和行动上重视基层组织在突发公共事件中发挥的作用。帮助基层组织和群众树立社会治理的主人翁意识，并选取先进人物、典型事迹进行公开表彰，提高他们的参与积极性。其次，给基层组织提供专项资金储备和资金保障。一方面，要加大对地方政府尤其是基层政府的资金投入力度，每年拨发专项应急管理经费并下划到农村；另一方面，突发公共事件平息之后对有贡献的基层组织给予资金补贴。最后，对基层组织干部进行专职培训，尤其是基层地方政府。突发公共事件中，基层组织虽然具备时间和空间优势，但在技术和理论方面却相对不足。政府应该有意识地帮助地方基层组织弥补应急管理理论和技术上的不足，定期加强对基层组织相关人员的应急管理理论教育和实际演练培训。

（3）培育志愿者精神

2008年5月12日，四川汶川发生8.0级强烈地震；2013年4月20日，雅安芦山发生7.0级地震。汶川地震中，来自全国各地的志愿者超过了560万，志愿者队伍热血沸腾、行动迅速、反应灵活，为汶川地震的救援和恢复工作做出巨大贡献，同时在全国催生了志愿者精神。然而缺乏经验也暴露出很多缺陷：比如组织化程度低，很多民间组织或者无组织者来到汶川，由于缺乏保障沦为"游击志愿者"甚至灾民；专业化程度低，很多志愿者缺乏专业培训导致支援工作无功而返。雅安芦山地震中，为进一步做好抗震救灾社会参与工作，国家相关通知主要内容涉及：未经批准原则上暂不自行安排工作人员前往灾区；非应急救援人员、志愿者等社会人员尽量不要自行前往灾区。吸取经验教训，随着志愿者队伍的不断壮大和多次实践经验得知，志愿服务事业在社会管理中发挥着重要作用，但也有很多问题需要完善。促进志愿服务事业的发展，必须大力倡导志愿者精神，完善志愿服务体制，而这不仅需要志愿者自身努力，还需要政府和社会的共同努力。

第一，转变政府职能，为志愿者提供服务。我国志愿者服务事业起步晚，但发展潜力大、发展速度相当较快，政府加大对志愿者服务事业的投入与管理意义长远。政府必须理顺自身与志愿者之间服务与被服务的关系，这是政府做好志愿者工作的基础。在此基础上，政府应该加大对志愿者事业的资金投入力度，完善志愿者服务体系，既要为志愿者服务提供坚强的政策支持，又要加强对其监督和引导。

第二，优化志愿组织，完善内部机制。作为一个公益性组织，随着机构体系的扩大与复杂，加强内部管理十分必要。首先，制定长远战略发展规划。对于志愿者的使命愿景、机构组织体系建设，以及管理人员个人发展规划都要列入事业战略规划当中。其次，加强对志愿者内部团队的人力资源管理。既要做好服务组织管理人员的绩效、培训、激励、薪酬等工作，又要重点扩充志愿者服务队伍的数量和质量。最后，建立公开透明的资金管理机制。志愿者等公益性组织的内部资金结构复杂，所以要严防专项资金借做他用、侵占公共资金等腐败现象。

第三，弘扬志愿精神，营造治理氛围。志愿者精神本质是慈善精神，是利他主义。无私奉献，舍己为人的志愿者精神是我国优秀传统文化的集中体现，也是社会主义核心价值观的内在要求。弘扬志愿精神需要每一个共同努力，才能把携手治理的良好风气真正树立。

5.完善应急事后应对

（1）健全恢复重建机制

按照突发公共事件应对法的规定，突发公共事件的危害和威胁得到控制以后，恢复重建工作当即开始。灾后恢复重建机制的建设，影响到灾区群众的正常生活、生产秩序。恢复重建工作要坚持以人为本的原则，无论是在重建规划还是恢复工作实施中都要注重群众的感受、参与和评价。恢复重建工作要坚持及时高效原则，突发公共事件平息之后，恢复重建工作就要迅速进入议程。恢复重建工作还要坚持广泛参与、社会协同原则，在恢复与重建工作的过程中，既要发挥政府的主导作用，又要充分发挥企事业单位、社会组织、保险机构、社会各界人士的多方力量。

恢复重建工作还要坚持因地制宜、地方为主的原则，在具体的恢复重建工作中，既要遵守宏观整体规划，又要紧密结合受灾区域的实际情况。[①]恢复与重建作不仅包括对受灾地区的经济和能力和基础设施的恢复，还包括对灾区可能再次发生的灾害防御及对人民身心健康的恢复。具体包括：防止衍生事件发生、社会秩序恢复、基础设施恢复、生产生活恢复、损失评估、优惠政策的制定与实施等。2004年印度尼西亚8级海啸，死伤人数超过20万，近百万人无家可归，印尼最终能做好灾后恢复工作就是本着人道主义、公众参与、合作协调的原则。

---

① 闪淳昌，薛澜. 应急管理概论——理论与实践 [M]. 北京：高等教育出版社，2012.

（2）完善责任追究机制

地方政府对突发公共事件应急管理实行绩效评估和问责机制能够明确突发公共事件的责任主体，有利于改进和提高突发公共事件应急管理水平。建立绩效评价体系，让各级政府部门不仅关注资金的投入，更加注重突发公共事件管理的质量和效率等服务体系，强调产出和效益并重。完善应急管理责任追究机制，明确政府在应急管理工作中的职责性，有利于调动积极性，落实各部门职责。

责任追究工作，具体包括责任追究的内容、对象、主体，以及责任追究的情形、方式及适用。除此之外，必须严格执行责任追究的程序。责任追究的程序一般包括启动、调查、决定、申诉和复议五个阶段。完善责任追究机制必须遵循以下两个原则：第一，实事求是与严格要求相结合。突发公共事件应急管理的领导干部责任重，关系人民群众的生命安全和财产安全，必须严格责任追究机制。同时必须兼顾实事求是的原则，不能把莫须有的责任强加给领导干部。第二，过程与结果相结合。责任追究机制必须与绩效评估机制配套实施，应对突发公共事件，需将应急管理的结果产出与突发事件的处理过程相结合，综合评定领导干部的责任履行情况。

6.完善地方应急法律规章

（1）完善应急管理地方性法规

第一，制定应急管理地方性法规需要对地方政府应急管理机构的设置、权限责任、行政规范、职责分工、职能定位、资金保障等做出明确规定。第二，以明确的法律条文的形式对管理部门的权力，确立其权威，保证当危机事件发生时，指挥部门能够拥有充分的指挥权限、调度能力，从而保障应急工作有序开展。第三，有权必有责，在保障指挥部门的相应权利的同时也应该对其进行监督和制约，避免法律赋予的权力被滥用。因此，需要使得相应的监督部门使其权力可以在阳光下行使，保障人民大众的利益不受到损害。第四，针对特殊情况做出明确规定，例如对各种应急人力物力资源的动员、征用和管制，对市场行为、社会团体活动、网络通信自由、新闻传播舆论及其他社会领域的禁止、限制与管束，紧急状态下的信息披露方式与责任，公民依法参与国家应急管理的过程等事项。

（2）制定专项应急防治规章

在地方立法层面，尤其缺乏专项应急防治规章制度。第一，加强专项灾害法律法规的制定与完善。例如《抗震减灾法》《防洪法》《公共卫生事业应急条例》等。第二，加强专项应急管理法律法规的制定与完善。比如加拿大的《突发事件准备法》、日本的《灾害救助法》、美国的《洪水保险法》等。加强以上两类法律的制定，需遵循下原则：坚持大局意识，把常态管理和非常态管理相结合；坚持以预防为主，抓住应急管理的主动权；体现基层意识，充分发挥人民大众的力量；将法律与制度紧密结合，配套实施。

（3）加快巨灾保险立法

虽然在我国的 GDP 中第一产业所占的比例不是最高的，但是我国的农业人口仍然相当众多，从事农业生产的人数在总人数中占有相当高的化例。此外，我国的农业生产方式仍然以小农生产方式为主，抵抗自然风险的能力十分薄弱。建立农业风险防范机制在我国具有十分重要的现实意义。首先，农业是国之根本，中国是一个人口大国，保障农业的健康发展是民生之本。只有人民的生存需要得到保障才能实现中国的现代化。其次，当前中国城乡差距越来越大。农业保险可以进一步缩小城乡差距，促进城乡融合，打破城乡二元社会结构。因此，要加快做好农业保险立法工作，用法律的形式明确各方的权利和责任。加快巨灾保险立法工作有利于构建巨灾风险分担机制。这种模式下的政府不再是巨灾风险损失的唯一承担者，而是和商业保险公司共同合作，共同承担风险，将传统的灾后财政救济转变为灾前筹资。同时政府也不再是第一保险人，而是把自己的角色定位于最后的再保险人。

（4）加强应急法制宣传

加强应急管理法治宣传，有利于提高公众的应急法律意识，有利于从思想上提高人民群众应对突发公共事件的能力。第一，加强突发事件专项法律教育。通过宣传培训的方式，从干部到群众系统地学习、掌握各项灾害事件的应急法律常识。第二，扩大突发事件应急演练的人员参与范围，让更多处在灾害前沿地区的群众参与到应急演练中来。第三，运用理论教育和实际模拟两种手段加强对应急法治的宣传，通过反馈的结果发现应急法律的缺陷与不足。

（二）基层干部应急处突能力提升路径

1.补好政治素质"短板"，培养敢于担当的"帅才"

这次战"疫"中被处理的领导干部，大都不缺文凭、不缺资历，平时讲话也不缺政治口号，缺的是一种责任意识和担当精神，危急关头不愿冲、不敢冲。因此，在领导干部队伍建设方面首先要补齐责任意识和担当精神这块"短板"。

（1）敢于负责的精神状态

"为官避事平生耻""任其职，尽其责；在其位，谋其政。""敢于负责，是领导干部必备的精神状态。……领导干部重任之下，必须能负重才能担当。负重就要敢于负责。"①在战"疫"中，党和人民对领导干部是这样要求的："必须增强责任之心，把初心落在行动上、把使命担在肩膀上，在其位谋其政，在其职尽其责，主动担当、积极作为。"②此次战"疫"中无论是"火线提拔"还是问责，关键一点就是看领导干部在其位、谋其政、尽其责的实际表现。干得好就及时提拔重用，干得不好就依法依规查办。这也成为领导干部教育和管理的常态。

（2）用实际行动诠释对党的忠诚

党的十九大要求领导干部要把"对党忠诚、为党分忧、为党尽职、为民造福作为根本政治担当"。这种政治担当，不是开会时背诵和空喊的政治口号，而是"要用知重负重、攻坚克难的实际行动，诠释对党的忠诚、对人民的赤诚"③。在抗击"新冠"肺炎疫情的紧急关头，习近平总书记指出："各级干部特别是领导干部必须增强必胜之心，拿出战胜一切敌人而不被任何敌人所屈服的大无畏革命气魄，勇当先锋，敢打头阵，用行动展现共产党人政治本色……"④战"疫"中，一批干部"火线入党""火线提

---

① 习近平. 之江新语 [M]. 杭州：浙江人民出版社，2007：229.

② 习近平. 在统筹推进新冠肺炎疫情防控和经济社会发展工作部署会议上的讲话 [N]. 人民日报，2020-02-24.

③ 习近平在中央党校（国家行政学院）中青年干部培训班开班式上发表重要讲话强调：在常学常新中加强理论修养 在知行合一中主动担当作为 [N]. 人民日报，2019-03-02.

④ 习近平. 习近平重要讲话单行本（2020年合订本）[M]. 北京：人民出版社，2021：39.

拔"，凭的就是用实际行动诠释对党的忠诚，用行动展现共产党人政治本色。这样的干部提拔到领导岗位，人民拥护，党组织也放心。相反不能用实际行动诠释对党忠诚的人是"伪忠诚"，不仅不能当领导干部，更不配当共产党员。

（3）用实际行动诠释对人民的赤诚

共产党和人民政府的宗旨都是全心全意为人民服务。"党的干部都是人民公仆，自当在其位谋其政，既廉又勤，既干净又干事。我们做人一世，为官一任，要有肝胆，要有担当精神。"现代社会充满各类风险，当危机来临，作为在任领导干部应牢记"人民利益高于一切"。首先，要保一方平安，把人民群众的生命安全和身体健康放在首位。切实采取有效措施，坚决遏制危机蔓延势头，减少对人民群众的损害，才能充分体现我们党一贯的人民立场和为民情怀；其次，要解决人民群众因危机灾害而发生的生活困难。"必须增强仁爱之心，当好人民群众贴心人，及时解决群众所急所忧所思所盼。"① 及时回应社会关切特别是群众的集中诉求，不回避矛盾，积极推动问题解决。只有当好人民公仆，把"坏事"变好事，把好事做得更好，才能获得人民拥护，才能获得组织的信任和重用。

2.补好专业"短板"，培养能担当的"专才"

习近平总书记明确指出："这次疫情防控工作中，一些领导干部的治理能力和专业能力明显跟不上，必须引起高度重视。我们要增强综合能力和驾驭能力，学习掌握自己分管领域的专业知识，使自己成为内行领导。"②

（1）领导干部须懂行

各级党委和政府的"一把手"是班长，把握全局、协调各方，承担领导责任，从分工角度来说，主要负政治责任。班子成员中各分管领导，对口的单位大多是业务部门，因此必须管一行、爱一行、钻一行，成为内行或比较内行。如果不懂行，平时尚无大害，但风险来临，危机到来，就会急而无智、说外行话、办傻事，甚至好心办坏事。丢官事小，但给党和人

---

① 习近平. 在统筹推进新冠肺炎疫情防控和经济社会发展工作部署会议上的讲话[N]. 人民日报，2020-02-24.

② 习近平. 在统筹推进新冠肺炎疫情防控和经济社会发展工作部署会议上的讲话[N]. 人民日报，2020-02-24.

民造成损失难以弥补。

（2）业务部门领导干部须内行

此次疫情防控，冲在前面的是市、区、县卫生健康委的领导干部。他们绝大多数都防控得当，进退有序，效果很好，考验合格。但也有少数被问责处理，其中不乏拥有高学历、高职称者，有的还在高校或地方担任过领导职务，也不缺资历。这对领导干部的素质教育与培养提出了新课题。一是业务对口的专家从政后，应去掉"书生气"，尽快"接地气"，了解实际情况与熟悉工作流程，心中有数指挥方能得心应手；二是有管理专业背景（学历或职称）的干部，要坚持理论联系实际，避免"纸上谈兵"；三是没有专业背景又担任了业务部门的领导干部，应该干什么学什么，及时通过自学或业务培训成为"行家里手"。切忌上演"一将无能、累死千军"的悲剧。

3. 补齐能力"短板"，培养善担当的"通才"

领导干部或主政一方或主管一个部门，工作不会一帆风顺，可能面临各种各样的突发事件和危机。部分领导干部平时履职尚可，但危急关头则表现不佳，原因就在于决策力和执行力不足。因此，培养"通才"型领导干部，重点应提升其决策力和执行力。

（1）提升党委和政府"一把手"的决策能力

宪法和党章规定，中国共产党是中国社会主义事业的领导核心，党委书记就是第一责任人。我国宪法和政府组织法规定，各级人民政府实行"行政首长负责制"。此次战"疫"，地方各级党委和政府的"一把手"就是各级抗疫指挥部的"双首长"制总指挥。面临危机时的决策尤其需要科学化民主化法治化：首先是科学决策。领导干部虽不可能是"专才"，但可以借助专家外脑，听取"智囊"的意见，并结合掌握的第一手真实信息进行果断决策；其次是民主决策。遇到危机时不能像平时那样"坐而论道"，但仍可借助现代电子信息技术及时与班子成员进行充分意见沟通；最后是依法决策。一方面，敢担当不等于乱作为，公共权力都必须依法依规行使。另一方面，面临危机地方政府可以依法向上级或同级人大常委会请求授权，并简化决策程序。特别紧急情况下可以"先斩后奏"，并事后承担应有责任。疫情就是命令，防控就是责任，不能因坐等上级指示而失去最佳决策时机。

（2）强化地方党委和政府的执行力

习近平总书记指出："没有广大党员、干部的积极性和执行力，再好的政策措施也会落空。"[①] 在此次新冠肺炎疫情防控中，某些地方在党中央已有战略部署，上级党委和政府已有决策情况下，一些领导干部"执行集中隔离指令打折扣、搞变通""落实'应收尽收、应治尽治'工作要求严重不到位"。战"疫"紧要关头，习近平总书记再次强调：必须增强谨慎之心，对风险因素要有底线思维，对解决问题要一抓到底，一时一刻不放松，一丝一毫不马虎，直至取得最后胜利。[②] 作为地方党委和政府的领导干部平时就应做到：第一，党中央提倡的坚决响应，党中央决定的坚决照办，党中央禁止的坚决杜绝；第二，决不允许"上有政策、下有对策"，决不允许有令不行、有禁不止，决不允许在贯彻执行中央决策部署上打折扣、做选择、搞变通[③]；第三，对领导班子做出的决策、部署的工作、定下的事情，班子成员要立言立行、马上就办、紧抓快办。总之，领导干部要以踏石留印、抓铁有痕的劲头抓工作，以钉钉子的精神干事业，做到一张好的蓝图一干到底。

4.补齐激励"短板"，锻造"精兵强将"队伍

长期以来，我国领导干部队伍建设存在"能上不能下"的难题。此次战"疫"中，各地党委和政府正负激励双管齐下，一方面，对表现突出的党员和干部进行了公开表扬、表彰，并对部分干部进行了"火线提拔"；另一方面，对不敢担当、作风漂浮、落实不力的，甚至弄虚作假、失职渎职的干部，进行了严肃问责和组织处理。此举为我们解决长期以来想解决而又未完全解决的领导干部"能上不能下"这一难题提供了有益借鉴，为积极探索领导干部"能上能下"的常态化，锻造能够应对各种危机和攻坚克难的"精兵强将"队伍提供了可行思路：一是选拔领导干部应把勇于负责、敢于担当的实际表现放在考查首位；二是在平时的组织考查和民意测评中

① 中共中央文献研究室编. 十八大以来主义文献选编（中）[M]. 北京：中央文献出版社，2016：836.

② 习近平. 在统筹推进新冠肺炎疫情防控和经济社会发展工作部署会议上的讲话[N]. 人民日报，2020-02-24.

③ 习近平中. 习近平谈治国理政（第一卷）[M]. 北京：外文出版社，2018：386.

发现"昏官、懒官、庸官"现象的要果断及时"换将"，对庸官懒政可能造成损失的应立即启动"追责"程序；三是选拔专业领导干部不能只看学历和职称，更要看解决问题的专业精神和专业能力。

5.补齐班子"短板"，打造攻坚"指挥部"

此次战"疫"再次证明，能不能打胜仗，关键在领导班子。因此，要按照新时代高素质专业化的要求，精准配备好各级党政领导班子，打造一个优势互补，专业结构合理、整体效能突出的"指挥部"。风险社会时代，各级党委和政府随时可能面临各类危机和突发事件，处理起来都需要很强的专业性，因此在党政领导班子配备中必须补足干部专业化"短板"。有观点认为党政管理是一种综合性专业，"外行也能领导内行"，不一定要专家当领导。也有观点认为党政管理是一种业务性很强的专业，"班子成员内专家越多越好"。这两种观点都反映了在领导班子或工作班子配备中，忽视干部专业素养与岗位相匹配的用人原则，从而造成岗位性质与干部专业特质、政治素质与专业素质、通才与专才之间关系不协调。领导干部专业化应是与所在的领导岗位需求相联系的，提高领导干部队伍专业化水平，要避免无视岗位所需，而简单、片面地追求高学历化、专家化。这种做法恰恰是对领导干部队伍专业化的一种背离。习近平总书记曾指出：一个优秀的政治家不能只懂某一门知识，而是一个大'杂家'。……"这些'杂家'虽然不专，但他们站得高，看得远，把握住大势，所以才能领导诸多专家。"①综合而言，领导班子的配备，"一把手"最好是复合型人才，把握方向、统筹全局，其余班子成员最好是其分管业务领域的专才，英明能干、执行有力，从而实现领导班子整体效能的提升。

总之，基层领导者强化责任担当能力，既要完善问责与激励机制上下功夫，又要强化角色意识，提升危机认知水平。作为一种负向激励的方式，问责的目的不仅仅是处分或处理不合格的领导干部，根本目的更在于通过问责及时补齐我国领导干部的素质"短板"，从而建设一支有担当、敢担当、能担当、善担当的高素质专业化的领导干部队伍，为我国各项改革和发展事业的善始善终、善作善成提供可靠且有力的干部保障。

---

① 习近平. 干在实处 走的前列——推进浙江新发展的思考与实践[M]. 北京：中共中央党校出版社，2006：422.

第八章　新时代基层干部社会治理能力提升策略

　　基层是中国共产党的执政之基和力量之源,是衡量当前基层经济、社会、文化发展动态过程的微观窗口。我国的基层治理是一种错综复杂的社会政治过程,既包含政府统治,又兼具村居社会自治;既具有明确的法治制度,也兼容村社民约效力;既有国家不同形式的嵌入,又有民间各种社会组织的参与。[①] 习近平总书记指出。"党的基层组织是确保党的路线方针政策和决策部署贯彻落实的基础。要以提升组织力为重点,突出政治功能,把企业、农村、机关、学校、科研院所、街道社区、社会组织等基层党组织建设成为宣传党的主张、贯彻党的决定、领导基层治理、团结动员群众、推动改革发展的坚强战斗堡垒。"[②] 基层干部处于基层的镇街、村居一线,是联系党和人民群众血肉关系的关键纽带,基层干部治理能力在一定程度上决定了基层治理能力,进而决定基层治理成效,成为影响基层经济发展与维护基层社会稳定的关键要素。

　　本章从基层干部社会治理能力概念切入,分析基层干部社会治理能力存在的问题及影响因素,阐述新时代基层干部社会治理能力提升策略,为推进我国干部制度的完善提供了相应的理论参考,同时有利于治理能力现代化在基层的深入推进,对于夯实基层治理根基具有重要的现实意义。

---

① 王习明. 城乡统筹进程中的乡村治理变革研究 [M]. 北京：人民出版社，2012.

② 习近平. 决胜全面建成小康社会 夺取新时代中国特色社会主义伟大胜利——在中国共产党第十九次全国代表大会上的讲话 [M]. 北京：人民出版社，2017：65.

一、基层干部社会治理能力概念

（一）社会治理

针对"社会治理"的概念，学术界有着不同的界定：如有的学者认为，社会治理就是"指政府及其他社会主体，为实现社会的良性运转而采取的一系列管理理念、方法和手段，从而在社会稳定的基础上保障公民权利，实现公共利益最大化"[①]；有的学者将社会治理定义为"指政府、社会组织、企事业单位、社区，以及个人等多种主体通过平等的合作、对话、协商、沟通等方式，依法对社会事务、社会组织和社会生活进行引导和规范，最终实现公共利益最大化的过程"[②]；还有的学者认为社会治理就是"指在网络技术与信息技术的支持下，政府、民间组织、公民个人等社会多元要素相互协调，合作治理社会公共事务，以追求最大化的治理效能，最终达到最大限度地维护和增进公共利益之目的"[③]。具体表述虽有不同，但对社会治理的含义都有共同的理解，具体有以下几点：首先，社会治理要求治理主体的多元性。除了政府外，其他社会组织、社区及个人等都作为治理主体之一。其次，社会治理都以实现社会利益最大化为目标。最后，社会治理过程中，各治理主体之间地位平等，协商自愿合作。因此，笔者认同这样一种观点：社会治理就是"以实现和维护群众权利为核心，发挥多元治理主体的作用，针对国家治理中的社会问题，完善社会福利、保障改善民生、化解社会矛盾、促进社会公平、推动社会有序谐发展的过程"[④]。

（二）基层干部社会治理能力

结合本书对社会治理概念的界定及基层领导干部的定义，本书认为：基层领导干部社会治理能力就是以基层领导干部为治理主体，多元治理主体协同共治，以法律为基础，通过有效整合社会资源解决社会问题，实现社会公正、激发社会活力的能力。具体是指基层镇街、村居等干部在行使国家基层权力，主动与社会多元主体共同合作实现基层治理现代化目标的

---

① 周晓丽，党秀云. 西方国家的社会治理：机制、理念及其启示 [J]. 南京社会科学，2013（10）：75.

② 蒋俊杰. 领导干部提升社会治理能力的方向与方法 [J]. 领导科学，2014（03）：6.

③ 刘雅静. 社会治理创新：理论蕴涵、事件困境与路径探寻 [J]. 理论导刊，2014（10）：12.

④ 姜晓萍. 国家治理现代化进程中的社会治理体制创新 [J]. 治国行政管理，2014（02）：24-28.

过程中，能依法有效落实国家政策，积极维护基层公众利益，整合基层资源提供公共品服务，创新管理方法，及时解决基层具体问题，通过提升网络信息化影响力保障基层社会公正、合理运转的基本行政能力、素质与技能，以及心理品质等综合素质的总和。

二、基层干部社会治理能力存在的问题及影响因素

（一）基层干部社会治理能力存在的问题

基层领导干部作为国家政府的代理人，处在化解矛盾、沟通群众的第一线，其工作内容、工作性质等都有其职位层级所赋予的特殊性。基层领导干部社会治理能力的强弱直接影响着党和政府在人民心中的形象，甚至关系到国家治理体系和治理能力的现代化进程。尽管我国在社会治理方面取得了一定的成绩，但当前我国基层领导干部在实现治理能力现代化方面还存在一些问题，突出表现为五个能力方面的不足。

1.政策落实能力不足

基层领导干部往往被视为政策能否落地的"最后一公里"的关键一环。有关数据显示，当前我国超过 90% 的公务员来自基层，80% 以上的财政最终支出是在地方，尤其基层政府和基层领导干部事关政策落地的"最后一公里"，中央的改革措施能否落地、政策的实施能否到位，很大程度上取决于地方政府和基层领导干部的政策落实能力。然而，当前基层领导干部政策落实能力不足，存在"最后一公里"短路、不通的现象，具体体现在基层领导干部执行力缩水及"不作为"。基层领导干部"不作为"现象形式多样，如热衷于搞"面子工程"，不下基层，通过会议和文件来"落实"政策；不能坚持从实际情况出发，遇事"一刀切"，政策难以精准落实。

2.公共服务能力不足

当前，我国大力推动服务型政府建设，提升国家治理能力。然而，与之密切关联的基层领导干部公共服务能力却明显不足，具体表现为以下方面。

（1）公仆意识淡化，服务意识薄弱

部分领导干部漠视"领导即服务"的理念，凭借职位权力大搞形式主义。

面对群众不同的利益诉求，一些领导干部并没有给予及时解决，问题积压成隐患，事态一旦严重，便通过简单地控制、施压等方式来解决，导致矛盾激化，最终影响基层领导干部公信力。

（2）提供社会公共服务和公共物品的能力不足

在当前的基层社会治理实践中，仍旧存在着一味重视GDP和招商引资的问题，漠视就业、民生、社会保障和生态保护，导致出现人民的物质生活水平虽有所提高，但幸福指数低迷的物化生存状态。而且随着民众生活水平的提高，民众对于公共服务质量和数量上的需求也不断攀升，这与公共服务的供给不足形成了鲜明的对照。

（3）提供公共服务的效率低下。

2018年11月，杭州市纪委监察局、市作风办和国家统计局杭州调查队联合开展的全市作风建设情况民意调查表明：65.33%的人对党员干部"互相推诿扯皮、办事效率低"的作风最不满意。这一调查一定程度上说明了部分基层领导干部工作效率低下，影响其提供公共服务的能力。

3. 依法治理能力不足

党的十八届四中全会首次以依法治国为主题，提出要全面推进依法治国，坚持依法执政，要求各级领导干部带头遵守法律、带头依法办事。但当前我国基层领导干部在运用法治思维、依法治理的能力还有待提高。

目前，一些领导干部仍旧颠倒权力和法律的关系，把权力凌驾于法律之上，以权压法，或是个别部门采用违法手段恶性执法，更有的领导干部把权力作为牟取个人私利的工具，大搞寻租等活动。由于历史与现实的多重原因，在我国法律缺乏必要的权威性和实效性，甚至缺乏应有的尊严，领导干部尊法观念薄弱，重视"潜规则"，敬重上级领导，将利益置于法律法规之上，有法不依的现象仍然存在。另外，领导干部缺乏法治观念，法治意识淡薄，具体表现为：其一，领导干部习惯于以权谋私，以权代法，导致领导干部腐败问题频发。其二，领导干部运用法治思维和法治方式进行社会治理的能力比较薄弱，在处理人民内部矛盾时，一些领导干部秉承刚性维稳的目标，只注重突发事件处理的速度和力度，突破法治底线，通过高压手段和乱用警力等方式维护稳定，人治思维影响深远。其三，领导干部习惯于把社会治理简单理解为管理控制，以行政措施代替法律手段来管住群众，导致人民的合法权利受到侵害，产生社会不公平感和自身权益被剥夺感，人民的诉求及各类社会争议不能通过依法治理引导到正确的轨道上来，衍生社会泄愤和社会抗争等"负能量"，进而引发大规模群体性事件的爆发。

4.合作共治能力不足

党的十八大以来，党中央多次强调要"加快形成党委领导、政府负责、社会协同、公众参与、法治保障的社会管理体制"，在一定程度上已经明确了多元主体共治的理念的重要性，强调社会治理的主体不再仅仅是党和政府，还要依靠社会力量和公民的参与等。然而，虽然在理论上达成了合作共治的共识，但在具体操作和理念的现实推进中遇到了"全能政府"体制的惯性阻碍。目前，一些地方的基层领导干部仍旧采用自上而下的刚性任务管理方式，将社会公众视为社会治理的对象而非合作伙伴，漠视社会公众对社会治理体制创新的公共需求。这主要体现在一些领导干部的决策模式当中表现为：首先，强调"一把手"的权威和重要性，在决策过程中"一言堂"现象突出，大小事务大包大揽，忽视社会组织和公众在社会治理中的主体地位，甚至将"社会治理"片面地理解成"管理社会组织"，难以确保决策的科学。其次，一些基层领导干部决策搞"暗箱操作"，办事程序不透明、不公开，很少有普通民众能够参与到决策过程当中，致使领导干部借信息不对称之便谋取私利的现象时有发生。

5.应对危机事件能力不足

首先，部分基层领导干部缺乏突发危机事件的预判能力。在突发事件发生之前不能明察秋毫，通过细微的迹象发现事件的严重性，进而阻止突发事件的发生。还有的基层领导干部忽视，甚至不屑于了解人民群众反映的"小事"，导致错过了预防和化解问题的最佳时机。一些基层领导干部应急知识储备量小，预警意识差，突发事件发生后，基层领导干部怕事而不作为或解决方式不恰当，进而造成问题的进一步升级。

其次，作为重要社会治理主体的基层领导干部面对社会突发问题、突发矛盾的沟通协调能力不足。面对社会关注的焦点问题及来势汹汹的公众问责，领导干部习惯采用回避政策，不但不能恰当地应对，反而出现不适当的言语和行为,简单粗暴地依靠个人职权去解决问题,领导干部形象恶化。

部分领导干部过分看重和抬高自身的地位和身段，面对群体性事件等社会矛盾时，缺乏必要的沟通协商技能，不能有效同事件成员进行交流和表达思想，导致无法及时解决社会矛盾。

最后，随着现代媒体网络的广泛普及，基层领导干部适应新管理方式的水平不够。近年来我国突发公共事件发生的频率呈上升趋势，且随着互联网络的普及，几乎绝大多数的突发事件都是经网络舆论传播开来被社会公众所知晓。然而部分基层领导干部，一方面，不重视网络的重要性，对网络执政的方式感到力不从心，人民论坛和人民网、腾讯联合调查的结果显示，当代中国官员面对网络感到恐惧的占受调查者的70%。①另一方面，在利用网络媒体引导舆论的能力也有欠缺，部分基层领导干部依旧通过传统的命令和控制的方式对网络媒体进行管理，忽视了网络媒体及网络信息传播的特点和民众表达意见的不完全理性、随意性和不可控性。

（二）影响基层干部社会治理能力的因素

基层领导干部不仅对地方的经济社会发展负有重要的责任，而且作为同群众距离最近、关系最密切的社会管理主体，也影响着地方人民生活质量的高低。基层领导干部社会治理能力存在诸多问题的主要原因，笔者认为主要有以下几个方面。

1.职业道德失范的影响

作为服务公众第一线的社会管理者，基层领导干部的一言一行都影响着民众对政府的印象。一方面，市场经济发展过程中产生的"金钱至上、利益为大"等不良风气和思想动摇了基层领导干部为民服务、廉洁朴素的优秀传统思想，领导干部自身的素质和道德素养与新时代的要求发生偏离，致使基层领导干部工作作风脱离群众；另一方面，近年来部分基层领导干部以权谋私，大搞权色交易的丑闻频频曝光于媒体之上，在公众对领导干部道德失范行为唏嘘不已的同时，也开始对其逐渐失去了信任。社会治理过程中，政策制定和实施都有赖于公众的信任、理解和支持，一旦公众失去对基层领导干部的信任，则将直接影响基层领导干部的社会治理能力。公众不相信领导干部的政策实施是服务于民，也不相信领导干部执法过程

---

① 秦华. 多少官员患有"网络"恐惧症—当代中国官员"网络恐惧"问卷调查分析报告 [EB/OL].（2010–05–07）[2015–03–26].http：//theory.people.com.cn/GB/11540043.html.

的清白，治理行为的目的将被公众从思想认识上扭曲，导致领导干部与民众之间更加缺乏信任和沟通，无法形成合力共同合作，最终导致领导干部社会治理低效。

2. 固有职能把握不准的影响

党的十八大提出要建设人民满意的服务型政府，十八届三中全会提出要建设法治政府和服务型政府。在国家建设服务型政府的目标和治理能力现代化要求的大背景下，当前地方也都在大力推动服务型政府建设。作为基层领导干部，理应不断提高与之相适应的能力，明确自身的工作职能要求，即公正、民主、为民、法治、效率等。然而，一方面，受到传统"官本位"文化和"效率优先"思想的影响，部分基层领导干部对自身工作职能要求把握不清，公仆意识淡化，服务意识缺乏且管制意识强；另一方面，决策过程不透明，社会组织和公民的参与被体制性排斥，公民参与的制度化渠道缺失，导致制度外的公民参与异常活跃，致使地方决策速度虽快，但执行中遭到群体性的"抗议"，最终被迫放弃决策的现象时有发生。由于计划经济时代管理理念的影响，以及现今价值观念的差异，执政为民、服务于民的社会治理理念并没有成为广大基层领导干部的共识，在一些领导干部的心中，管控意识和敛财思想远远强于服务社会大众的意识。

3. 治理理念方式陈旧的影响

首先，"人治"思想仍根深蒂固。一些地方的基层领导干部仍旧采用自上而下的刚性任务管理方式，将民众视为社会治理的对象而非合作伙伴，漠视社会公众对社会治理体制创新的公共需求，不愿同公众进行平等的沟通交流。然而，这种非人性化的方式早已被现代社会进步所否认，已经不适用于当前结构多元化、差异化的社会。

其次，单一主体治理仍旧明显。中国过去长期政社不分的管理结构致使各级政府部门是社会管理的唯一主体，社会治理过程不透明，对各种社会信息资源进行垄断等现象时有发生。然而，作为具体的唯一治理主体而存在的领导干部个人，掌握的信息量、资源、知识水平是有限的。随着社会成员自我意识不断提高，知识技能不断完善，以及信息来源的无差异化和对等化趋势的凸显，单一治理主体已无法进行有效治理。事实上，现代治理理论强调：多元社会治理主体在平等自愿的前提下通过沟通、协商等方式共同治理社会事务。可是在具体的社会治理过程中，基层领导干部同其他治理主体相比，掌握更多的社会资源和体制内的信息，一方面，凭借着自身掌握资源的优势而在社会治理中扮演着绝对权威者的角色；另一方面，其他社会治理主体在治理目标、治理方式和治理工具等方面同基层政府的差异，以及其他一系列内外因素的影响，致使基层社会治理出现排他性和封闭性现象，进而导致基层领导干部治理能力不足。

最后，漠视现代科技手段。互联网时代的到来，要求基层干部要善于运用现代科技手段进行社会治理，通过互联网络提供的更多、更便捷的方式和手段来了解民情、民意。然而，部分基层干部并没有意识到新兴科技手段的重要性和两面性，缺乏主动学习进取的精神，也缺乏忧患意识，无法对当前网络化、信息化时代的社会公共事务进行有效的治理。

4. 相关制度建设不到位的影响

首先，领导干部考核机制不科学、不完善。基层领导干部由于渴望职位的晋升或受到利益的诱惑而重视经济效率，忽视人民群众生活质量。"唯GDP 论"的现象在市场经济发展过程中屡见不鲜。近年来虽有收敛，但适合治理能力现代化需要的领导干部治理能力考核机制并没有具体成型及有效实施。而且基层领导干部的考核过程仍然缺乏部门间的配合，基层领导干部绩效考评也并不是通过民意调查直接面对公众，缺乏民众参与，考核缺乏公开透明性。衡量领导干部绩效的基本指标目前还主要依靠经济增长水平来衡量，因此在客观上领导干部对经济指标的追逐仍旧存在，对其他社会指标忽视的状况尚未得到根本扭转，一系列因社会发展所需资源投入不足而引发的失业、群体性事件、社会养老、贫困等问题还时有发生。

其次，干部任用管理机制不完善。国家对基层领导干部道德素养的要求是"德才兼备，以德为先"，但具体如何评价基层领导干部道德水准的高低，以及如何构建评价标准和评价体系还有待完善，这就使得一些基层领导干部有空子可钻，进而影响了基层领导干部潜心提升其社会治理能力。

最后，干部激励约束机制不够完善。正向激励的缺乏强化了部分基层领导干部"碌碌无为"的心态，导致领导干部"不作为"现象的产生；约束机制的不完善助长了领导干部不思进取之风气。约束机制的不完善主要体现在：对基层领导干部职业道德监督不够；对基层领导干部公正执法监督不够；对基层领导干部社会治理绩效的监督不够；对基层领导干部政策实施的监督及其社会治理过程的监督不够；等等。

三、新时代基层干部社会治理能力提升的实施路径

基层干部治理能力发展的总目标是：顺应治理现代化新形势，缩小当前基层干部能力滞后不足与满足现实需求之间的差距，综合内部提升体系和外部保障体系来保障基层干部成为基层治理的中坚力量。首先，围绕基层干部治理能力自身为重点，以"服务人民"和"依靠人民"为出发点和立足点，提升引导与执行力，拓展知识技能与公共服务能力，增强整合资源能力与管理创新能力，不断强化信息分享能力，以提升内部体系来保障基层干部治理能力得到长足发展。其次，综合借鉴主要西方发达国家干部管理制度，结合我国国情与基层治理现代化的需要，以及当前基层社会环境的特点，综合探究构建基层干部治理能力的外部保障体系来提升其治理能力。

（一）基层干部治理能力的内部提升体系

1.强化协同理念来提升引导与执行力

《中共中央关于坚持和完善中国特色社会主义制度，推进国家治理体系和治理能力现代化若干重大问题的决定》（以下简称《决定》）指出："健全党组织领导的自治、法治、德治相结合的城乡基层治理体系。"① 这为通过强化协同思维来提升引导与执行力提供了参照。结合元治理与协同治理理论，引导与执行能力的提升需要在理解政策的基础上，采取合适方式执行正确政策的程度（例如速度、效率和质量等），即选择合适的人与物力因地制宜去执行正确策略的能力，一方面，它的实现需要依托基层政府权威与公信力（政府科层治理）、基层企业（企业的市场治理）及基层各种社会组织（社会网络治理）的协调与共同参与，另一方面，又需要基层干部自身在坚持党的各项方针、政策与原则的基础上，发挥基层干部的主

---

① 中共中央关于坚持和完善中国特色社会主义制度，推进国家治理体系和治理能力现代化若干重大问题的决定 [EB]. （2019-11-05）. http://www.npc.gov.cn/npc/c30834/201911/3d7459d8a67e49b3b6975172d3129b6f.shtml.

观能动性，采取多种方式，引导与基层多元主体协调合作，以共识为导向，协商集体决策，以达成基层治理目标，因而需要强化协同思维才能有效发展，具体提升路径如下。

（1）基层干部必须进一步强化民主协商的思维，真正落实好基层的民主自治制度

改变"全能政府、万能政党"的逻辑思维，逐步探索与深化一些民主协商的程序，发展适合基层的多元主体合作共治的多种民主协商的形式。例如，基层干部可以通过组织开展居民议事厅、民主评议会、小区业主协商会、网络对话协商等，激发与吸引基层更多的社会组织与个人参与到民主协商的过程，在引导基层民主健康地发展的同时，自身引导与执行力亦得到发展。

（2）基层干部要提升危机防范与协同处理的思维

基层危机往往突发、随机和无法预测，因此基层干部需要做好基层安全生产与社会稳定的"监督官"，时刻警惕基层各种危险因素，应该主动自觉超越传统刚性的、被动压制式的事后仓促应对危机的惯性思维，按照规范程序排查与安全演练，做到防患于未然，把潜伏的危机消灭在萌芽阶段；一旦基层出现危机事件，基层干部要具备与危机相关的各个主体协同联动的思维，以共同解决危机事件。

（3）基层干部在发挥引导与执行力时，要强化德治与法治思维的综合运用

基层干部需要具有将法治和德治的思维相结合，共同服务于社会治理。一方面，既要坚持"刚性治理"的法治底线，谨慎运用自由裁量权，引导与执行的整个过程都严格遵守法律，提高执行效率及水平，从根本上减少盲目、任意执法，做到基层执行有法可依，以推进基层经济社会朝向更为公平、法治的方向发展；另一方面，强调道德与价值的引导功能，达到法治与德治的"刚柔并济"。因此，基层干部可通过加强德治的引领精神与法治的强制工具相协同，则能够进一步提高其引导与执行力。

2.激发学习动机来提升知识与技能拓展力

《决定》提出要"构建服务全民终身学习的教育体系"，并指出要"发

挥网络教育和人工智能优势，创新教育和学习方式"①。这为基层干部树立终身学习观、激发学习动机来发展其知识与技能提供了参照路径。依据胜任力与人力资本理论，对于基层干部而言，要想在基层治理为民众切实做好服务，需要激发其内部动机，使其与时俱进地学习新的知识与技能，拓展自身潜能，不断投资自身成长，激发增加自身能力价值的持续动力，才能胜任基层工作，这就需要持续的内在动力来激发知识与技能拓展。

（1）立足自身专业知识的基础上，认同终身学习观，以榜样学习来激发知识与技能拓展

通过认同终身学习观，向周围优秀榜样学习，激发增进基层相关知识（如科学素质与理念、专业文化素养等）的学习，以及拓展技能（如治理知识应用、宣传能力、基层舆情数据分析等），来适应基层治理现代化推进的需要，从而更好地发展其基层治理的能力。

（2）基层干部可灵活采用多种渠道、多种方式以保障学习的效果

当前随着人工智能 AI 技术及网络教育的飞速发展，学习知识与技能有了更多的选择渠道，基层干部可根据基层工作的特点，因地制宜地选择合适的学习方式，通过加强学习服务基层社会的理念，提升学习的紧迫感，积极吸收知识与技能，激发基层工作的主动性、科学性及预见性，从而学会运用知识技能来把握解决基层问题的规律性，以发展良好的治理能力。

（3）基层干部以行动学习来实践知行合一

行动学习的过程就是通常所说的"学习圈"，它注重行动的转化，转化类型分为低路转化（从一种情境中习得的行为，直接迁移应用到另一情境）、高路转化（将普遍原理应用到新情境）。②基层干部将具体解决问题的基层工作作为学习载体，选取突出的、典型的、有意义的难题进行讨论，在学习行动中，积极反思结论，并分析结论以指导后续行动继续循环。这样将坚持终身学习观与基层治理实际有机结合，在坚持已有的为人民服务

---

① 中共中央关于坚持和完善中国特色社会主义制度，推进国家治理体系和治理能力现代化若干重大问题的决定 [EB]. （2019−11−05）. http：//www.npc.gov.cn/npc/c30834/201911/3d7459d8a67e49b3b6975172d3129b6f.shtml.

② 埃尔伍德·霍尔顿. 在组织中高效学习：如何把学习成果转化为工作绩效 [M]. 北京：机械工业出版社，2015.

的思想基础上，在基层践行"边干边学""边学边干"与"学干促进"，促使基层干部不仅为了胜任工作，而是有更高的个人成长的目标追求，将基层工作与个人价值追求有机结合来达成自我实现，不断在知识技能层面投入学习，增长自身服务基层的知识技能本领。

3.内化奉献精神来促进公共服务能力

习近平总书记指出："牢固的核心价值观，都有其固有的根本。"[①] 公共服务能力本质上是基层干部行使基层党政权力，在判断公众需求的基础上，通过联合基层社会组织来配置资源，提供并不断优化基本公共服务，以提升基层群众获得感与满意度的能力。基层干部要发展自身公共服务能力就要从内部认同"为人民服务"的核心价值观，以内化贡献服务精神提升公共服务能力。

（1）转变"官念"，通过核心价值认同，强化职业自豪感来内化贡献精神

通过核心价值观认同，转变基层"官本位"观念，以"公共服务者"定位自身，促使基层干部产生职业认同感，产生为人民服务的动机，积极维护所在基层的公共利益，培养设身处地换位思考的同情心，在必要时甚至牺牲个人的小我利益而成全维护基层公共大利益等方面，并日积月累逐步将公共服务动机内化为自身贡献服务精神，成为自身人格的一部分，不断地磨炼为人民服务的本领，则其公共服务能力将得到长足发展。

（2）坚守敬业作风来内化贡献服务精神

基层干部通过提高内在敬业精神，在坚持为人民服务，持之以恒服务基层的过程中，把敬业精神当作准绳，以敬业精神来激发公共服务能力，从而提升基层干部公共服务能力。

4.培养共生思维来激发整合资源能力

根据共生理论，整合资源能力需要基层干部在了解熟悉当地自然资源、人力资源、政策资源、财力资源等基础上，为了基层可持续发展，制定、选择合理的规划项目，通过多元主体协同，以项目带动资源科学合理配置、利用，让各种资源产生价值的同时，发挥资源整合的协同效应的能力。因

---

① 习近平. 习近平谈治国理政 [M]. 北京：外文出版社，2014：164.

而基层干部可以通过提升共生思维来发展政策整合力、资源调动能力、动员群众能力、示范推广能力等整合资源能力。

（1）厘清共生主体之间的关系，达成整合基层资源所依据的共识新思路

基层是动态开放的生态系统，基层干部需要平衡好基层社会组织、基层企业，以及基层民众等多元主体间的关系，形成共生的系统思维，在整合基层资源时考虑到时间、力度、频率、范围、方式上是否与基层实际的经济社会发展情况相符，以协同共生的新思维融入政治动员、城乡一体化的治理之中，从而发展基层干部整合资源能力。

（2）强化共生组织模式与行为模式创新的思维

促使基层干部构建将整合资源与基层治理服务创新相结合，将基层多元主体的长期供给、中期供给和短期供给方式与物质、信息、文化与产业资本的现实状况有机结合起来。基层干部在整合基层资源时，通过科学组合共生模式，并与基层现有的环境资源、文化资源、政策资源等有机结合，则可以在避免整合资源的盲目性与主观性的基础上发展其整合资源能力。

（3）基层干部要善于运用整合资源的智慧共生平台，以平台带动资源整合的效果

基层属于立体、多层次、多主体的共生系统，在这个生态系统中，各个主体之间存在不同层级的共生互联的智慧平台，基层干部要积极推进参与型治理，以民众喜闻乐见的平台与方式，提高基层民众社会参与程度、民主参与效果及健全民主参与机制，满足基层民众社会参与需求的同时，以平台联结带动多元主体力量达成基层治理效果。

5.增强责任担当来提高管理创新能力

创新意味着变革进步与风险共存，责任担当是管理创新秩序调控的重要保障，在基层起到保障经济与社会发展稳定的作用。"教育引导广大干部不负党和人民重托，以守土有责、守土负责、守土尽责的责任担当，在其位、谋其政、干其事、求其效，努力作出无愧于时代、无愧于人民、无愧于历史的业绩。"[①] 发展基层干部管理创新能力，离不开责任担当意识的培养。

---

① 关于进一步激励广大干部新时代新担当新作为的意见 [M]. 北京：人民出版社，2018：5.

当前互联网时代我们面临着信息过载、风险随时存在及动荡与变化的环境的挑战，只有增强责任担当，才能应对挑战，有效发展管理创新能力。

第一，要坚守正确的政治信仰和政治品格，以爱国、爱党、爱乡等教育，增强政治信仰与品格产生政治担当，来保障管理创新能力的发展。一方面，可通过"立党为公、执政为民"的政治信仰和政治品格教育，来明确管理创新的方向与目标，另一方面，要牢固树立看齐意识，紧跟党的旗帜方向，将看齐意识融入工作和行动之中，以看齐意识激发管理创新动力，接受组织和人民的考验，从而形成政治担当来发展管理创新能力。

第二，严于律己，自觉发扬艰苦奋斗的优良传统，保持奋发进取的精神状态。一方面，要严守纪律、讲党性、明规矩，无条件、高标准地执行党的各项政策，做到严格遵守纪律，自觉接受党组织和群众的监督。另一方面，强化责任担当，围绕分管工作敢于尝试，以"钉钉子精神"创新管理，促使工作落实到位，以创新助推落实任务来发展管理创新能力。

第三，更新管理创新意识、科学管理方式与决策模式，以适应当前基层治理现代化推进的要求。积极开拓进取，有效解决基层突发事件与平衡基层各种关系，并使基层组织注入新活力与进行基层组织制度创新，从而达成基层治理目标。而结合当前以云计算为代表的新信息技术对管理创新能力的影响，互联网信息技术可以通过对跨部门、跨领域数据进行分析，动态收集民众需求，激发不同阶层、职业公民参与政府决策，因而基层干部增强责任担当，也体现在通过综合基层信息，使得决策具有前瞻性、科学性和准确性，涵盖了更为广泛的社会关切，兼顾了基层不同群体的多样化需求。基层干部作为基层引领者，要增强责任担当，还需要综合考虑眼前短期和以后的长期发展的综合趋势，在综合评估风险可控的情况下进行再创新，善于汇集基层多元主体的智慧，以激发基层形成改革创新的合力。

6.渗透共享意识来拓展信息分享提升力

根据社会资本理论，个人结成群体，互动频率越高，共享知识、规范越高，就越容易达成理解与合作，产生更多的信任。因而渗透共享意识，投资社会成员之间的关系网络，不仅个体获益，而且使组织产生增值与协同效应。可从以下方面渗透共享理念以发展基层干部信息分享提升力。

（1）正确引导民众在网上表达话语权

在信息化相对透明的时代，当前政府已经主动公开一些政务与政策信息，打破了已有的信息单向与被垄断的局面，基层干部要学会辨别网络舆情真伪，在切实了解民众利益诉求及社会情绪的基础上，及时与民众网络互动与分享交流，防止信息不对称、理解偏差与疏通不畅带来的民意梗塞，将网络舆情的发展态势导向好的方向发展。

（2）主动学习运用不同媒体

与基层多元主体分享与整合基层治理的知识与经验，并通过网络互动合作以在线协同完成基层治理目标的能力。对于基层干部而言，发展信息分享提升力，一方面，涉及该群体对基层公共资源（例如社区智慧平台等建立）的合理应用并宣传推广与民众互动，另一方面，则与基层干部群体之间信息分享提升力的意识与行为有关，只有这两方面都协调发展，其信息分享提升力才会得到真正发展。

（3）提高运用自媒体的技巧、增强其网上沟通能力、快速反馈能力

这样基层干部不仅可在线上提升其在网络虚拟社会治理效能，而且还促进其线下对现实的社会治理效能，从而以信息分享助力基层治理能力现代化的顺利推进。

7.综合人口统计学因素来调整补充发展

（1）依据性别分布促进分工合作

基层工作脏、累、苦，需要协调多方关系，女性尤其是已婚有家庭的女性除了工作，还要兼顾家庭，有时候很难做到平衡，男性基层干部比女性基层干部从生理的角度来说更占优势，因而说明女性基层干部所表现出来的治理能力略逊于男性基层干部，是因其生理特征与社会角色综合影响所导致的结果。总体而言，女性基层干部传统意义上所带有的柔韧性及富有同理心、同情心，善沟通的优势，以及男性基层干部所带有的刚毅果断等传统性别角色特征得到有效发挥，会发展其各自的治理能力，因而可适当考虑女性与男性基层干部的差异，在政策允许的范围内，适当搭配男女基层干部比例，以分工与合作促进男女基层干部治理能力都得到长足发展。

（2）基于年龄状况合理搭建队伍

基层干部随着年龄的增长，其人生经验能够促进其总体治理能力的增

长，尤其体现在管理创新能力、知识与经验拓展能力、信息分享提升力方面。而引导与执行力与公共服务能力受到自身身体状况与时代环境的影响，基层干部常年扎根在一线基层，同时要兼顾多样工作，因而可依据基层干部年龄分布搭建老、中、青队伍，健全科学的"传帮带"机制，使得不同年龄阶段的基层干部治理能力都能得到促进与发展。

（3）按照学历差异进行分类培训

可结合基层干部个体能力现状、学历、所在单位与职系的综合状况、采取分类、分层、分段方法在增加培训频次的同时，为其制订科学合理有效的培训内容（例如，强化基层电子政务、人际交往沟通技能、网络行政等新技能培训），通过现代信息手段多渠道减少与协调压力源以适应基层治理现代化的要求和提高基层干部治理能力。

（4）依据职务、职称发展渠道激发治理潜能

基层领导干部由于自身具有相应的行政权力与资源调动能力的优势，表现出其治理能力及其各个维度得分均高于其他基层干部群体，而村居干部常年与居民打交道，具有相对丰富的治理经验，因而其治理能力总体上也不低。而相对于一般镇街干部而言，处于上传下达的"夹心层"，科室日常文书的常规工作性质导致其表现出来的治理能力水平偏低。因而可尝试在改革传统职务、职称等硬性标准基础上，进行基层干部激励的弹性改革，使得基层干部职级并行的激励机制更科学合理，以激发基层干部发挥自身特色优势，自觉自发提升基层治理现代化技能，以提供优质公共管理与服务。

（5）以工资适度差异化协同激励

工资处于6001~9000元的基层干部在治理能力总分、引导与执行力、公共服务能力、整合资源能力、管理创新能力上显著高于工资3001~6000元的基层干部；工资为3000元以下的基层干部在治理能力总分、整合资源能力、管理创新能力、信息分享提升力显著高于工资3001~6000元的基层干部。因而通过适当拉开干部工资的差距，增加能者多劳的治理能力水平高的基层干部的工资，以工资适度差异化协同激励基层干部能力可持续发展。

（6）依据地域与工作性质差异分门别类发展

镇街干部、村居干部及第一书记，由于所处地域与工作性质不同，其治理能力体系在指标赋权值上存在差异，其中镇街干部在管理创新能力上

指标权重最大；村居干部在公共服务能力上的指标赋权值最大；而第一书记在整合资源能力上所占的指标权重系数最大。因而基层干部在基层治理现代化的进程中，依据所属地域的特色和自身工作的任务与性质，可以因地制宜地通过特色项目整合促进各项资源的优化组合，分门别类地发展治理能力，提高公共服务效率和积极解决基层实际问题，其治理能力也会在此过程中得到长足发展。

（二）基层干部治理能力提升的外部保障体系

1.完善干部管理制度：基层干部治理能力发展的政治保障

（1）考录制度优化：基层干部治理能力筛选的前提作为保障干部治理能力的"入户门槛"，干部考录制度发挥着把好选人、用人的关卡作用

西方主要发达国家公务员考录制度的启示。英国政府考录制度特点如下：①考试类型包括公开竞争型考试、有限性竞争考试、鉴定考试、特种考试四种。②公务员因报考级别或类别差异，以及本身年龄与学历的不同，其报名要求的条件与考试科目不同。③一般采用两轮制考试方式，即初试（按科目进行笔试）和复试（包括实际操作技能与面试等）。英国公务员考录制度为了吸纳有潜质的人才进入公务员队伍，还改革开发特殊项目通道，比如公务员快速通道、经济学家快速通道、研究生快速通道、统计师快速通道、政府通信总署快速通道等。①

德国公务员考录制度规定公务员录用标准是以知识与能力为依据（不考虑出身、性别、政治观点、宗教等因素），并且明确性别平等；以竞争式考试为形式，以能力测试是否通过为依据，以职前培训业务能力通过胜任工作情况决定是否通过试用期，经过这些以择优录用为原则的流程才能正式上岗。②

我国基层干部考录制度优化与发展基层干部治理能力。中国特色公务员考录制度，在借鉴英、德、美等国公务员考录制度的基础上，结合我国国情，日益发展到考录制度的精细化配套完善。考录制度优化路径如下：①考录条件设置，强调按照岗位与需求而定、因职择人，坚持以公平与能绩的原

---

① 滕玉成，于萍. 公共部门人力资源管理 [M]. 上海：复旦大学出版社，2018.

② 赵琦. 德国公务员制度的渊源、制度特点及历史地位 [D]. 沈阳：辽宁大学，2017.

则为基础。对招聘职位资格有明晰、科学、可操作的标准，并可通过专业及不同的资格证书的要求来设置门槛，这就能够从源头上保证招录的专业化与岗位匹配度，为将来基层干部治理能力可持续发展进行源头把控。

②考录流程法律化、组织过程科学化，发挥信息网络技术的科学化支撑作用。参照德国对公务员考录流程有法可依，我国《新公务员法》也加入了考录立法内容。借鉴西方发达国家考录的标准化与科学化的流程，保障考录的过程公平与透明，探索采用线上能力测评与线下笔试、面试相结合的方式。① 在考录过程引进先进的信息网络技术，以综合考查素质，以考录到治理能力适岗的基层干部。

③依据专业、专才、适才、适所的原则，除了对基层干部通过竞争性考试录用之外，结合选举、招聘、委任等方式，以及启动亟须专业人才通道等渠道来综合录用基层干部。借鉴西方发达国家考录模式，为政府选拔优秀合适的人才以竞争性考试为主要考录的途径之外，还需要结合我国基层的实际情况，比如有些基层处于边、少、穷地区，很难留住人才的实际情况，可通过适当降低考录标准，启动专项人才项目、委任、招聘等方式来综合考录到合适的基层干部。在考录基层干部时，可以依据基层干部治理能力指标体系，参照考录内容和方式要求与基层干部治理能力具体维度细化的交叉与组合来进行，以保障录用到治理能力适岗的基层干部。具体可依据基础治理能力与关键治理能力的要求标准，科学合理地选取能够反映出基层干部治理能力的考试内容范围，并根据实际情况，采取考试与考查灵活结合的方式进行，综合运用行政能力测试与心理测评等方法，以确保所选录的人才的治理能力能够满足基层治理的现代化的需求。

（2）培训制度完善：基层干部治理能力发展的手段

西方主要发达国家公务员培训制度的启示。—— 美国公务员的培训体系在制度内有三种培训类型：①特定职位——"技术培训"；②与领导力成长相关的培训；③共有的"定期培训"，关于计算机安全和道德等多样性主题。

德国对公务员培训贯穿整个职业生涯，主要遵循提高工作效率的适应

---

① 邢占军，林亚菲. 我国公务员考录面试的新探索及其思考 [J]. 理论学刊，2014（10）：48-51.

性原则和分级分类培训的路径，培训模式出现"合作互助"的培训模式及"主导式培训"等方式，德国政府鼓励各培训单位立足国内、面向欧盟和世界，开展国际交流和合作培训。

我国基层干部培训优化与基层干部治理能力。借鉴西方主要发达国家培训干部的经验，可以从基层干部治理能力的角度逆推其需要培训的能力，有针对性地瞄准培训需求，进行项目设计从而确定培训策略。可尝试针对基础治理能力和关键治理能力，在培训课程设置方面则更关注于取得实绩成效的培训内容，以灵活与多样化的方式保障达成良好的培训效果，具体见表8-1。

表8-1 基于基层干部治理能力模型的培训内容与方式的选择

	治理能力维度	培训内容	培训方式
基础治理能力	引导与执行力	依法治国政策与方略、当代中国政治制度改革、执政能力提升与社会治理、目标与时间管理、压力管理	讲授法、专题讲座（例如群众工作能力专题培训、群众工作能力专题培训等）、案例探讨与分析、微课、慕课、角色扮演、情景剧、远程教学拓展训练、现场观摩学习等
	知识技能拓展力	公共管理知识、县域经济发展与街道乡镇建设、基层社会治理专题、基层制度落实方略、人际交往技能	
	公共服务能力	公共服务型政府构建、公共服务与公共政策、风险社会治理、沟通与基层业务精细化服务	

关键治理能力	整合资源能力	公共财政改革与政府预算、镇街规划和管理、精准扶贫、项目开发与管理、社会资本聚集	实际调研、专题讲座、现场案例探讨与分析（例如基层党组织服务群众的新经验）、微课、慕课、互动研讨、经验成果分享、论文与报告指导、讲投法、现场实践、情景模拟、拓展训练、项目开发参与等在职进修、出国或者异地考察学习、课题管理、实景演练等
	管理创新力	智慧推进政府职能转变与行政体制创新、生态城镇规划和管理、新旧动能转换与管理创新、基层领导力、科学管理与决策、创新社会治理、公共安全事件分析与治理创新等	
	信息分享提升力	"互联网+"背景下政府治理、电子政务、智慧社区（乡村）构建、信息化社会沟通、新媒体与传播、网络社会治理	

为针对性地对基层干部治理能力进行培养，还可以尝试借鉴西方发达国家当前个性化、合作化、网络化、国际化与科学化的培训方式。例如可派遣本地的基层干部到上级部门锻炼，促进镇街干部与村居干部间的交流与合作，让镇街干部与村居干部到企业学习与交流，以及派遣镇街干部与村居干部到外地（国内外）示范基地参观、通过网络化继续深造学习与实践等方式来培训，以多渠道地发展基层干部治理能力。

（3）考核制度改革：基层干部治理能力发展的关键路径

英国公务员能力考核制度科学细分不同层级公务员的能力标准为能力建设提供制度保障，素质建设与绩效考核方面的创新还表现在反馈绩效问卷的设计和应用上。[①]当前我国关于基层干部的激励不足之处体现在：基于本土化国情的激励研究与经典激励理论融合不足，各类激励及其各项管理

---

① 唐亚林. 新中国成立以来中国共产党领导的制度优势与成功之道 [J]. 复旦学报（社会科学版），2019（05）：10-22.

制度不完善，以能力为导向的干部激励机制过于泛化等。[①] 因而需要强化关注基层干部的激励问题的有效性与加强对基层干部考核促激励的改革，以有效发展基层干部治理能力。

①明确与精准化能力考核的内容与形式标准。基层考核效果具体体现在各级部门间的分工效率与合作是否顺畅，基层各级领导决策的质量与效能是否得到提升，基层各类干部履责效率是否有所提高，以及公共资金的配置效益在数量与质量上是否都有所进步等。这就需要明确与精准化能级考核的内容与形式标准，以科学标准激发提升基层干部治理能力与实效。

②具体化基层干部治理能力与绩效评价指标。按照基层干部治理能力的指标体系，根据工作需要进一步添加相应的各类指标赋权的权重，以及治理的难度系数等。根据所属的基础治理能力还是关键治理能力所属的能力等级的差异，结合权重指标，依据治理难度系数的不同，相对科学有效地评价出基层干部的岗位、职责及工作目标完成的情况；同时结合治理能力指标与实绩考核的"德、能、勤、绩、廉"要求，来对治理能绩进行有效测评。

③应用能力考评结果。通过综合考核，对实际做出业绩、治理能力强的基层干部按照能绩排名与实际贡献的大小，落实相对应的薪酬与激励，并把基层干部治理能力考评结果与其任用、选拔、晋级、增资、奖惩等直接利益挂钩，真正实现基层干部考评结果与基层干部能绩管理相对应。第一，依据细化能力—绩效考核的指标及其加权赋值，结合基层干部所属层级（镇街领导干部、镇街一般干部与村居干部），将其治理能力与绩效考核奖励紧密挂钩，以兑现报酬奖励、政治激励与情感奖励，发展基层干部治理能力。第二，根据基层干部分属层级与分属工作内容与特色不同，选取其治理能力中最擅长的一项能力作为基层干部本人重点考核的核心治理能力指标加分，突出强化其优势治理能力并激励其深化发展。第三，尝试采取合理的基层政府层级之间的权责分工，以基层领导干部治理能力与权责挂钩，构建分管资源、公共利益与个人所得相称、相容的薪酬激励体系。

---

① 薛立强，李德伟. 中国公务员激励问题研究述评：现状、问题与展望[J]. 公共管理与政策评论，2019（04）：81-96.

（4）激励制度健全：基层干部治理能力发展的重要手段

乡镇干部职务晋升很难，县级以下单位的普通一般干部多数情况到退休也仅能达到主任科员级别，而通过职务来提高待遇就更难，实施"双职并行"制之后，镇街公务员职级上升的空间拓展了两个档次，最高可晋升到正处级的二级调研员，而且改变了之前从科员—副主任科员—主任科员的晋升层级，将主任科员分为四个层级，每两年就可晋升一级。[1]"职级并行"在一定程度上突破了以往对基层干部提高待遇的瓶颈。[2]而晋升需要综合工作岗位与需要、业务能力、职责大小轻重、实绩、年限与资历等综合条件，参考年度考核结果，如果有一年度考核等级结果为优秀，则可以在晋升时年限缩短半年，这为激励基层干部提供了参考。因此，进一步细化基层职级晋升机制，避免新制度成为基层干部熬资历的潜规则，以及懒政怠政的"混级"倾向。同时考虑确保事业编制与没有编制的编外人员能享受到基层职务与职级并行制度激励的红利政策，以能够从较大范围激励基层干部，从而有效地发展其治理能力。

尝试打破已有的选拔人才的框架局限，逐步瓦解论资排辈等形式的隐形台阶的桎梏，加快与加大从科研院所、高校、金融机构与企事业单位选调人才到基层发挥人才能力的机制建设，大力选拔与任用治理能力强、综合素质高、绩效突出与发展潜力大的优秀青年基层干部。在考核内容的评价方面，以实绩为依据，按照高质量与科学发展的要求，坚持以治理能力的核心考核指标为基础，兼顾弹性变化考核与差异化考核，并尝试探索治理能力专项考核与平时落实力考核的有机结合。强化激励保障，提高物质激励的力度与频次，根据综合考核情况（包括平时考核、专项考核等），发放差异化的物质奖励，避免物质奖励的泛化与平均主义。可探索向镇街倾斜，保证镇街干部收入比同职级的市（区）直部门单位干部高10%左右；同时提升精神激励力度，每年评选与表彰一批"优秀标兵""改革先锋""实干榜样"等，从精神层面激发基层干部服务动机。

建立、创新与市场直接对话的基层干部激励措施，把考核与晋升和用

① 职务职级并行，对基层干部意味着什么[EB].（2019-05-13）. https://www.12371.cn/2019/05/13/ARTI1557735345383890.shtml.
② 白现军. 基层公务员职务与职级并行制度研究[D]. 徐州：中国矿业大学，2018.

人连接在一起，达到激励的效果或目的。可尝试选人用人参照企业模式，引入竞争、择优聘任、按照绩效，科学拉开岗位收入差距，以岗定薪、考虑风险与机遇及待遇与责任相匹配，突出绩效评价结果，促使待遇收入更多地倾斜业绩突出者。① 可尝试主动打破公务员、事业人员"铁饭碗"，改革为"合同制"，实行少层级、大服务、小机构、高效率的管理模式，无论领导还是职员全部重新竞聘上岗，打破论资排辈、行政事业、编制内外身份等界限，强化绩效管理机制，实行"月评价—季考核—年兑现"考核体系。② 通过对接市场需求，创新用人机制来发展基层干部治理能力。

2.顺应基层机构改革：基层干部治理能力发展的组织保障

亨廷顿认为，一个社会不论状况有多复杂，对照其各个集团之间的力量，却总处于变化之中，社会如果要成为一个共同体的话，那么政治体制则需要对这种力量进行调节与引导，使得每个集团的力量都应通过政治体制而发挥，以使得一种社会力量的支配地位与其他社会力量能够协同一致。③ 费孝通曾指出，中国社会的基层是乡土性的，因为从这基层上曾长出比较和乡土基层不完全相同的社会。④ 基层治理的效果直接受基层治理结构的影响，城乡融合发展背景下的相关县—镇街—村居机构配套连锁改革，直接影响基层干部治理能力。

首先，通过基层行政府职能转变，以城乡联动的基层大部门改革，实现县（区）、镇街、村居三位一体的发展模式与协同互补优势效应，促使基层干部在适应基层的改革中，协同好与基层不同治理主体的关系，发展自身治理能力。

其次，推广基层"四社互动"的实践经验，积极培育社会组织，将基层政府与社会组织分工协作、协同推进基层社会治理创新，为基层政府正确引导社会力量提供实践榜样。基层政府与基层社会是"合则两利"的依赖互倚关系，通过改革优化协同结构，加强社群认同感，有利于形成合超

---

① 天津开发区取消行政事业编制，为全国破题 [EB].（2018-08-09）.https：//www.fx361.com/page/2019/0809/5391933.shtml.

② 率先打破铁饭碗，亮岗竞聘进考场—滨州经济技术开发区体制机制改革全面启动！[EB].（2019-12-17）. http：//sd.dzwww.com/sdnews/201912/t20191218_19478381.htm.

③ 亨廷顿. 变动社会的政治秩序 [M]. 张岱云，译. 上海：上海译文出版社，1989.

④ 费孝通. 乡土中国 [M]. 上海：上海人民出版社，2006.

效应（synergistic effect）。因而，作为基层政府权威代言人的基层干部，需要积极转变传统的行政职能，在基层领域处理好村社、社会组织、社会工作与民众的关系，积极落实"四社联动"的基层工作体系，做好激发与培育社会组织，并激励其参与公共服务的工作。在发挥政社分工与合作的机制，激发引导多元主体参与城乡基层社会建设与公共事务的过程中汇聚各方社会资本，从而促进基层干部发展治理能力。

最后，践行基层党建引领下的镇街大部制模式改革，将基层党员骨干下沉到街巷，成为疏通基层的经络的"街巷长"，将下沉到基层的党员街巷锻炼成基层前沿的"吹哨者"与调度员，为其科学合理配置各项资源，以提升基层干部治理能力。以党建引领发展智慧镇街、社区，优化镇街、村居"多网"机制。将基层"多网"覆盖每个楼、村居，与综合执法平台、街巷长制、村居管家等工作交融促进，激发居民参与热情，并以大数据为民生作支撑，逐步实现基层公共服务的"一网通"等民生服务。可将城乡公共空间联结点的管控与疏导相结合，并着眼于短期应急防控与长效预防相结合，将线上的"天眼"等政府所掌握的宏观智慧数据与线下的一线后台工作人员，以及街头村尾下沉的基层干部和村社居民协同合作，共同分析、综合执法，以协调处置理城乡关键区域的各种问题，来促进基层干部治理能力的提升。

3.改良基层社会环境：基层干部治理能力发展的环境保障

（1）优化基层政治生态

基层政治生态体现了党在基层生存与发展的现实状况，它关系着党的根本宗旨在新时代能否顺利实现，关系着能否永葆党的先进性与纯洁性，主要以基层党风和政风的形式呈现，它直接影响基层干部治理能力能否顺利地发挥。优化基层政治生态来发展基层干部治理能力可通过以下途径。

首先，以思想政治（包括廉政教育）等常态化的方式净化基层干部思想，从思想内部厘清基层干部治理能力发展的方向。严肃党内政治生活，形成清正廉明的政治生态，通过加大对基层干部进行党的宗旨、社会主义核心价值观及党的优良传统、党风党纪等思想政治教育，以提高党性修养与理想信念，激发基层干部治理能力。

其次，优化基层干部队伍建设，尤其是强化"关键少数"基层领导干部的带头作用。"用一贤人则群贤毕至，见贤思齐就蔚然成风。"①强化基层领导干部榜样作用，激励基层领导干部能上能下，突出选人用人的责任担当，防止基层"一把手"滥用权力，通过健全激励、奖惩、问责等制度优化基层干部队伍建设，以发展基层干部治理能力。

最后，建设健康向上的党的政治文化，净化党风、基层民风。形成清正廉洁与务实奉献的党风，和谐公正的社会风气及积极向上的民风，从而激励基层干部发展治理能力。

（2）畅通基层政策执行网络

由于压力型体制的影响，作为国家行政层级的末梢的镇街政府往往呈现出对上负责，以及在执行政策时的非制度理性与非规范化特征等。在当前"后税费时代"及基层治理现代化推进过程中，项目嵌入的"资源性"特征，使得基层干部执行偏差体现在对基层社会政策的执行导向和执行力度上。对联结性梗阻进行破解，探索构建协同融合的新模式。②畅通基层政策执行的渠道以提高基层干部治理能力，可从以下方面进行。

首先，进一步完善顶层政策设计，强化执行政策的透明度和多元主体的参与度。基层政府面对宏观的政策执行体制环境，镇街、村居特点，以及上一级政府对指标任务的派发、完成标准、流程监管与评价的环节的考核压力，会对工作进行优先排序与投入考量，表现出强任务导向和行政压力高位推动的压力型体制特征。基层干部在具体执行政策时，往往按照基层政府的分解的任务指标与自身感受到的压力情况来选择性地执行，因而进一步完善顶层政策设计，明确县（区）、镇街、村居干部的权责清单，以有效的高位推动与基层治理创新相结合来进行制度改革，促进基层干部的协作与联动，基层干部在执行政策时保证公开、公平与透明，激发基层多元主体共同参与解决基层问题的能力。

其次，促进政策网络与基层治理资源的有效联通与融合。在政策网络中，各执行主体的自身认知立场、处于政策网络中的位置，以及对资源与利益博弈互动规则的理解与选择等诸多差异，导致政策执行产生偏差。因而应在基层进一步拓展政策网络理论并实践其与基层治理资源联通整合，优化

① 习近平. 习近平谈治国理政（第一卷）[M]. 北京：人民出版社，2018：418.

② 王佃利. 破解机制性梗阻，实现"放管服"制度优势 [J]. 国家治理，2020（17）：43-44.

基层政府、基层社会组织和基层民众等行动主体对政策执行的协同过程；健全相关政策网络与基层治理资源的配套实施政策，从而减少基层干部对基层政策的执行偏差与提升其治理能力。

最后，加强技术协同创新促进基层政策有效地执行和监管。①通过网络技术与大数据信息的整合，突破传统技术缺乏所导致的政策执行偏差，提高基层干部与执行政策各主体的认知整合与决策判断能力；②加强基层的政策制定者与执行网络主体之间的信息在不同媒体间的交流互动，畅通政策执行的各个媒体网络；③以技术升级优化基层政策执行程序与效果的协同监管。使得政策执行中的各个阶段都开放、连续，保证政策监管与评估制度有制度依据，强化发展政策执行多元主体联动的弹性监管方式，健全科学有效的信访制度，畅通群众舆论监管基层干部政策执行状况，以督促基层干部提升治理能力。

（3）培育基层公共文化

勒庞（Gustave Le Bon）认为集体行动的产生是因为聚集成群的人自觉的个性消失，形成了一种集体心理，其情绪、情感就会相互传染，进而加剧催动个体有意识人格消失与无意识人格产生，最终形成集体无意识。[①]培育基层文化是凝聚基层社会资本，促进基层干部治理能力发展的文化保障。

首先，开展丰富的基层公共文化活动，在基层干部及其文化工作者在对基层民众进行传统文化和社区，以及对国家认同教育的过程中，发展基层干部治理能力。以开展基层公共服务为契机，基层干部可以借此将社会主义核心价值观渗透到镇街、村社与制度化的规范相结合来提升治理能力，促进基层民众潜移默化认同我国优秀文化，通过价值自觉，达成共识时，就会凝聚集体的力量，使得更多的民众受益。

其次，发挥现代媒体的文化舆论的引导与监督平台的积极作用，发展基层干部治理能力。在当前新媒体形势下，由于网络信息获取的便捷性，基层干部需要考虑到知识性、趣味性与现代性、互动性的均衡，以基层民众喜闻乐见的方式传播我国经典优秀文化价值观理念，使得传统的家国理念与邻里相助等思想深入人心，从而在引导民众以公共文化认同联结共同

---

① 古斯塔夫·勒庞. 乌合之众 [M]. 冯克利，译. 北京：中央编译出版社，2005.

的意识形态中，发展基层干部治理能力。

最后，通过优化已有基层文化结构、完善基层文化治理、发展基层文化产业与提升公共文化服务等方式，关注城乡文化共生发展来凝聚民意与民心，即在考虑到城乡文化的共通性和差异性及互动性的基础上，发展城乡文化求同存异、互鉴、互利、互动、共生的兼容性文化共同体，以更好地满足城乡居民对基层多元文化诉求中发展治理能力。基层干部需要了解当前基层治理现代化进程中城乡文化冲突与交融的现状，尝试通过增强城乡联动保护传承本土文化遗产和挖掘本土优秀历史文化资源，拓展城乡公共文化服务网络，培育发展地方特色文化方式，通过城乡各方利益耦合，以本土城乡传统文化传承与发展现代文化产业为主线，以公民文化权益与文化治理为内在逻辑，运用信息技术，构建城乡共生的文化市场，建立基层文化认同发展模式与惠民共享式公共文化服务体系，满足城乡居民日益增长的基本公共文化诉求，从而达成发展其治理能力的效果。

后　记

　　本书是笔者 2020 年主持的河北省社会科学基金项目《治理能力现代化下河北省基层干部政治领导力提升路径研究》（HB20MK016）最终研究成果。该书出版得到了中共河北省委党校（河北行政学院）资助出版的同时，还参阅了有关专家学者的研究成果，是经过深思熟虑而写成的。整个研究和写作过程，不管是对我的知识积累还是学术水平都有了一定程度的提高，既经历了写作的重重困境，又收获了"突出重围"的阵阵喜悦。

　　为深入贯彻《中共中央国务院关于加强基层治理体系和治理能力现代化建设的意见》，本书选择新时代基层干部领导力提升作为研究课题，结合新时代习近平总书记对广大党员干部提出的新要求，重点从政治能力、执行能力、服务能力、科学决策能力、开拓创新能力、应急处突能力和社会治理能力等七个方面论述了基层干部领导力的培育与建设问题，在注重领导规律性、科学性的分析研究，在领导理念、体制机制、领导方式方法等方面皆有所创新，其总结提炼的经验模式有可推广、可复制的价值，对不断推进中国共产党领导力和中国特色领导科学研究有着重要的理论意义和现实意义。

　　吉林大学出版社为本书的出版做了卓有成效的工作，在此一并表示感谢。

付 华

2022 年 1 月

参 考 文 献

1. 经典著作

[1] 邓小平. 邓小平文选（第二卷）[M]. 北京：人民出版社，1993.

[2] 邓小平. 邓小平文选（第三卷）[M]. 北京：人民出版社，1993.

[3] 江泽民. 江泽民文选[M]. 北京：人民出版社，2007.

2. 报纸

[1] 温红彦. 守护永不褪色的生命线[N]. 人民日报，2014-10-08.

[2] 看清形势适应趋势发挥优势 善于运用辩证思维谋划发展[N]. 人民日报，2015-06-19.

[3] 习近平. 以解决突出问题为突破口和主抓手 推动党的十八届六中全会精神落到实处[N]. 人民日报，2017-02-14.

[4] 习近平. 决胜全面建成小康社会 夺取新时代中国特色社会主义伟大胜利——在中国共产党第十九次全国代表大会上的报告[N]. 人民日报，2017-10-28.

[5] 焦欢，单宁，于飞. 直面问题，做强生力军——关注基层干部队伍建设[N]. 人民日报，2018-02-02.

[6] 习近平. 把党的政治建设作为党的根本性建设 为党不断从胜利走向胜利提供重要保证[N]. 人民日报，2018-07-01.

[7] 翟红芬. 科学理解领导干部专业化内涵[N]. 学习时报，2019-04-11.

[8] 习近平. 在统筹推进新冠肺炎疫情防控和经济社会发展工作部署会议上的讲话[N]. 人民日报，2020-02-24.

[9] 习近平. 年轻干部要提高解决实际问题能力 想干事能干事干成事[N]. 人民日报，2020-10-11.

[10] 中共中央政治局召开民主生活会强调：加强政治建设，提高政治能

力，坚守人民情怀，不断提高政治判断力政治领悟力、政治执行力[N].人民日报，2020-12-26.

[11] 习近平. 学党史悟思想办实事开新局 以优异成绩迎接建党一百周年[N].人民日报，2021-02-21.

3. 论文专著

[1] 笛卡尔. 哲学原理[M]. 北京：商务印书馆，1960.

[2] 陈云. 陈云文选（1926—1949）[M]. 北京：人民出版社，1984.

[3] 亨廷顿. 变动社会的政治秩序[M]. 张岱云，译，上海：上海译文出版社，1989.

[4] 张春光. 现代领导者能力通论[M]. 北京：学苑出版社，1993.

[5] 崔敏. 坚持和实行依法治国 建设社会主义法治国家——学习党的十五大江泽民报告的心得体会[J]. 公安大学学报，1997（06）.

[6] 彭向刚. 领导科学[M]. 长春：吉林大学出版社，2000.

[7] 阿玛蒂亚·森. 以自由对待权利[M]. 北京：社会科学文献出版社，2000.

[8] 吕文静，李学义. 关于提高领导干部决策能力的思考[J]. 平原大学学报，2002（01）.

[9] 王乐夫. 新时期农村基层民主政治建设的进程及其政治学分析[J]. 江海学刊，2002（03）.

[10] 马培发. 领导干部应尽快提高依法决策能力[J]. 中国司法，2002（07）.

[12] 甘华鸣. 大领导力：创新力[M]. 北京：中国国际广播出版社，2003.

[13] 赵建春，刘长发. 关于学习型干部的若干理论思考[J]. 湖北社会科学，2003（11）.

[14] 张浩. 新编基层领导工作手册[M]. 北京：蓝天出版社，2004.

[15] 古斯塔夫·勒庞. 乌合之众[M]. 冯克利，译. 北京：中央编译出版社，2005.

[16] 中共中央文献研究室. 十六大以来重要文献选编（中）[M]. 北京：中央文献出版社，2006.

[17] 全国干部培训教材编审指导委员会组织. 领导科学概论[M]. 北京：人

民出版社，2006.

[18] 费孝通. 乡土中国[M]上海：上海人民出版社，2006.

[19] 习近平. 之江新语[M]. 杭州：浙江人民出版社，2007.

[20] 郝继明. 提高决策能力的一个有益视角——兼对200份答卷的实证分析[J]. 淮北职业技术学院学报，2007（02）.

[21] 甘培强. 和谐社会建设中基层公务员的定位与作用[J]. 行政与法，2007（01）.

[22] 吴江，赵华. 领导干部科学决策能力之我见[J]. 管理科学文摘，2007（01）.

[23] 戴嘉. 湘潭市中层领导职务公务员胜任力实证研究[D]. 长沙：湖南大学，2008.

[24] 王朝阳，杨克巍. 军校学员领导力及其构成要素的研究[J]. 高等教育研究学报，2008（03）.

[25] 赵树凯. 乡镇治理与政府制度化[M]. 北京：商务印书馆出版社，2010.

[26] 张楠楠. 自然灾害风险管理研究[M]. 北京：中国商业出版社，2010.

[27] 王珉，胡重明，马飞炜. 服务型政府：超越"有为"与"无为"之争[J]. 理论探讨，2010（02）.

[28] 玄玉姬. 领导干部要切实提高依法决策能力[J]. 延边党校学报，2010（02）.

[29] 韩孔林. 检察机关年轻领导干部提高科学决策能力的若干思考[J]. 法制与社会，2010（27）.

[30] 刘霞，向良云. 公共危机治理[M]. 上海：上海交通大学出版社，2011.

[31] 廖秀峰. 科学发展观视阈下对增强领导干部科学决策能力的思考[J]. 柴达木开发研究，2011（04）.

[32] 廖雄军. 领导干部与群众关系模式研究——兼论领导干部群众工作能力的提升[J]. 探求，2011（05）.

[33] 王习明. 城乡统筹进程中的乡村治理变革研究[M]. 北京：人民出版社，2012.

[34] 孙晓丛. 中小学校长决策能力研究[D]. 新乡：河南师范大学，2012.

[35] 闪淳昌，薛澜. 应急管理概论——理论与实践[M]. 北京：高等教育出

版社，2012.

[36] 习近平. 之江新语[M]. 杭州：浙江人民出版社，2013.

[37] 《人民日报》理论部编. 深入学习习近平同志重要论述[M]. 北京：人民出版社，2013.

[38] 习近平. 建设一支宏大高素质干部队伍 确保党始终成为坚强领导核心[J]. 党建，2013（08）.

[39] 周晓丽，党秀云. 西方国家的社会治理：机制、理念及其启示[J]. 南京社会科学，2013（10）.

[40] 杨思文. 提高政府执行力 增强政府公信力[J]才智，2013（32）.

[41] 习近平. 习近平谈治国理政（第一卷）[M]. 北京：外文出版社，2014.

[42] 中共中央文献研究室编. 十八大以来重要文献选编（上）[M]. 北京：中央文献出版社，2014.

[43] 张艳芳. 地方政府突发公共事件应急管理机制研究[D]. 济南：山东大学，2014.

[44] 姜晓萍. 国家治理现代化进程中的社会治理体制创新[J]治国行政管理，2014（02）.

[45] 王绍光. 国家治理与基础性国家能力[J]华中科技大学学报（社会科学版），2014（03）.

[46] 蒋俊杰. 领导干部提升社会治理能力的方向与方法[J]领导科学，2014（03）.

[47] 刘雅静. 社会治理创新：理论蕴涵、事件困境与路径探寻[J]. 理论导刊，2014（10）：12-14；26.

[48] 邢占军，林亚菲. 我国公务员考录面试的新探索及其思考[J]理论学刊，2014（10）.

[49] 孙立樵，周淼. 领导干部要切实提高依法决策能力[J]领导之友，2014（12）.

[50] 习近平. 做焦裕禄式的县委书记[M]. 北京：中央文献出版社，2015.

[51] 埃尔伍德·霍尔顿. 在组织中高效学习：如何把学习成果转化为工作绩效[M]. 北京：机械工业出版社，2015.

[52] 李松玉. 乡村治理中的制度权威建设[J]. 中国行政管理，2015（03）.

[53] 周庆智. 乡村治理转型：问题及其他[J]. 江西师范大学学报（哲学社会科学版），2015（06）.

[54] 李明，毛军权. 领导力研究的理论评述[J]. 上海行政学院学报，2015，（06）.

[55] 中共中央宣传部. 习近平总书记系列重要讲话读本（2016年版）[M]. 北京：人民出版社，2016.

[56] 中共中央文献研究室. 十八大以来重要文献选编（中）[M]. 北京：中央文献出版社，2016.

[57] 习近平. 在党的十八届五中全会第二次全体会议上的讲话[J]. 求是，2016（01）.

[58] 钟宪章. 旗帜鲜明讲政治[M]. 北京：红旗出版社，2017.

[59] 人民日报评论部. 习近平讲故事[M]. 北京：人民出版社. 2017.

[60] 何毅亭. 学习马克思主义中国化最新成果[M]. 北京：人民出版社，2017.

[61] 本书编委会. 以习近平同志为核心的党中央治国理政新理念新思想新战略[M]. 北京：人民出版社，2017.

[62] 蔡绵绵. 服务型政府视角下基层干部服务能力提升研究——以漳州市云霄县为例[D]泉州：华侨大学，2017.

[63] 赵琦. 德国公务员制度的渊源、制度特点及历史地位[D]. 沈阳：辽宁大学，2017.

[64] 郝雅立，王亚楠. 能力堕距：治理现代化背景下公务员队伍建设与发展问题研究[J]. 中国人力资源开发，2017（04）.

[65] 韩静宇. 对党绝对忠诚是根本政治要求[J]思想政治工作研究，2017（06）.

[66] 肖永辉，宋佳. 浅析我国基层领导干部能力提升的主要方面[J]农村经济与科技，2017（08）.

[67] 本书编委会. 新思想引领新时代：十九大精神高校思政和党务干部读本[M]. 北京：人民出版社，2018.

[68] 本书编委会. 坚定不移反对腐败的思想指南和行动纲领[M]. 北京：人民出版社，2018.

[69] 滕玉成，于萍. 公共部门人力资源管理[M]. 上海：复旦大学出版社，2018.

[70] 白现军. 基层公务员职务与职级并行制度研究[D]. 徐州中国矿业大学，2018.

[71] 刘红凛. 新时代党的建设总要求的五大新意与理论分析[J]. 理论探讨，2018（03）.

[72] 张战著. 构建人类命运共同体思想研究[M]. 北京：时事出版社，2019.

[73] 薛立强，李德伟. 中国公务员激励问题研究述评：现状、问题与展望[J]. 公共管理与政策评论，2019（04）.

[74] 唐亚林. 新中国成立以来中国共产党领导的制度优势与成功之道[J]. 复旦学报（社会科学版），2019（05）.

[75] 王佃利. 破解机制性梗阻，实现"放管服"制度优势[J]. 国家治理，2020（17）.